따라하기만 하면 영어 포기자도 고수가 되는 영어 기본 훈련서

# 쉬운 영어가 진짜 영어다!
# Easy English

# 쉬운 영어가 진짜 영어다! Easy English

| | |
|---|---|
| 발행일 | 초판 1쇄 발행 2016년 5월 30일 |
| | 초판 2쇄 발행 2016년 6월 10일 |
| | 초판 3쇄 발행 2016년 8월 05일 |

지은이    주세규
펴낸이    손형국
펴낸곳    (주)북랩
편집인    선일영                        편집    김향인, 서대종, 권유선, 김예지, 김송이
디자인    이현수, 신혜림, 윤미리내, 임혜수        제작    박기성, 황동현, 구성우
마케팅    김회란, 박진관, 김아름
출판등록  2004. 12. 1(제2012-000051호)
주소      서울시 금천구 가산디지털 1로 168, 우림라이온스밸리 B동 B113, 114호
홈페이지  www.book.co.kr
전화번호  (02)2026-5777                    팩스    (02)2026-5747

ISBN    979-11-5987-022-4 03740(종이책)        979-11-5987-023-1 05740(전자책)

이 도서의 국립중앙도서관 출판예정도서목록(CIP)은 서지정보유통지원시스템 홈페이지(http://seoji.nl.go.kr)와
국가자료공동목록시스템(http://www.nl.go.kr/kolisnet)에서 이용하실 수 있습니다.
(CIP제어번호 : CIP2016012874)

성공한 사람들은 예외없이 기개가 남다르다고 합니다.
어려움에도 꺾이지 않았던 당신의 의기를 책에 담아보지 않으시렵니까?
책으로 펴내고 싶은 원고를 메일(book@book.co.kr)로 보내주세요.
성공출판의 파트너 북랩이 함께하겠습니다.

따라하기만 하면 영어 포기자도 고수가 되는 영어 기본 훈련서

# 쉬운 영어가 진짜 영어다!
## Easy English

주세규 지음

「You must be tired.」에서 도대체 be를 왜 쓰는 거지?
「I will be there.」를 어떻게 해석해야 하지?
「I must go.」와 「I must be going.」이라는 문장의 차이는 뭐지?

북랩 book Lab

## 머리말

시중에 나와 있는 수많은 영어 교재들은 나름대로의 장점을 가지고 있을 겁니다. 그 중에는 저 자신도 부러워할 정도의 탄탄한 영어 실력을 바탕으로 영어의 지평(地平)을 넓힌 책들도 있고, 남들이 쉽게 하지 못하는 특화(特化)된 내용과 구성을 바탕으로 큰 성취를 일궈낸 역작들도 눈에 보입니다. 그렇다면 이 책만의 장점은 무엇일까요?

다른 영어책들과 그다지 다를 것이 없는 획일적이고 고루한 설명과 시스템이 아닌, 독특하고도 참신한 설명과 풍부한 예문이 특징입니다. 이 책은 다른 여느 책들과는 달리 영어 문법에 대해 무척 쉽게 설명을 해 놓았습니다. 그리고 참신한 예문들을 듬뿍 실어 놓았습니다. 좋은 예문들을 싣기 위하여 외국의 영어 사이트는 물론 국내의 중고교 교과서, 시중에 나와 있는 많은 영어책들, 원서로 된 외국 영어 서적들을 샅샅이 찾았습니다. 그래서 이 책에 실린 예문들을 열심히 공부하시면 자연스레 영어의 맥과 틀이 보이게 될 것입니다. 여기에 영어를 공부하면서 얻는 즐거움과 쾌감은 보너스로 드립니다.

영어를 잘 모르는 사람들은「You must be tired.」라는 문장에서, 도대체 be를 왜 쓰는 것인지, 또 무슨 뜻인지 궁금해 합니다. 또 그들은「I will be there.」를 어떻게 해석해야 하는 건지,「I have been in Seoul.」에서 been이 왜 쓰인 건지,「I must go.」라는 문장과「I must be going.」이라는 문장의 차이가 무엇인지를 몰라 답답해합니다.

이 책은 다른 영어 책과는 달리 연습문제가 일절 없습니다. 또한 다른 책에는 다 있는 「문장의 5형식」, 「일치와 화법」, 「가정법」등도 없습니다. 이것들은 초보자들에게는 많이 어렵거나 그 중요성이 다른 것에 비해 현저하게 떨어지기 때문입니다. 대신 원어민들이 많이 쓰는 「진행형 문장」, 「현재완료」등에 많은 지면을 할애해 가면서 충분히 설명을 해 놓았으며, 영어의 꽃인 「과거분사」와, 영어에서 정말 중요하지만 다른 책들에서는 소홀히 취급하는 「조동사」에 대해서도 심도 있는 설명을 해 놓았습니다. 「동사의 3대 철칙」편은 제가 관심을 가지고 집필한 부문인데, 영어를 잘 모르는 초보자들에게는 아주 유용한 파트가 될 것입니다.

아무쪼록 이 책으로 많은 분들이 영어에 흥미를 갖고 공부를 해 나가셨으면 좋겠습니다. 여러분들의 성공을 기원합니다.

감사합니다.

# UNIT 01 영어의 특징

## 1) 어순(語順)이 한글과 다릅니다

한 문장을 이끄는 역할을 하는 것을 '주어'라 합니다. 주어에는 거의 '-은/-는/-이/-가' 등이 붙습니다. 한편 행위의 대상이 되는 말을 '목적어'라 하는데, 거의가 '-을/-를'이 붙습니다. 그리고 움직이는 말을 '동사'라 부릅니다.

| 나는 커피를 좋아한다. | 옳은 문장 | I like coffee. |
| --- | --- | --- |
| | 틀린 문장 | I coffee like. |

위 한글 문장에서 '나는'이 주어이고 '커피를'이 목적어이며, '좋아한다'는 동사입니다. 위 영어 문장에서 'I'는 주어이고, 'like'는 동사이며, 'coffee'는 목적어입니다. 우리말 어순과 영어 어순이 다르다는 것을 알 수 있습니다. 즉, 우리말은 주어+목적어+동사 순인데 반하여, 영어는 주어+동사+목적어 순입니다.

## 2) 영어는 단수와 복수, 부정관사(a, an)와 정관사(the)를 엄격히 구분합니다

우리말은 복수를 중요하게 여기지 않습니다. 예를 들어, '책 열 권'이라고 말을 하지 '책 열 권들'이라고 하지는 않습니다. 「사람(들)이 많다」, 「수백 그루의 나무(들)」, 「많은 책(들)을 읽다」의 예에서도 보듯 우리는 '-들'자를 붙이지 않을 뿐만 아니라, 설사 '-들'자를 붙이지 않아도 언어생활에 전혀 문제가 없습니다. 하지만 영어는 단수와 복수를 엄격히 구분합니다.

a book, one car는 단수이므로 뒤에 –s나 –es를 붙이지 않지만, three books, many flowers, ten houses, some countries 등은 복수이기 때문에 명사 뒤에 반드시 –s나 –es를 붙여 줘야 합니다. a(n)과 the도 마찬가지입니다. a(n)과 the를 영어에서는 관사(冠詞)라 부릅니다. 영어에서는 관사 사용이 엄격합니다. 영어에서는 명사 앞에 원칙적으로 a(n)이나 the를 써 주어야 합니다. 영어 문장에서 a(n)이나 the가 온다는 것은 뒤에 반드시 명사가 온다는 것을 예고합니다.

물론 광범위한 예외가 있습니다. 예를 들어, 명사라 하더라도 셀 수 없는 명사(water, time, money…)나 나라 이름(Korea, China…), 운동경기(soccer, baseball…) 앞, 소유격 앞(This is a my book.(✕) → This is my book.) 등에서는 a(n)을 쓰지 않습니다. 뒤에서 자세히 설명하겠지만, 명사 앞에서만 쓰는 a(n)과 the는 차이가 분명합니다. a(n)은 막연하고 특정되지 않은 것을 나타낼 때 쓰지만, the는 한정되고 특정된 것을 나타낼 때 쓰입니다. 다음 두 예를 보겠습니다.

① I like a book. 나는 책이 좋아.(TV, 컴퓨터, 책, 게임기, 영화들 중에서 제일 좋아하는 것 하나를 꼽으라고 했을 때 할 수 있는 말)
② I like books. 나는 책이 좋아.(책이라고 생긴 것은 다 좋아한다는 뜻)
③ I like the book. 나는 그 책이 좋아.(책들 중에서 그 책만 좋아한다는 뜻)
④ I like book.(✕) 이런 문장은 영어에 없습니다.

① Open a window. 창문을 열어라.(어떤 창문이든지 아무거나 열어라)
② Open the window. 그 창문을 열어라.(두 사람이 다 아는 그 창문을 열어라)
③ Open window.(✕) 이런 문장 역시 영어에서는 쓰지 않습니다.

① Do you have a time? 시간 있니?
② Do you have the time? 몇 시입니까?
③ Do you have time?(✕) 역시 이런 문장은 없습니다.

위의 예들에서처럼 영어문장에서 단수와 복수, a와 the를 엄격히 구분해서 쓴다는 것을 기억하십시오.

## 3) 영어문장에서 첫머리는 반드시 주어로 시작해야 합니다

우리말은 주어를 쓰지 많아도 상관없지만, 영어는 반드시 주어로 시작해야 합니다.(명령문이나 도치된 문장, 주어가 생략된 문장은 예외입니다) 주어가 설사 해석이 되지 않더라도 반드시 써 줘야 합니다.

| 주어가 없어도 되는 우리말 | 주어가 꼭 있어야 하는 영어 | 잘못된 문장(주어가 없음) |
|---|---|---|
| 학교에서 돌아왔습니다. | I love you. | love you. |
| 갑자기 죽었대요. | It is windy.(바람이 분다) | is windy. |
| 고기를 무척 먹고 싶다. | It is me.(저예요) | is me. |
| 아파서 혼났어요. | It rains.(비가 온다) | rains. |
| 내년에 결혼할 겁니다. | It is different.(다릅니다) | is different. |
| 일찍 자야겠다. | It is difficult to choose.(선택하는 것은 어렵다) | is difficult to choose. |

## 4) 영어 철자는 단어에 따라 다르게 발음되는 경우가 흔합니다

그래서 영어단어는 한글과는 다르게 발음기호가 다 달려 있습니다.

| a가 다르게 발음되는 예 | e가 다르게 발음되는 예 | o가 다르게 발음되는 예 |
|---|---|---|
| apple[æpl] | bed[bed] | go[gou] |
| father[fáːðər] | river[rívər] | song[sɔːŋ] |
| same[seim] | me[mi] | sound[saund] |

| a가 다르게 발음되는 예 | e가 다르게 발음되는 예 | o가 다르게 발음되는 예 |
| --- | --- | --- |
| parent[pɛ́ərənt] | | mother[mʌ́ðər] |
| small[smɔːl] | | |

위 경우에서처럼 같은 a라도 단어에 따라 다르게 발음이 된다는 것을 알 수 있습니다. 모음(母音)만 그런 게 아닙니다. 자음(子音)도 그렇습니다. n은 우리말 'ㄴ'소리를 내지만 tank(탱크)/think(씽크)/thank(쌩크)의 경우에서처럼 'ㄴ'이 아닌 '받침 ㅇ'으로 소리 나는 경우도 있습니다.

그래서 영어 단어는 발음기호를 보기 전까지는 그 단어가 어떻게 발음되는지를 알수 없습니다. 이는 원어민들도 마찬가지입니다.

## 5) 많은 어휘들을 부지런히 외우셔야 합니다

「die」라는 단어가 있습니다. (질병이나 굶주림 또는 노화 등의 원인으로) '죽다'라는 뜻입니다. 숙어 「pass away」와 뜻이 같긴 하지만, 「pass away」는 높임말입니다. 따라서 높은 분이나 나이가 자기보다 많은 분이 돌아가셨다면 「pass away」를 써야 합니다. 「die」의 과거형은 「died」이고, 과거분사 역시 「died」입니다. 그런가 하면 「die」의 명사형은 「death」로서 뜻은 '죽음'이며, 형용사형은 「dead」로서 뜻은 '죽은'이며, 부사는 deadly인데, 뜻은 '치명적인'의 뜻입니다. 다음과 같이 정리할 수 있습니다.

He died.  그는 죽었다.
= He was dead. → 「dead」는 형용사이기 때문에 앞에 be동사를 써 주어야 합니다.
「die」에는 '죽다'라는 뜻 말고도 「-을 몹시 하고 싶어 하다」의 뜻이 있습니다. 그래서 「be dying for」라는 숙어가 죽음과 전혀 상관없는 「-을 몹시 하고 싶어 하다」라는 뜻으로 쓰이는 겁니다. 「be dying of」라는 숙어도 있습니다. 이 숙어는 '고통이나 지루함 등으로 죽을 것 같다'라는 뜻입니다. 정리하면 이렇습니다.

★ die of : (병으로) 죽다.

He died of a heart attack. 그는 심장마비로 죽었다.

She died of cancer. 그녀는 암으로 죽었다.

He died young. 그는 젊어서 죽었다.

He died very old. 그는 매우 늙어서 죽었다.

She died poor. 그녀는 가난하게 살다가 죽었다.

They died childless. 그들은 자식 없이 (살다가) 죽었다.


★ be dying for : -을 몹시 하고 싶어 하다.

I'm dying for you. 당신이 보고 싶어 죽겠어요.

I'm dying for sleep. 잠자고 싶어 죽겠어.

I'm dying for a coke. 콜라를 먹고 싶어 미치겠어.

I'm dying for ramen. 라면이 먹고 싶어 죽겠다.

I'm dying for the next page. 다음 페이지가 궁금해서 미치겠어.


★ be dying of : (고통이나 실패, 우울함, 지루함 등으로) 죽을 지경이다.

I'm dying of anger. 화가 나서 죽을 지경이야.

I'm dying of hunger. 배고파 죽겠어.

I'm dying of boredom. 지루해서 죽겠어.

We're dying of noises. 우리는 소음 때문에 죽을 지경입니다.

They're dying of pollution. 그들은 오염 때문에 죽을 맛입니다.


위 세 숙어는 잘 쓰이는 중요한 숙어이니 외워야 합니다.

한편 「die」 뒤에 -ing을 붙이면 dieing이 아니라 「dying」으로 써야 합니다. 영어를 공부하시려면 이런 모든 어휘와 표현들을 다 암기해야 합니다. 귀찮고 어려운 일이 아닐 수 없습니다. 모든 언어가 그러하듯 영어라는 외국어도 쉬운 언어가 아닙니다.

# UNIT 02 be동사

동사 중에서 가장 중요하고 가장 많이 쓰이는 동사가 바로 be동사입니다. be동사는 영어 공부에 있어 가장 중요합니다. be동사를 알지 못하면 영어 공부를 제대로 할 수 없습니다.

| 원형동사 | 현재형 | 과거형 | 과거분사형 |
|---|---|---|---|
| be | am | was | been |
| | is | | |
| | are | were | |

위 표는 우리가 많이 보아 온 것들입니다. 위 표 안에서 맨 왼쪽에 있는 be를 동사원형 또는 원형동사라 부릅니다. 마치 엄마와 같은 존재입니다. 이 be는 영어에서 정말 많이 쓰입니다. am/are/is는 현재형 동사들이고, was/were는 과거형 동사들입니다. 맨 끝에 있는 been은 과거분사라 부르는데, 영어에서 아주 중요합니다.(이름만 과거분사이지 사실 '과거'와는 아무런 상관이 없습니다)

동사원형인 be가 쓰이는 경우는 다음 네 가지입니다.
① to 뒤에 ② 조동사 뒤에 ③ 형용사가 들어간 명령문의 맨 처음 ④ 전치사 뒤에서만 쓰입니다.(전치사 뒤에 be를 쓸 때에는 be 뒤에 −ing을 붙여서 being으로 써야 합니다) 그 외의 경우에 be는 쓰이지 않습니다.

# 1) be동사의 뜻

## (1) –이다.

- I am a doctor. 나는 의사이다.
- I am 22 years old. 나는 22살이다.
- I was a teacher 10 years ago. 나는 10년 전에 교사였다.
- You are my friend. 너는 내 친구이다.
- This is a book. 이것은 책이다.
- Time is money. 시간이 돈이다.
- He and she are new teachers. 그와 그녀는 새로 온 선생님들이시다.
- My hobby is reading. 내 취미는 독서이다.
- That is all. 그것이 전부입니다.
- The time is now. 그때가 지금이다.
- It is my fault. 그건 제 잘못입니다.
- Love is everything. 사랑이 전부이다.
- You are my everything. 당신은 나의 모든 전부입니다.
- One plus one is two. 1 더하기 1은 2이다.
- Her birthday is tomorrow. 그녀의 생일은 내일이다.
- This is for you. 이것은 너를 위한 것이다.
- It is 3 o'clock am. 오전 3시입니다.
- Is this his car? 이것이 그의 차이니?
- When is the test? 시험이 언제입니까?
- What size are your shoes? 네 신발은 무슨 사이즈이니?
- Who is the next? 다음은 누구입니까?
- Those were real trees. 저것들은 진짜 나무였다.
- Today was the first day of middle school. 오늘이 중학교의 첫날이었다.
- Children are the future of our country. 아이들이 우리나라의 미래이다.
- Experience is a good teacher. 경험은 훌륭한 선생님이다.
- Music is the universal language. 음악은 세계 공용어이다.

- The problem is that we don't have money. 문제는 우리가 돈이 없다는 것이다.
- The problem is that you are too late. 문제는 네가 너무 늦었다는 것이다.
- The problem is that he doesn't like dogs. 문제는 그가 개를 좋아하지 않는다는 것이다.

## (2) 있다.

- Where are you? 너는 어디에 있니?
- Why was he there? 그는 왜 거기에 있었니?
- Be on my side. 제 곁에 있어줘요.
- She is in China now. 그녀는 지금 중국에 있다.
- Your books are in my car. 네 책들은 내 차 안에 있다.
- Why are you here at this time? 이 시간에 네가 왜 여기에 있니?(네가 웬일이니?)
- Ann was in America last week. Ann은 지난주에 미국에 있었다.
- Is everyone here? 다들 여기에 있니?(또는 다들 모이셨습니까?)
- His friends are in the room. 그의 친구들은 방 안에 있다.
- Someone is at the door. 누군가 문 앞에 있어.
- Next week they will be in London. 다음 주에 그들은 런던에 있을 겁니다.
- I don't want to be here. 나는 여기에 있고 싶지 않다.
- Where am I? 나는 어디에 있습니까?( → 여기가 어디입니까?)
- I always will be with you. 나는 늘 당신과 함께 있을 거예요.
- She came while I am out. 내가 밖에 있는 동안 그녀가 왔다.
- Learn English while you are here. 네가 여기에 있는 동안 영어를 배워라.
- I am always here. 나는 항상 여기에 있어.
- I am with you. 나는 너와 함께 있어.(팝송 제목)
- All is in the mind. 모든 것은 마음속에 있다.( → 모든 게 마음먹기 나름이다)
- I will be there for you. 당신을 위해 내가 거기에(네 옆에) 있을게.
- I want to be alone. 난 혼자 있고 싶어.
- She is in hospital. 그녀는 병원에 있다.
- I will be outside. 난 밖에 있을게.

- I will be with you. 나는 너랑 있을 거야.
- I will be in the office all day. 저는 하루 종일 사무실에 있을 겁니다.
- How have you been? 너는 어떻게 있어(지내) 왔니?
- Some day I will not be here. 언젠가 나는 여기에 있지 않을 것이다.
- How long will you be there? 거기에 얼마나 오래 있을 거니?
- Let me be there. 나를 거기 있게 해 주세요.( → 나를 당신 곁에 있게 해 줘요)
- I want to be where people aren't. 난 사람들이 없는 곳에 있고 싶다.
- I am only for you. 나는 오직 당신만을 위해 있어(존재해).
- I heard your mother is in hospital. 네 엄마가 병원에 계신다고 들었어.
- He is at the bus stop. 그는 버스 정류장에 있다.
- They will be in her office. 그들은 그녀의 사무실에 있을 겁니다.
- Fast food restaurants are everywhere. 패스트푸드 식당은 어디에든지 있다.
- I lost my keys. They were here this morning.
  내 열쇠를 잃어버렸어. 그것들이 오늘 아침에 여기에 있었거든.
- Who was with you? 누가 너랑 있었니?
- There seems to be one advantage. 한 가지 이점은 있는 것 같다.
- There might be enough food on the table.
  테이블 위에 충분한 음식이 있을지도 몰라.
- Here is the answer. 여기에 답이 있다.
- I heard you were in Europe. 네가 유럽에 있었다고 들었어.
- Everything you need is here. 네가 필요로 하는 모든 것이 여기에 있다.
- I want to be where you are. 난 네가 있는 곳에 있고 싶어.
- It's really good to be with you. 너랑 있으니 정말 좋다.
- Sorry, I will be in New York then. 미안해요. 난 그때 뉴욕에 있을 거예요.
- The exam is on Sunday. 시험은 일요일에 있습니다.
- Let's just be friends. 그냥 친구로 있어요.(지내요)
- Here are three examples. 여기에 세 가지 예가 있습니다.
- Here are some examples of learning English.
  여기에 영어를 배우는 몇 가지 예가 있어.

• Women always know where things are.  여자들은 물건이 어디에 있는지 항상 안다.


## (3) −이 되다.

• I want to be an entertainer.  나는 연예인이 되고 싶어.

• I want to be a doctor.  나는 의사가 되고 싶어.

• I want to be a good person.  나는 착한 사람이 되고 싶어.

• He will be 13 years old next year.  그는 내년에 13살이 될 것이다.

• She will be a smart wife.  그녀는 똑똑한 아내가 될 것이다.

• Will you be my wife?  제 아내가 되어 주시겠어요?

• You must be a lawyer.  너는 반드시 변호사가 되어야 한다.

• I want you to be a writer.  나는 네가 작가가 되기를 바란다.

• Why do you want to be a scientist?  넌 왜 과학자가 되고 싶니?

• What do you want to be?  너는 무엇이 되고 싶니?

• Thank you for being a friend with me.  나랑 친구가 되어 줘서 고마워.

• Thank you for being my wife.  내 아내가 되어 줘서 고마워.

• I'm really afraid of being a father.  난 아빠가 되는 것이 정말 두렵다.
  (전치사 of 때문에 be 뒤에 −ing가 붙은 것입니다)

• Being a father.  아빠가 된다는 것.

• Being a parent is not easy.  부모가 된다는 것은 쉽지 않다.


## ★ how + to부정사 : −하는 방법(아주 중요함)

• How to be a good parent.  좋은 부모가 되는 법

• How to be a true man.  진정한 남자가 되는 방법

• How to be friends with people.  사람들과 친구가 되는 방법

• Can women be good engineers?  여자들은 훌륭한 엔지니어가 될 수 있는가?

• I wanted to be a friend with him.  나는 그와 친구가 되고 싶었어.

• It will be a good chance to you.  그것이 당신에게 좋은 기회가 될 겁니다.

• He is going to be the next president.  그는 차기 대통령이 될 것이다.

• I came to Korea to be an actor.  나는 배우가 되기 위해서 한국에 왔다.

- I just want to be your everything.  나는 그냥 너의 모든 것이 되고 싶어.

- Who will be the next president?  누가 다음 대통령이 될까?

- 2017 is going to be a very interesting year.
  2017년은 매우 재미있는 해가 될 것이다.

- You can be your own enemy.  너는 너 자신의 적이 될 수 있다.

- She dreams of being a famous singer.  그녀는 유명한 가수가 되는 것을 꿈꾼다.

- Exercise can be a good way.  운동은 좋은 방법이 될 수 있다.

- How can I be a better person?  어떻게 하면 내가 더 나은 사람이 될 수 있을까?

- How can I be a good parent?  어떻게 하면 내가 좋은 부모가 될 수 있을까?

- How can I be a true friend?  어떻게 하면 내가 진정한 친구가 될 수 있을까?

- Which can be the best title of this sentence?
  어느 것이 이 문장의 가장 좋은 제목이 되겠습니까?

- I want to be more than just your friend.  난 당신과 친구 이상이 되고 싶어요.

- Are you going to be my girlfriend?  내 여자 친구가 되어 줄래?

- If you are a bird, be a early bird.  만약 네가 새라면, 일찍 일어나는 새가 되어라.

- Be one of those people.  그 사람들 중의 한 사람이 되어라.

- Be the light and salt of the world.  세상의 빛과 소금이 되어라.

- Be an honest man.  정직한 남자가 되어라.

- Don't be a baby.  아기가 되지 마라.(→ 철 좀 들어라. 어린 애처럼 굴지 마)

- If you want to be somebody else, change your mind.
  네가 다른 누군가가 되고 싶다면, 네 마음을 바꿔라.

- People's voices can be the best musical instruments.
  사람의 목소리는 최고의 악기가 될 수 있다.

- The future will be better tomorrow.  미래는 더 나은 내일이 될 거야.


위 문장들에서 be는 모두 '-이 되다'의 뜻으로 쓰였습니다. 영어 문장에서 am/are/is
가 아닌 be가 나오면 거의 대부분은 「-이 되다」의 뜻으로 해석합니다.

## (4) 「-에 가다/오다」

뒤에 from, at, in과 같은 전치사나 there, here, back, home(집에)과 같은 부사가 주로 올 때에는 be동사는 「-에 가다/-에서 오다.」로 해석합니다. 그래서 be from은 '-에서 오다'로, be there는 '거기에 가다'로, be here는 '여기에 오다'로, be back은 '돌아오다'로 해석합니다.

- He is from America.  그는 미국에서 왔다.
- I'm from Korea.  나는 한국에서 왔습니다.(나는 한국 출신입니다)
- Men are from Mars, women are from Venus.
  남자는 화성에서 왔고 여자는 금성에서 왔다.(화성에서 온 남자, 금성에서 온 여자)
- They were from Seoul.  그들은 서울에서 왔다.
- Where are you from?  어느 나라에서 오셨습니까?(또는 고향이 어디세요?)
- Who is this letter from?  이 편지는 누구한테서 왔니?
- Mom, I'm home.  엄마, 나 집에 왔어요.(다녀왔습니다)
- I'm here.  저 왔어요.
- You are here!  너 왔구나.(당신 오셨군요)
- I'll be home by 10:00.  10시까지는 집에 올게요.
- Have you ever been here?  여기에 와 보신 적이 있나요?
- I will be right back.  곧바로 돌아올게.
- I will be back again.  난 다시 돌아올 거야.
- I will be there soon.  내가 곧 거기로 갈게.
- I will be there if you need me.  네가 날 필요로 한다면 내가 거기로 갈게.
- I will be there in ten minutes.  10분 후면 그 곳에 갈 거예요.
- I'll be back when everything is ready.  모든 것이 준비되면 돌아올 게요.
- I'll be back when you want to see me.  네가 나를 보고 싶어하면 돌아올게.
- He will be here later.  그는 나중에 여기에 올 겁니다.
- I'll be about ten minutes late.  나 10분 정도 늦게 갈 거야.
- I'll be there about 30 minutes early.  30분 정도 일찍 그리 갈 거야.
- You must be home by eleven.  넌 11시까지는 집에 와야 한다.

- I'm here to see him.  난 그를 보려고 여기에 왔다.
- I'm here to tell you something.  나는 너에게 뭔가를 얘기하려고 여기에 왔다.
- I'm here on business.  저는 사업차 여기에 왔습니다.
- I'm here on sightseeing.  저는 관광차 여기에 왔습니다.
- He is here to buy toys.  그는 장난감을 사기 위해 여기에 왔다.
- Here we are at the airport.  우리는 공항에 다 왔습니다.
- Will he be here tomorrow?  그가 내일 여기에 올까?
- Who will be at the meeting?  그 회의에 누가 올까요?
- Have you ever been to Seoul?  서울에 가 본 적 있니?
- She has never been to London.  그녀는 런던에 가본 적이 없다.
- Do you know that ice cream is from China?
- 너는 아이스크림이 중국에서 왔다는 것을 알고 있니?
- Who is this letter from?  이 편지는 누구한테서 왔습니까?
- What time will you be home?  너 몇 시에 집에 올 거니?
- Try to be on time.  제 시간에 오도록 해.

## 2) be동사의 역할

### (1) 형용사 바로 앞에 쓰입니다.

| | |
|---|---|
| 1. I am tired.  나는 피곤하다. | 4. She is excited.  그녀는 신났다. |
| 2. He is rich.  그는 부유하다. | 5. It is warm.  날씨가 따뜻하다. |
| 3. They are young.  그들은 젊다. | 6. They are kind.  그들은 친절하다. |

위 문장들에서 밑줄 그은 단어들이 모두 형용사입니다. 형용사란 사람이나 사물의
상태나 성질을 나타내는 단어를 말합니다. 자세한 것은 뒤의 「형용사」편에 나옵니다.
형용사 앞에 하나같이 be동사가 쓰인 것을 알 수 있습니다. 이와 같이 형용사는 앞에
be동사가 있어줘야 합니다. 아래 문장들을 보실까요?

| | |
|---|---|
| 1. You look <u>tired</u>. 너는 피곤해 보인다.<br>2. I like a <u>beautiful</u> woman. 나는 예쁜 여자가<br>　좋다.<br>3. That sounds <u>good</u>. 그거 좋은 생각이야.<br>4. Show me a <u>new</u> car. 나에게 새 차를 보여 줘. | 5. They became <u>rich</u>. 그들은 부유해졌다.<br>6. It got <u>dark</u>. 날씨가 어두워졌다.<br>7. I lived in an <u>old</u> house. 나는 오래된 집에서 살<br>　았다. |

위 문장들에서도 역시 형용사가 쓰였습니다. 하지만, be동사는 쓰이지 않았습니다. 왜일까요? 형용사 앞이라고 하여 무조건 be동사가 쓰이는 것은 아닙니다. <u>한 문장 안에서 일반동사가 쓰이게 되면 be동사는 쓰지 못합니다.</u> 즉, 일반동사를 쓸 경우 be동사는 써서는 안 됩니다.

위 1번 문장에서는 look이라는 일반동사가 쓰였고, 2번 문장에서는 like라는 일반동사가, 3번 문장에서는 sound(-한 소리가 나다)라는 일반동사가, 4번 문장에서는 show라는 일반동사가, 5번 문장에서는 became이라는 일반동사가, 6번 문장에서는 got(get의 과거형. get이 '-하게 되다'라는 뜻이 있음)이라는 일반동사가, 7번 문장에서는 lived라는 일반동사가 쓰였기 때문에 be동사를 쓰면 안 되는 것입니다.

**(2) 동사 + ing와 결합하여 진행형 문장을 만듭니다.**

• He <u>is having</u> breakfast now. 그는 지금 아침을 먹고 있다.

• I <u>was</u> just <u>walking</u>. 난 단지 걷고 있었어.

• I <u>was</u> just <u>sitting</u> here. 난 단지 여기에 앉아 있었어.

• They <u>were watching</u> TV. 그들은 TV를 보고 있었다.

　★ They <u>watched</u> TV. 그들은 TV를 보았다.

• It <u>is raining</u>. 비가 오고 있다.

　★ It <u>rains</u>. 비가 온다.

• I <u>am talking</u> with her. 나는 그녀와 얘기하는 중이다.

　★ I <u>talk</u> with her. 나는 그녀랑 얘기한다.

**(3) 뒤의 과거분사와 결합하여 수동태 문장을 만듭니다. 수동태는 뒤의 수동태 편에서 자세히 다룹니다.**

- Computers are used in many countries.  컴퓨터는 많은 나라들에서 사용된다.
- She is loved from many people.  그녀는 많은 사람들로부터 사랑받는다.
- He is called 'The son of God'.  그는 신의 아들로 불린다.
- They were killed by him.  그들은 그에 의해 죽임을 당했다.
- Stars are not seen at night.  별들은 밤에 보이지 않는다.

**(4) been이 have(has)와 어울려 현재완료를 만듭니다. 현재완료에 대한 것은 「현재완료편」에서 자세히 설명합니다.**

## 3) be동사 뒤에 올 수 없는 것들

아래 문장의 빈칸에 올 수 없는 것은 무엇일까요?

| She is _____. |
| --- |

① Julia.  ② a singer.  ③ busy.  ④ walking.  ⑤ known.
⑥ study English.  ⑦ did it.  ⑧ can finish it.  ⑨ will come here.

위 질문의 답이 무엇일까요? 정답은 ⑥, ⑦, ⑧, ⑨번입니다.
즉, be동사 다음에 일반동사의 현재형, 일반동사의 과거형, 조동사는 절대 올 수 없습니다. 이를 정리하면 다음과 같습니다.

| be동사 뒤에 올 수 있는 것 | 명사, 대명사, 형용사, 동사+ing, 과거분사. |
| --- | --- |
| be동사 뒤에 올 수 없는 것 | 조동사, 일반동사의 현재형, 일반동사의 과거형. |

이를 다시 정리하면 아래와 같습니다.

| 허용되는 것들 | 허용되지 않는 것들 |
|---|---|
| 조동사 + be<br>be동사 + 일반동사의 <u>과거분사</u><br>be동사 + 일반동사 −ing | be + 조동사<br>be동사 + 일반동사의 <u>현재형</u><br>be동사 + 일반동사의 <u>과거형</u> |

★ 구체적인 예문

| 틀린 문장 | 틀린 이유 | 올바른 문장 |
|---|---|---|
| He <u>is will</u> busy. | be동사 뒤에 조동사가 와서 | He will be busy.<br>(그는 바쁠 것이다)<br>★ He will is busy.(x) |
| She <u>is may</u> love me. | 〃 | She may love me.<br>(그녀는 날 사랑할지도 몰라) |
| You <u>be should</u> kind. | should와 be위치가 바뀌어서 | You should be kind.<br>(여러분은 친절해야 합니다)<br>★ You should are kind.(x) |
| I am <u>go</u> to school. | be동사 뒤에 일반동사의<br>현재형이 와서 | I go to school.<br>(난 학교에 간다) |
| He <u>was knew</u> her. | be동사 뒤에 일반동사의<br>과거형이 와서 | He knew her.<br>(그는 그녀를 알았다) |
| We <u>are want</u> it. | be동사 뒤에 일반동사의<br>현재형이 와서 | We want it.<br>(우리는 그것을 원한다) |
| I busy now. | 형용사 앞에 be동사가 빠져서 | I am busy now.<br>(나는 지금 바빠) |
| He angry. | 〃 | He is angry.<br>(그는 화가 나 있다.) |
| I <u>will am</u> sad. | 조동사 다음에 be를<br>쓰지 않고 am을 써서 | I will be sad.<br>(나는 슬플거야)<br>★ I will sad.(x) |
| You <u>could are</u> hungry. | 조동사 다음에 be를<br>쓰지 않고 are를 써서 | You could be hungry.<br>(너 배고프겠다) |
| He <u>must is</u> a genius. | 조동사 다음에 be를<br>쓰지 않고 is를 써서 | He must be a genius.<br>(그는 천재임이 틀림없어)<br>★ He must a genius.(x) |

## 4) be는 언제 쓰는가

be는 아시다시피 be동사의 원형입니다. 즉, am/is/are, was/were를 낳은 엄마입니다.
be는 am/are/is와 뜻이 같습니다. 즉, −이 되다/−이다/−에 가다 등의 뜻으로 쓰입니다. be는 영어문장에서 정말 많이 쓰입니다. 그런데 영어를 처음 시작하는 분들이나 영어를 좀 공부하신 분들 가운데에서도 많은 분들이 이 be를 많이 어려워합니다.
be는 다음과 같은 경우에만 씁니다.

### (1) 조동사 뒤에 형용사를 쓸 경우에는 형용사 앞에 be를 꼭 써 주어야 합니다.
조동사 뒤에 am, are, is는 절대 쓸 수 없습니다.

| 원래 문장 | 조동사가 들어가면 이렇게! | 해석 |
|---|---|---|
| He is tired.<br>(그는 피곤하다) | He must be tired.<br>★ He must tired.(x)<br>★ He must is tired.(x) | 그는 분명 피곤할 거야. |
| | He may be tired.<br>★ He may tired.(x)<br>★ He may is tired.(x) | 그는 피곤할지도 몰라. |
| | He could be tired.<br>★ He could tired.(x)<br>★ He could is tired.(x) | 그는 피곤할 거야. |
| You are happy.<br>(너는 행복하다) | You will be happy.<br>★ You will happy.(x)<br>★ You will are happy.(x) | 너는 행복할 것이다. |
| | You should be happy.<br>★ You should happy.(x)<br>★ You should are happy.(x) | 너는 행복해야 한다. |
| | You must be happy.<br>★ You must happy.(x)<br>★ You must are happy.(x) | 너는 행복해야 한다. |
| It is cold.<br>(날씨가 춥다) | It will be cold.<br>★ It will cold.(x)<br>★ It will is cold.(x) | 날씨가 추울 것이다. |
| | It may be cold. | 날씨가 추울지도 몰라. |

| 원래 문장 | 조동사가 들어가면 이렇게! | 해석 |
|---|---|---|
| It is cold.<br>(날씨가 춥다) | It could be cold. | 날씨가 추울 수도 있어. |
| It is true.<br>(그건 사실이다) | It can <u>be</u> true.<br>★ It can true.(x)<br>★ It can is true.(x) | 그게 사실일 수도 있어. |
| | It must <u>be</u> true. | 그건 사실임에 틀림없어 |
| | It may <u>be</u> true. | 그게 사실일지도 몰라. |
| There is a party today.<br>(오늘 파티가 있다) | There will <u>be</u> a party today.<br>★ There will a party today.(x)<br>★ There is will a party today.(x) | 오늘 파티가 있을 겁니다. |
| | There might <u>be</u> a party today.<br>★ There might a party today.(x)<br>★ There is might a party today.(x) | 오늘 파티가 있을지 몰라. |

★ may, might, could는 모두 '–할지도 몰라'라는 <u>약한 추측</u>의 뜻이 있음.

## (2) to 뒤에 be동사를 쓸 때에는 be만 써야 합니다. am, are, is는 절대 쓸 수 없습니다.

| 올바른 문장 | 설명 | 틀린 문장 |
|---|---|---|
| I want to <u>be</u> a teacher.<br>(나는 선생님이 되고 싶다) | 여기서 be는 '–이 되다'의 뜻입니다. to가 앞에 왔기 때문에 be가 쓰인 것입니다. | I want to a teacher. |
| | | I want to am a teacher. |
| I want to <u>be</u> with you.<br>(나는 당신과 있고 싶어) | 여기서 be는 '있다'의 뜻입니다. | I want to with you. |
| | | I want to am with you. |
| It seems to <u>be</u> a snake.<br>그것은 뱀인 것처럼 보여. | 여기서 be는 '–이다'의 뜻입니다. | It seems to a snake. |
| | | It seems to is a snake. |
| How to <u>be</u> an able man.<br>능력있는 남자가 되는 법 | 여기서의 be도 '–이 되다'의 뜻입니다. | How to an able man. |
| | | How to is an able man. |
| Ways to <u>be</u> rich.<br>부유해지는 방법들 | 형용사 앞에는 be동사를 써야 하는데, 앞에 to가 있어서 be를 쓴 것입니다. | Ways to rich. |

**(3) 형용사가 들어간 명령문에서는 be를 맨 앞에 써줘야 합니다.**

일반동사가 들어간 명령문에서는 be를 쓰지 않는 것과 비교가 됩니다. 명령문은 반드시 동사원형으로 시작해야 합니다. be동사의 동사원형은 be입니다.

| 올바른 문장 | 해석 | 틀린 문장 |
| --- | --- | --- |
| <u>Be</u> kind to everyone. | 모든 사람들에게 친절해라. | Kind to everyone. |
| <u>Be</u> quiet here. | 여기에서는 조용히 해라. | Quiet here. |
| Be polite to him. | 그에게 공손히 해라. | Polite him. |
| Be careful. | 조심해라 | Careful. |
| Don't <u>be</u> late. | 늦지 마라 | Don't late. |
| Don't <u>be</u> afraid. | 두려워하지 마라 | Don't afraid. |
| Don't <u>be</u> disappointed. | 실망하지 마라 | Don't disappointed. |

★ 위 예문들에 나오는 kind, quiet, polite, careful, late, afraid, disappointed는 모두 형용사입니다.

**(4) 전치사 뒤에 be동사를 쓸 때에는 <u>being</u>으로 바꿔 써야 합니다.**

| 올바른 문장 | 틀린 문장 |
| --- | --- |
| Thank you <u>for being</u> a friend with me. (나랑 친구가 되어 줘서 고마워) | Thank you for be a friend with me. Thank you for a friend with me. Thank you for are a friend with me. |
| Thank you <u>for being</u> here. (여기에 있어 줘서 고마워) (또는 여기에 와줘서 고마워) | Thank you for be here. Thank you for here. Thank you for are here. |
| I'm sorry <u>for being</u> late.(늦어서 미안해) | I'm sorry for be late. I'm sorry for late. |
| Three reasons <u>for being</u> tired. (피곤한 세 가지 이유) | Three reasons for be tired. Three reasons for tired. |
| One way of <u>being</u> famous. (유명해지는 한 방법) | One way of be famous. One way of famous. |

위 표의 첫 번째 문장에서 be는 「-이 되다」의 뜻이며, 두 번째 문장에서 be는 「있다」의 뜻이고, 나머지 세 개 문장들에서 be가 쓰인 이유는 다음에 형용사가 나오기 때문에 쓰인 것입니다. 전치사 다음에 명사나 대명사나 동사는 단독으로 올 수 있지만, 전치사 바로 뒤에 형용사는 단독으로 오지 못하고, 앞에 be동사를 써주어야 합니다.

## 5) am/are/is는 어떻게 달리 쓰이는가

am은 오직 'I' 뒤에서만 쓰입니다. are는 You 또는 복수(1인칭 복수이건 3인칭 복수이건) 뒤에서만 쓰입니다. is는 3인칭 단수 뒤에서만 쓰입니다. 뜻은 다 같습니다. 아래 예문들을 숙달될 때까지 익히십시오.

| 예문 | 해석 | 풀이 |
|---|---|---|
| I am smart. | 나는 똑똑하다. | I 다음에는 am만 옵니다. |
| You are smart. | 너는 똑똑하다. | 2인칭 You 다음엔 오직 are입니다. |
| We are smart. | 우리는 똑똑하다. | We는 복수입니다. 그래서 are만 올 수 있습니다. |
| They are smart. | 그들은 똑똑하다. | They, These, Those 등은 모두 3인칭 복수입니다. 인칭에 관계없이 복수 뒤엔 무조건 are를 써야 합니다. |
| These are smart. | 이것들은 똑똑하다. | |
| Those are smart. | 저것들은 똑똑하다. | |
| My parents are smart. | 우리 부모님은 똑똑하다. | My parents도 3인칭 복수입니다. My가 있다고 1인칭이 아닙니다. |
| Your parents are smart. | 네 부모님은 똑똑하다. | Your parents도 3인칭 복수입니다. |
| His parents are smart. | 그의 부모님은 똑똑하다. | His parents도 3인칭 복수입니다. |
| He and she are smart. | 그와 그녀는 똑똑하다. | 주어인 He and she는 복수입니다. 두 명이기 때문에 복수인 것입니다. |
| You and he are smart. | 너와 그는 똑똑하다. | You and he는 두 사람입니다. |
| You and I are smart. | 너와 나는 똑똑하다. | You and I도 복수입니다. |
| His cars are smart. | 그의 차들은 똑똑하다. | His cats도 3인칭 복수입니다. |
| Koreans are smart. | 한국인들은 똑똑하다. | Koreans도 3인칭 복수입니다. |
| All are smart. | 모두 똑똑하다. | All도 복수입니다. |

| 예문 | 해석 | 풀이 |
|---|---|---|
| Some of them <u>are</u> smart. | 그들 중 몇몇은 똑똑하다. | 주어 Some은 3인칭 복수입니다. |
| Three of them <u>are</u> smart. | 그들 중 셋은 똑똑하다. | 주어 Three도 3인칭 복수입니다. |
| Cats <u>are</u> smart. | 고양이들은 똑똑하다. | Cats도 3인칭 복수입니다. |
| Many animals <u>are</u> smart. | 많은 동물들은 똑똑하다. | Many animals도 3인칭 복수입니다. |
| Their fathers <u>are</u> smart. | 그들의 아버지들은 똑똑하다. | Their fathers도 3인칭 복수입니다. |
| People <u>are</u> smart. | 사람들은 똑똑하다. | 주어 People도 3인칭 복수입니다. |
| Children are smart. | 아이들은 똑똑하다. | 주어 Children도 3인칭 복수입니다.<br>★ 단수는 Child(아이)입니다. |
| Men <u>are</u> smart. | 남자들은 똑똑하다. | 주어 Men도 3인칭 복수입니다.<br>★ 단수는 Man(남자, 사람)입니다. |
| He <u>is</u> smart. | 그는 똑똑하다. | He, She, It, This, That은 대표적인 3인칭 단수형들입니다. 따라서 이들 뒤에서는 is만 써야 합니다. |
| She <u>is</u> smart. | 그녀는 똑똑하다. | |
| It <u>is</u> smart. | 그것은 똑똑하다. | |
| This <u>is</u> smart. | 이것은 똑똑하다. | |
| That <u>is</u> smart. | 저것은 똑똑하다. | |
| My father <u>is</u> smart. | 우리 아버지는 똑똑하다. | My father는 3인칭 단수입니다. |
| Your mother <u>is</u> smart. | 네 엄마는 똑똑하다. | Your mother도 3인칭 단수입니다. |
| His father <u>is</u> smart. | 그의 아버지는 똑똑하다. | His father도 3인칭 단수입니다. |
| The robot <u>is</u> smart. | 그 로봇은 똑똑하다. | The robot도 3인칭 단수입니다. |
| The robots <u>are</u> smart. | 그 로봇들은 똑똑하다. | 주어 The robots는 3인칭 복수입니다. |
| My dog <u>is</u> smart | 우리 개는 똑똑하다. | 주어 My dog도 3인칭 단수입니다. |
| My dogs <u>are</u> smart. | 우리 개들은 똑똑하다. | 주어 My dogs도 3인칭이지만 복수이므로 are를 써야 합니다. |
| Money <u>is</u> smart. | 돈은 똑똑하다. | 주어 Money도 3인칭 단수입니다. |
| God <u>is</u> smart. | 신은 똑똑하다. | 주어 God도 3인칭 단수입니다. |
| Everyone <u>is</u> smart. | 모든 사람들은 똑똑하다. | Everyone, Anyone, Someone, Everything, Nothing 등은 영어에서 단수취급 합니다. 중요합니다. |
| Everything <u>is</u> smart. | 모든 것이 똑똑하다. | |
| Someone <u>is</u> smart. | 누군가는 똑똑하다. | |
| This building <u>is</u> smart. | 이 빌딩은 똑똑하다. | This building은 3인칭 단수입니다. |
| These buildings <u>are</u> smart. | 이 빌딩들은 똑똑하다. | These buildings는 3인칭 복수입니다. |
| TV <u>is</u> smart. | TV는 똑똑하다. | TV는 3인칭 단수입니다. |

## 6) been은 언제 쓰는가

been은 be동사의 과거분사입니다. been도 be동사와 뜻이 같습니다. 즉, 「–이다/–있다/–가다」의 뜻이며, 다만 「–되다」의 뜻으로는 쓰이지 않습니다. 「–되다」의 뜻으로 쓰려면 'become'을 씁니다. been은 현재완료나 과거완료에서만 쓰이는데, 이 책에서는 현재완료만 논합니다. 현재완료란 have(has) + 과거분사를 말합니다. 현재완료에 대해서는 뒤의 「현재완료」편에서 자세히 다룹니다.

| | 현재형 문장 | 과거형 문장 | 현재완료 문장 |
|---|---|---|---|
| 1 | He is sick.<br>그는 아프다.<br>(현재 아픈 상태) | He was sick.<br>그는 아팠다.<br>(지금은 안 아프다는 뜻) | He has been sick.<br>그는 아팠다.<br>(지금도 아프다는 뜻) |
| 2 | He is dead.<br>그는 죽었다.<br>(그가 지금 죽어있음) | He was dead.<br>그가 죽었다.<br>(그가 과거에 죽었음) | He has been dead.<br>그가 죽었다.<br>(말하는 시점에 죽었음) |
| 3 | She is a teacher.<br>그녀는 선생이다.<br>(현재 교사로 있음) | She was a teacher.<br>그녀는 선생이었다.<br>(지금은 선생이 아님) | She has been a teacher.<br>그녀는 선생이었다.<br>(지금도 선생으로 있음) |
| 4 | They are in Seoul.<br>그들은 서울에 있다.<br>(지금 서울에 있음) | They were in Seoul.<br>그들은 서울에 있었다.<br>(지금은 서울에 없다는 뜻) | They have been in Seoul.<br>그들은 서울에 있었다.<br>(지금도 서울에 있다는 뜻) |
| 5 | Where are you?<br>너는 어디에 있니?<br>(지금 어디에 있니?) | Where were you?<br>너는 어디에 있었니?<br>(과거에 어디에 있었니?) | Where have you been?<br>너는 어디에 있었니?<br>(지금까지 쭉어디에 있었니?) |
| 6 | You know him.<br>너는 그를 안다.<br>(현재 그를 알고 있다) | You knew him.<br>너는 그를 알았다.<br>(지금은 모른다는 뜻) | You have known him.<br>너는 그를 알았다.<br>(지금도 알고 있다) |
| 7 | I study English.<br>나는 영어를 공부한다. | I studied English.<br>나는 영어를 공부했다.<br>(과거에 영어를 공부했음. 지금은 공부하지 않음) | I have studied English.<br>나는 영어를 공부했다.<br>(그래서 영어를 잘 안다.)<br>또는 "나는 영어를 공부해 왔다."로도 해석이 가능함. |

위 예문들을 분석해 봅시다.

(1) 1번부터 5번까지의 현재형 문장들을 보시면 하나같이 be동사가 쓰인 것을 볼 수 있습니다. 1번과 2번 예문에서 is는 sick와 dead가 형용사이기 때문에 쓰인 것이고, 3번 예문의 is는 「-이다」의 뜻이며, 4번·5번 예문의 are는 모두 「-있다」의 뜻입니다. 6번, 7번 예문들은 be동사가 쓰이지 않았습니다. 일반동사 know, study가 쓰였기 때문에 be동사가 쓰일 이유도 없고 또 써서도 안 되는 거지요.

(2) 이젠 현재완료형 예문들을 봅시다. be동사가 쓰인 현재형 문장을 현재완료형 문장으로 바꾸게 되면 have(has) been의 꼴로 바꿔주면 됩니다. 모양도 바뀌지만 뜻도 달라집니다. 현재완료는 뒤에서 배우겠지만 과거의 행위가 현재에까지 영향을 주고 있거나 현재와 관련이 있을 때에만 씁니다. 영어 문장에서 been이 나왔다 하여 당황해할 이유가 전혀 없고, am/are/is와 똑같이 해석하시면 됩니다. 「He has been sick.」 예문은 「He was sick.(그는 아팠다)」와 「He is still sick now. (그는 지금도 여전히 아프다)」라는 두 예문을 하나로 합친 것입니다. 현재완료를 쓰게 되면 문장이 고급스러워지고 간결해지는 효과가 있습니다.

(3) 6번, 7번 예문들을 봅시다. 6번, 7번 예문들의 현재형 문장을 보시면 be동사가 없습니다. 그러므로 현재완료형 예문에서도 been이 없는 것입니다. 현재완료라 하여 been이 무조건 쓰이는 것이 아니라는 것을 보여드리기 위해 6번, 7번 예문들을 보인 것입니다. been이 쓰이려면 현재형 문장에 be동사가 반드시 있어야만 합니다.

(4) 현재형 문장인 「He is a teacher.(그는 선생이다)」와 현재완료 문장인 「He has been a teacher.(그는 선생이었다)」의 차이는 뭘까요?
「He is a teacher.」는 지금 현재 그가 선생이라는 뜻입니다. 과거에는 어떤 일을 했는지 알 수는 없지만, 현재는 그가 분명히 선생이라는 객관적 사실을 표현하고 있습니다.
「He has been a teacher.」는 과거 어느 때로부터 말하고 있는 지금 이 시점까지 그가 계속 선생으로 있어 왔다는 것을 뜻합니다. 그래서 이런 문장은 그 과거를 분명히 밝히기 위하여 문장에 흔히 'for ten years(10년 동안)'나 'since 1998(1998년부터)'와 같은 부사구를 삽입합니다.

## 7) There is(are) ~ 구문

> There is + 단수명사 : −이 있다.  Is there + 단수명사 : −이 있니?
> There are + 복수명사 : −이 있다.  Are there + 복수명사 : −이 있니?

There is ~ 구문은 영어에서 정말 많이 쓰입니다. 아래 예문들을 잘 보시고, 많이 익혀 두시기 바랍니다.

- There is a book on the desk.  책상 위에 책이 한 권 있다.
- There are three books on the desk.  책상 위에 책이 세 권 있다.
- There is a new student in our class.  우리 반에 새로 온 학생이 있다.
- There are two new students in our class.  우리 반에 새로 온 학생이 두 명 있다.
- There is a train at 10:30.  10시 30분에 기차가 있다.(온다)
- There is a university around here.  여기 주변에 대학교가 있다.
- There is a rule in our society.  우리 사회에는 규칙이 있다.
- There are sixty seconds in a minute.  1분에는 60초가 있다.
- There are five members in my family.  우리 가족은 5명이다.
- There is no time. Hurry up!  시간이 없다. 서둘러!
- There is a restaurant in this hotel.  이 호텔에는 식당이 있다.
- There is not a restaurant in this hotel.  이 호텔에는 식당이 없다.
- Is there a piano in your house?  네 집에 피아노가 있니?
- Yes, there is.  응, 있어.  No, there is not.  아니. 없어.
- Are there restaurants in this hotel?  이 호텔에 식당들이 있나요?
- Yes, there are.  예, 있습니다.  No, there are not.  아니오, 없습니다.
- Are there children in the playground?  운동장에 아이들이 있습니까?
- Yes, there are.  예, 있습니다.  No, there are not.  아니오. 없습니다.
- There is a piano in my house.  우리 집에는 피아노가 있다.
- There is not a piano in my house.  우리 집에는 피아노가 없다.
- There are seven days in a week.  1주일에는 7일이 있다.

- There are many birds in that tree. 저 나무에 많은 새들이 있다.

- There are a lot of animals in Africa. 아프리카엔 많은 동물들이 있다.

- There is so much to say. 말할 것이 너무 많다.(much는 단수 취급합니다)

- There are so many people here. 여기에 너무 많은 사람들이 있다.

- There are children in the playground. 운동장에 아이들이 있다.

- There are not children in the playground. 운동장에 아이들이 없다.

- There are so many people on the street. 거리에 매우 많은 사람들이 있다.

- There are not many people on the street. 거리에 사람들이 많이 있지 않다.

- Are there many people on the street? 거리에 많은 사람들이 있나요?

- Is there anything else? 다른 건 없나요?(anything은 단수 취급합니다)

- Is there a bank around here? 여기 주변에 은행이 있나요?

- There is no free lunch. 공짜 점심은 없다(이 세상에 공짜는 없다는 뜻).

- There's no need to get angry. 화낼 필요 없잖아.

- There's somebody at the door. 문에 누군가가 있다.

- Were there many people at the meeting? 그 모임에 사람들이 많았니?

- How many people are there? 얼마나 많은 사람들이 있나요?

- I'm hungry. Is there anything to eat? 배고파. 먹을 거라도 있어?

- How many people are there in your family? 당신 가족은 몇 명입니까?

- How many people were there at the party? 그 파티에 얼마나 많은 사람들이 있었니?

- I think there will be an election next year. 나는 내년에 선거가 있을 거라고 생각한다.(조동사 will이 있기 때문에 is나 are가 아닌 'be'가 쓰인 것입니다. 그리고 조동사는 there와 be사이에 들어갑니다)

- There will be a meeting tomorrow morning. 내일 아침 모임이 있을 것이다.

- There will be no more wars. 더 이상의 전쟁은 없을 것이다.

- There will be an exam this Saturday. 이번 주 토요일에 시험이 있을 것이다.

- There will not be time to see a movie. 영화를 볼 시간이 없을 것이다.

- There will not be much change. 많은 변화는 없을 것이다.

- There will not be any problem. 어떤 문제도 없을 거예요.

- I wonder if there will be anyone at home. 집에 누구라도 있는지 궁금하다.

- There must be something wrong with my eye. 내 눈에 뭔가 문제가 있음이 틀림없어.

- There must be some reasons. 몇 가지 이유가 분명 있을 거야.

- There must be another way. 다른 길이 분명 있을 거야.

- There must be a God somewhere. 하느님이 어딘가에 분명 있을 거야.

- There must be an easier way. 더 쉬운 길이 분명 있을 거야.

- There might be some changes. 약간의 변화가 있을지 몰라.

- There might be another way. 다른 방법이 있을지 몰라.

- There might be easy solutions. 쉬운 해결책이 있을지도 몰라.

- There is no better way to learn than to have fun. 배우는 데에는 즐기는 것보다 더 나은 방법이 없다.

- Live like there is no tomorrow. 내일이 없는 것처럼 살아라.

- There is no place like home. 집과 같은 곳은 없다.

- There are many advantages to marriage. 결혼에는 많은 이점들이 있다.

- There are rules in all sports. 모든 스포츠에는 규칙들이 있다.

- There seem to be some misunderstandings. 몇 가지 오해가 있는 것 같다.

- There seems to be a problem. 문제가 있는 것 같다.

- There seems to be little difference. 차이가 거의 없는 것 같다.

- There don't seem to be any hospitals here. 여기엔 어떤 병원도 없는 것 같다.

- There is no one we can trust. 우리가 믿을 수 있는 사람이 없다.

- There is no time like today. 오늘 같은 때는 없다.

- There is no hope of his success. 그의 성공 가능성은 없다.

- There is little hope of his success. 그의 성공 가능성은 거의 없다.

- There used to be a bookstore here. (예전에) 여기에 서점이 있었어.

- There used to be a big tree. (예전에) 큰 나무가 있었지.

- There used to be many tigers in Korea. (예전에) 한국에는 호랑이가 많았는데.

- There used to be a cinema in the town. (예전에) 우리 마을에 영화관이 있었지.

- There should be a house where there is a bank now. (예전에) 지금 은행이 있는 곳에 집이 한 채 있었을 거야.(should는 추측을 나타냄)

## : : 영어 줄임말

| 원래 형태 | 줄임말 | 원래 형태 | 줄임말 |
|---|---|---|---|
| I am | I'm | I have | I've |
| You are | You're | You have | You've |
| You are not | You're not | We have | We've |
| | You aren't | They have | They've |
| We are | We're | It has | It's |
| They are | They're | It is | |
| He is | He's | need not | needn't |
| He has | | have가 현재완료로 쓰일 때에만 축약이 가능하고, '먹다', '가지다'의 뜻으로 쓰이는 경우에는 줄여 쓰지 못합니다. | |
| She is | She's | | |
| She has | | | |
| It will | It'll | Who is | Who's |
| I will | I'll | What is | What's |
| You will | You'll | How is | How's |
| We will | We'll | Where is | Where's |
| They will | They'll | When is | When's |
| He will | He'll | Why is | why's |
| She will | She'll | That is | That's |
| Who will | Who'll | Who would | Who'd |
| What will | What'll | Who had | |
| I would | I'd | That will | That'll |
| I had | | There has | There's |
| You would | You'd | There is | |
| You had | | Here is | Here's |
| We would | We'd | There will | There'll |
| We had | | There are | There're |
| She would | She'd | is not | isn't |
| She had | | was not | wasn't |
| He would | He'd | are not | aren't |
| He had | | were not | weren't |
| They would | They'd | do not | don't |
| They had | | did not | didn't |

| 원래 형태 | 줄임말 | 원래 형태 | 줄임말 |
|---|---|---|---|
| can not | can't | does not | doesn't |
| will not | won't | It had | It'd |
| must not | mustn't | It would | |
| have not | haven't | Let us | Let's |
| has not | hasn't | going to | gonna |
| should not | shouldn't | want to | wanna |
| would not | wouldn't | kind of | kinda |
| could not | couldn't | have got to | gotta |
| ain't | am not/are not/is not/have not/has not의 단축형 | | |

## : : 줄임말 연습

아래 밑줄 그은 부분은 무엇을 줄인 것일까요?

**(1) He's late again.** 그는 또 지각했다.

→ ① He is late again.(?)

→ ② He has late again.(?)

답은 ①번입니다. ②번처럼 has 뒤에 형용사가 단독으로 올 수 없습니다. 예를 들어, 「He has long.」라든지 「They met beautiful.」이라는 문장은 틀린 문장입니다. 하지만 「He has a long nose.」라든지 「They met a beautiful women.」은 옳은 문장입니다.

**(2) She's right.** 그녀가 옳다.

→ ① She is right.(?)

→ ② She has right.(?)

답은 역시 ①번입니다. ②번은 일반동사 has 뒤에 right라는 형용사가 홀로 왔기 때문에 문법적으로도 틀리고, 해석도 되지 않습니다.

**(3) There's a letter for you.  너에게 온 편지가 있다.**

→ ① There is a letter for you.(?)

→ ② There has a letter for you.(?)

　　답은 역시 ①번입니다. ②번은 문법적으로도 틀리고 해석도 되지 않습니다. 영어에서 There has 뒤에 been이 오는 경우 이외에는 모두 틀린 문장입니다. 즉 「There have(has) been － 」형태로 많이 쓰입니다.

　　① There has been an accident here.  여기에서 사고가 있었지.

　　② There has been good news for us.  우리에게 좋은 소식이 있어.

　　③ There have been a lot of changes.  많은 변화들이 있어 왔다.

**(4) Anna's hungry. Anna는 배고프다.**

→ ① Anna is hungry.(?)

→ ② Anna has hungry.(?)

　　답은 역시 ①번입니다. has 뒤에 형용사가 단독으로 오지 못합니다.

**(5) She's a lot of old books.  그녀는 오래된 많은 책을 가지고 있다.**

→ ① She is a lot of old books.(?)

→ ② She has a lot of old books.(?)

　　답은 ②번입니다. ①번은 해석이 이상합니다. 「그녀는 오래된 많은 책이다.」로 해석이 되니까 말입니다.

**(6) I'd a dream.**

→ ① I had a dream.(?)

→ ② I would a dream.(?)

　　답은 ①번입니다. 해석은 「나에겐 꿈이 있었다.」입니다. ②번 문장은 해석도 안 될 뿐만 아니라 조동사 뒤에는 동사만 와야 하는데, 「a dream」이라는 명사가 왔기 때문에 틀린 것입니다. 기억하십시오! 조동사 뒤에는 동사만 온다는 것을요.

**(7) It's been the best year of my life. 내 인생의 최고의 해였다.**

→ ① It is been the best year of my life.

→ ② It has been the best year of my life.

답은 ②번입니다. is 뒤에 been이라는 be동사가 또 올 수 없습니다. 다시 말하면 영어에서는 be동사가 연속하여 쓰이지 못합니다.

「It was the best year of my life.」라는 문장과, 「It has been the best year of my life. 」라는 문장은 어떻게 다를까요?

It was the best year of my life. 내 인생의 최고의 해였다.(과거 어느 때에 그랬지만, 지금은 그렇지 않다는 뜻이 포함됨)

It has been the best year of my life. 내 인생의 최고의 해였다.(과거에도 그랬고 지금도 그렇다는 뜻이 포함되어 있음)


**(8) Who'd want to invite us? 누가 우리를 초대하고 싶어 하겠니?**

→ ① Who would

→ ② Who had

답은 ①번입니다. 여기서 would는 '추측'을 나타내는 조동사입니다. 조동사는 거의가 추측(-하겠지, -일지도 몰라)의 뜻을 가지고 있다는 것을 기억해야 합니다. 자세한 것은 뒤의 조동사 편에서 공부하기로 합니다.

②번의 Who had가 답이 되려면 문제의 want가 wanted가 되면 가능합니다. had wanted는 과거완료이기 때문입니다.(과거완료는 중요하지 않기 때문에 이 책에서는 싣지 않았습니다) 즉, had wanted는 되지만 had want는 안 됩니다. had 다음에 want라는 일반동사가 또 올 수 없습니다. 영어에서 동사는 연속하여 쓰이지 못합니다. 연속하여 쓰려면 사이에 to를 넣거나, 두 번째 동사에 -ing를 붙여서 사용합니다.

## : : 명령문 예문

명령문은 반드시 동사원형으로 시작해야 합니다. 형용사가 있으면 맨 앞에 Be를 써 주어야 하며, 부정 명령문인 경우에는 Don't be를 써 주어야 합니다.

| 긍정 명령문 | 해석 | 부정 명령문 |
| --- | --- | --- |
| Open your book. | 책을 펴라. | Don't open your book.(책을 펴지 마라) |
| Look at me. | 나를 보아라. | Don't look at me.(나를 보지 마라) |
| Close your eyes. | 눈을 감아라. | Don't close your eyes.(눈을 감지 마라) |
| Raise your hand. | 네 손을 들어라. | Don't raise your hand.(손을 들지 마라) |
| Read this book. | 이 책을 읽어라. | Don't read this book.(이 책을 읽지 마라) |
| Help me. | 도와주세요. | Don't help me.(나를 돕지 마라) |
| Tell me about it. | 그것에 대해 나에게 말해줘. | Don't tell me about it. (그것에 대해 말하지 마) |
| Forget it. | 그것을 잊어라. | Don't forget it.(나를 잊지 마) |
| Remember me. | 나를 기억해라. | Don't remember me.(나를 기억하지 마) |
| Take me home. | 나를 집에 데려다 줘. | Don't take me home.(나를 집에 데려가지 마) |
| Keep the rules. | 규칙을 지키세요. | Don't keep the rules.(규칙을 지키지 마라) |
| Use my phone. | 내 폰을 쓰세요. | Don't use my phone.(내 폰을 쓰지 마) |
| Listen to me. | 내 말 좀 들어봐. | Don't listen to me.(내 말을 듣지 마라) |
| Take your coats off. | 네 코트를 벗어라. | Don't take your coats off.(네 코트를 벗지 마) |
| Show me another. | 다른 것을 보여줘. | Don't show me another.(다른 걸 보여주지 마) |
| Do it now. | 그걸 지금 해라. | Don't do it now.(지금 그걸 하지 마) |
| Be kind to everyone. | 모든 이에게 친절해라. | Don't be kind to everyone. (모든 이에게 친절하지 마라) |
| Be careful. | 조심해라. | Don't be careful.(조심하지 마) |
| Be punctual. | 시간을 지켜라. | Don't be punctual.(시간을 지키지 마) |
| Be patient. | 참아라. | Don't be patient.(참지 마) |
| Be quite. | 조용히 해라. | Don't be quite.(조용히 하지 마) |
| Be happy. | 행복하세요. | Don't be happy.(행복해하지 마) |
| Be sad. | 슬퍼해라. | Don't be sad.(슬퍼하지 마라) |
| Be late. | 늦어라. | Don't be late.(늦지 마라) |

| 긍정 명령문 | 해석 | 부정 명령문 |
|---|---|---|
| Be shy. | 부끄러워해라. | Don't be shy.(부끄러워 마라) |
| Be afraid of water. | 물을 두려워해라. | Don't be afraid of water.(물을 두려워 마라) |
| Be disappointed. | 실망해라. | Don't be disappointed.(실망하지 마) |
| Be cruel to animals. | 동물들에게 잔인해라. | Don't be cruel to animals.<br>(동물들에게 잔인하게 하지 마라) |
| Be worried. | 걱정해라. | Don't be worried.(걱정하지 마라) |
| Be lazy. | 게으르게 살아라. | Don't be lazy.(게으르지 마라) |

★ Don't 다음에 be가 뒤따라온다는 것은 be 뒤의 단어가 형용사임을 나타냅니다. Don't 다음에 일반동사가 온다면 be는 절대 써서는 안 됩니다.

## :: 명령문 추가 예문

- Turn off your computer.  네 컴퓨터를 꺼라.
- Give me my phone back.  내 폰 돌려 줘.(내 폰 내놔)
- Give me my letter back.  내 편지 내놔.
- Watch your words.  말을 조심하세요.
- Be free from the past.  과거로부터 자유로워지세요.(과거에 매달리지 마세요)
- Be free from sin.  죄로부터 자유로워지세요.(죄의식을 떨쳐 내세요)
- Be free from concern.  걱정에서 자유로워지세요.
- Be open-minded.  오픈 마인드를 가지세요.(개방적인 마음을 가지세요)
- Be positive.  긍정적이 되세요.(긍정적으로 사세요)
- Be positive for myself.  나 자신을 위해 긍정적이 되세요.
- Be ready.(= Get ready)  준비하세요.
- Be ready for anything.  뭐든지(어떤 것이든지) 준비하세요.
   = Get ready for anything.
- Be ready for tomorrow.  내일을 준비하세요.

- Be ready for the future.  미래를 준비하세요.

- Be ready for death.  죽을 준비(각오)를 해라.

- Be ready for guests.  손님 맞을 준비를 하세요.

- If you wish for peace, be ready for war.  평화를 바란다면 전쟁에 대비하세요.

- Be ready for whatever comes.

  무엇이 오든지 준비해 놓고 있어라. 만반의 준비를 해 놓아라.

- Be confident.  자신감을 가지세요.

- Be confident in what you do.  네가 하는 일에 자신감을 가져라.

- Be confident in conversations.  대화에서 자신감을 가져라.

- Be confident to be successful.  성공하려면 자신감을 가지세요.

  = Be confident for your success.

  = Be confident to succeed.

- Be confident for job interview.  취업 면접에 자신감을 가지세요.

- Be creative.  창조적이 되세요.

- Be creative to survive.  살아남으려면 창조적이 되세요.

- Be creative to change the world.  세상을 바꾸려면 창조적이 되세요.

- Be creative to a web designer.  웹디자이너가 되려면 창조적이 되세요.

- Be careful not to fall down.  떨어지지 않게 조심하세요.

- Be careful not to catch a cold.  감기에 걸리지 않게 조심하세요.

- Be careful not to get hurt.  다치지 않게 조심하세요.

- Don't be dependent on others.  다른 사람들에게 의존하지 마세요.

  = Don't depend on others.

- Do things on your own.  혼자서 일을 하세요.

- Listen first, then speak.  먼저 들으세요. 그리고 나서 말하세요.

- Think first, act later.  먼저 생각하고 나중에 행하세요.

- Think first before you speak.  말하기 전에 먼저 생각하세요.

- Love yourself first.  먼저 자신을 사랑하세요.

- Just show interest.  그냥 관심이 있음을 보여주세요.

- Be a good person.  좋은 사람이 되세요.

- Practice saying no. "No(아니요, 싫어요)"라고 말하는 것을 연습하세요.
- Believe that your happiness is in your own hands.
  행복은 당신 자신의 손 안에 있다고 믿으세요.(행복은 그대가 만드는 겁니다)
- Never mind. 상관하지 마세요.
- Take your time. 천천히 하세요.
- Don't be surprised. 놀라지 마세요.
- Don't be lonely. 외로워 마세요.
- Don't be a robot. Think for yourself.
  로봇이 되지 마세요. 혼자 힘으로 생각하세요.
- Don't be afraid. 두려워하지 마세요.
- Don't be afraid to fail. 실패하는 것을(실패할까) 두려워하지 마세요.
  = Don't be afraid of failure.
- Don't be afraid to speak English. 영어 말하는 것을 두려워하지 마세요.
- Don't be afraid to change. 변화하는 것을 두려워하지 마세요.
  = Don't be afraid of change.(여기서의 'change'는 명사임)
- Give me another chance. 한 번만 더 기회를 주세요.
- Make up your mind by tomorrow. 내일까지 결정하세요.
- Don't waste your time. 시간을 낭비하지 말아요.
- Express yourself more. 너 자신을 더 표현해라.
- Listen to music while you work. 일하는 동안에는 음악을 들으세요.
- Look people in the eye when speaking. 말할 때 눈으로 사람들을 바라보세요.
- Tell me if you are interested. 관심 있으면 나한테 말해.
- Don't repeat the same mistakes. 같은 실수를 반복하지 마세요.
- Try new things and take more risks.
  새로운 것을 시도하고 더 많은 위험을 받아들여라.
- Do better next time. 다음번에 더 잘해.
- Do as I do. 내가 한 대로 해.
- Do as I say. 내가 말한 대로 해.
- Do as we do. 우리가 하는 대로 해라.

- Chew your food slowly. 음식을 천천히 씹어라.

- Keep this door open. 이 문을 열어 두세요.

- Keep it a secret. 비밀로 해 주세요.

- Keep it cool. 시원하게 유지(보관)하세요.

- Give me a few weeks to make up my mind. 결정할 시간 몇 주만 나에게 줘.

- Text me later. 나중에 나한테 문자 보내.

- See you tomorrow. 내일 보자.

- See you then. 그때 보자.

- See you on Monday. 월요일에 보자.

- Correct me if I'm wrong. 제가 잘못됐다면 고쳐주세요.

- Call me when you finish up. 끝나면 나한테 전화해.

- Answer my question. 내 질문에 답해.

- Give me a few hours to make up my mind. 결정할 테니 몇 시간만 내주세요.

- Think Small. 작게 생각하세요.(독일 Volkswagen의 슬로건)

- Think different. 다르게 생각하세요.(미국 Apple의 슬로건)

- Just do it. 그냥 해봐.(생각하지 말고 일단 행동으로 옮겨)

- Think big to be big. 크게 되려면 크게 생각하세요.

- Always do right. 늘 올바로 사세요. 늘 똑바로 사세요.
  ( → '늘'을 강조하기 위해 부사 always가 맨 앞으로 나갔음. 「Always do the right thing.」으로도 쓸 수 있음)

- Accept the decision. 그 결정을 받아들이세요.

- Get me a cup of coffee. 나한테 커피 한 잔 갖다 줘.

- Go (and) get some bread. 가서 빵좀 가져 와.

- Go (and) get a coke. 가서 콜라를 가져와.

- Try not to judge people before you get to know them.
  네가 그들을 알기 전에 사람들을 판단하려 하지 마라.

- Try to admire others without envy.
  부러워하지 말고 다른 이들을 칭찬하려고 해라.

- Don't try to change someone – love who they are now.

  누군가를 변화시키려 하지 마라. 그들을 있는 그대로 사랑해라.

- Don't give up when things get difficult.  일(상황)이 힘들 때 포기하지 마라.

- Open your eyes and see me.  네 눈을 뜨고 나를 보아라.

- Learn from yesterday, live for today and hope for tomorrow.

  어제로부터 배우고, 오늘을 위해 살며, 내일에 대한 의망을 가져라.

- Be thankful for what you have now instead of thinking about what you don't have.

  네가 가지지 못한 것을 생각하는 대신 네가 가진 것에 고마워하라.

- If you want to be rich, start acting like one now.

  부자가 되고 싶으면, 지금 부자인 것처럼 행동하기를 시작하세요.

영어에서는 전치사+명사를 to+동사로 바꿀 수 있는 경우가 많이 있습니다. 예를 들어, 「Are you ready for baseball?(야구할 준비 다 됐니?)」라는 문장은 「Are you ready to play baseball?」으로 바꾸어 쓸 수 있으며, 「I'm dying for TV.(TV가 보고 싶어 죽겠어)」는 「I'm dying to watch TV.」로 바꿀 수 있고, 「It's time for lunch.(점심 먹을 시간이다)」는 「It's time to have lunch.」로 바꾸어 쓸 수 있으며, 「They went the bar for a drink.(그들은 술 마시러 술집에 갔다)」는 「They went the bar to have a drink.」으로 바꿀 수 있습니다.

# UNIT 03 일반동사

## 1) 동사란

동사는 '움직임'을 나타내는 말을 말합니다. 이에 반해 '상태'나 '성질'을 나타내는 말은 형용사라 합니다. 동사 중 일반동사란 go, work, see, read, have, give와 같이 우리가 흔히 보아 왔던 동사를 말합니다. 일반동사가 아닌 동사로는 'be동사'와 '조동사'가 있습니다. 영어든 국어든 모든 언어에서는 동사가 가장 중요하고 또 어렵습니다. 오직 동사만 현재/과거/과거분사가 있고, 모양이 바뀌는 것도 동사뿐이기 때문입니다.

아래는 우리말 동사의 예입니다.

---

가다. 오다. 보다. 알다. 되다. 먹다. 뛰다. 걷다. 사다. 주다. 받다. 느끼다. 기억하다. 잊다. 자다. 죽다. 살다. 좋아하다. 사랑하다. 기대하다. 원하다. 즐기다. 가지다. 싸우다. 결혼하다. 초대하다. 토론하다. 얘기하다. 일어나다. 운전하다. 공부하다. 일하다. 발견하다. 죽이다. 어울리다. 지키다. 생각하다. 듣다. 읽다. 감동하다. 만지다. 때리다. 상상하다. 명령하다. 떠나다. 출발하다. 도착하다. 구부리다. 펴다. 넓히다. 파다. 열다. 닫다. 장식하다. 고치다. 눕다.

---

아래는 우리말 <u>형용사</u>의 예입니다.

깨끗하다. 더럽다. 높다. 낮다. 아름답다. 귀엽다. 바쁘다. 피곤하다. 느리다. 빠르다. 행복하다. 뚱뚱하다. 날씬하다. 넓다. 좁다. 깊다. 얇다. 하얗다. 젊다. 빨갛다. 검다. 자유롭다. 복잡하다. 슬프다. 새롭다. 부지런하다. 게으르다. 지혜롭다. 똑똑하다. 신나다. 흥미롭다. 가난하다. 부유하다. 강하다. 약하다. 부드럽다. 딱딱하다. 많다. 적다. 쉽다. 어렵다. 가능하다. 불가능하다. 완벽하다. 맛있다. 기쁘다. 비싸다. 귀하다. 두렵다. 걱정스럽다. 재미있다. 지루하다. 쉽다. 부끄럽다. 자랑스럽다. 부유하다. 가난하다. 어리석다. 멀다. 가깝다. 다르다.

동사와 형용사는 서로 비슷한 것 같으면서도 확연하게 차이가 납니다. 둘을 어떻게 쉽게 구분할까요? 간단한 비법을 하나 알려 드리지요. 동사는 '–다/–는다'를 붙이면 말이 되는데, 형용사는 말이 안 된다는 특징이 있습니다.

| 동사 | 동사는 '-ㄴ다/-는다'를 붙여도 말이 됨 | 형용사 | 형용사는 '-ㄴ다/-는다'를 붙이면 말이 안 됨 |
|---|---|---|---|
| 가다 | 간다 | 슬프다 | 슬픈다(×) |
| 먹다 | 먹는다 | 깨끗하다 | 깨끗한다(×) |
| 보다 | 본다 | 넓다 | 넓는다(×) |
| 받다 | 받는다 | 가난하다 | 가난한다(×) |
| 공부하다 | 공부한다 | 쉽다 | 쉽는다(×) |
| 죽다 | 죽는다 | 단순하다 | 단순한다(×) |
| 사다 | 산다 | 뚱뚱하다 | 뚱뚱한다(×) |
| 그리다 | 그린다 | 바쁘다 | 바쁜다(×) |
| 놀다 | 논다 | 좋다 | 좋는다(×) |
| 죽이다 | 죽인다 | 나쁘다 | 나쁜다(×) |
| 가르치다 | 가르친다 | 하얗다 | 하얗는다(×) |
| 날다 | 난다 | 높다 | 높는다(×) |

## 2) 동사의 종류

### (1) 자동사와 타동사

① (완전)자동사 : 목적어인 '-을/-를'이 전혀 필요 없는 동사를 말합니다. 자동사를 완전자동사라고 말하기도 합니다. 완전자동사는 목적어도 필요 없고 보어도 필요 없는 동사입니다.

> 가다, 오다, 날다, 자다, 일어나다, 걷다, 뛰다, 울다, 앉다, 눕다, 춤추다

① 그는 학교에 간다.('학교에'는 부사어로서 목적어가 아님)
② 그가 왔다.(이대로 완전한 문장입니다.)
③ 새들이 난다.(이대로 완전한 문장입니다.)
④ 그는 뛰었다.(이대로 완전한 문장입니다.)
⑤ 그녀가 운다.(이대로 완전한 문장입니다.)
⑥ 나는 늦게 일어났다.(이대로 완전한 문장입니다. '늦게'는 부사입니다.)

★ 위의 예문들과 같이 완전자동사는 목적어 없이도 문장이 성립됩니다.

② 타동사 : 목적어인 '-을/-를'이 반드시 필요한 동사를 말합니다. 타동사는 보어는 필요 없지만 목적어는 반드시 있어야 하는 동사입니다.

> 먹다, 읽다, 보다, 사랑하다, 좋아하다, 원하다, 사다, 받다, 주다, 때리다, 알다

① 나는 밥을 먹었다.
② 그는 그녀를 사랑했다.
③ 그들은 운동을 좋아한다.
④ 우리 엄마는 냉장고를 사셨다.
⑤ 그녀는 나를 안다.

★ 타동사들은 목적어인 '−을/−를'없이는 문장이 성립하지 않습니다. 우리가 알고 있는 대부분의 동사는 타동사입니다.

## (2) 불완전자동사

불완전자동사란 '보어'를 필요로 하는 동사를 말합니다. 완전자동사가 목적어나 보어가 전혀 필요 없는데 반하여, 불완전자동사는 목적어는 필요 없지만 보어는 필요로 합니다. 보어가 없으면 문장이 성립되지 않습니다. 다시 말하면, 보어가 없으면 말이 전혀 안 됩니다. 완전자동사와 마찬가지로 목적어는 필요로 하지 않습니다. 보어란 문장을 보충해주는 말을 말합니다. 이 점에서 목적어와 보어는 공통점을 갖습니다. 그런데 목적어는 '−을/를'이 붙고, 보어는 '−을/를'이 붙지 않는다는 차이가 있습니다. 다음 동사들 뒤에 나오는 단어들은 무조건 보어입니다.

| | |
|---|---|
| 1. be동사(−이다/되다) | 5. taste(−한 맛이 나다) |
| 2. look(−하게 보이다) | 6. smell(−한 냄새가 나다) |
| 3. seem(−처럼 보이다) | 7. become/get/turn(되다) |
| 4. sound(−하게 들리다) | |

① He is a student.(그는 학생이다)

위 문장에서는 a student가 없으면 말이 안 됩니다. 그런데 a student가 목적어는 아님이 분명합니다. '−을/−를'이 없기 때문입니다. 이때 a student가 보어가 되는 것입니다. 그리고 a student 앞의 is를 영어에서는 불완전자동사라 부릅니다. 「He is.」만으로는 문장이 성립되지 않기 때문에 be동사는 불완전한 것입니다. be동사 뒤에 나오는 모든 단어는 그 단어가 명사인지 형용사인지를 불문하고 모두 보어라고 합니다.

② They are happy.(그녀는 행복하다)

위 문장도 마찬가지입니다. be동사 뒤에 'happy'라는 형용사가 왔습니다. happy가 없으면 문장이 말이 안 됩니다. happy가 보어가 되는 것입니다.

③ She became a doctor.(그녀는 의사가 되었다)

위 문장에서 a doctor가 없으면 문장이 성립이 안 됩니다. 그렇다고 a doctor가 목적어는 분명 아닙니다. a doctor가 보어입니다. became이 불완전자동사입니다.

영어에서는 '–이 되다'의 뜻을 가진 동사가 become 이외에 get, turn, grow 등이 있습니다. get, turn, grow라는 동사들은 모두 '–이 되다'의 뜻을 별도로 가지고 있습니다. 이들도 모두 불완전 자동사들입니다.

- He became famous.(그는 유명해졌다)  famous가 보어입니다.
- We became friends.(우린 친구가 되었다)  friends가 보어입니다.
- It is getting dark.(날씨가 어두워지고 있다)  dark가 보어입니다.
- His face turned red.(그의 얼굴이 빨개졌다)  red가 보어입니다.
- Her hair is turning white.(그녀의 머리가 하얘지고 있다)  white가 보어입니다.
- We are growing old.(우리는 나이를 먹고 있습니다)  old가 보어입니다.
- He grew richer.(그는 더 부유해졌다)  richer가 보어입니다.

④ He looks busy.(그는 바빠 보인다)

위 문장에서도 busy라는 단어가 없으면 말이 안 됩니다. 그렇다고 busy가 목적어는 분명 아니지요. busy가 보어이고 look이 불완전자동사가 되는 것입니다. look이라는 동사는 '–을 보다'와 '–해 보이다'라는 뜻을 가지고 있는데, '–을 보다'로 쓰이면 타동사가 되고, '–해 보이다'로 쓰이면 불완전자동사가 됩니다.

- She looked angry.(그녀는 화나 보인다)  angry가 보어입니다.
- They look rich.(그들은 부유해 보인다)  rich가 보어입니다.
- You look fat.(너는 뚱뚱해 보인다)  fat가 보어입니다.
- You look fatter.(너는 더 뚱뚱해 보인다)  fatter가 보어입니다.
- You look really fat.(넌 정말 뚱뚱해 보인다)  fat가 보어입니다.
- You look familiar.(당신은 낯익어 보입니다)  familiar가 보어입니다.
- You look more beautiful.(넌 더 예뻐 보여)  beautiful이 보어입니다.
- It looks too expensive.(그거 너무 비싸 보여)  expensive가 보어입니다.

- It looks heavy.(그거 무거워 보여) heavy가 보어입니다.
- It looks heavier.(그게 더 무거워 보여) heavier가 보어입니다.
- It looks the same.(그거 똑같아 보여) the same이 보어입니다.
- Do I look tired?(내가 피곤해 보여?) tired가 보어입니다.
- Do I look sad?(내가 슬퍼 보여?) sad가 보어입니다.
- Does he look busy?(그가 바빠 보이니?) buys가 보어입니다.

⑤ That sounds good.(그 말이 내게는 좋게 들린다. → 좋아!)
sound가 명사로는 '소리'라는 뜻이 있고, 동사로는 '-하게 들리다'라는 뜻이 있습니다. sound는 동사로 무척 많이 쓰입니다. 위 문장에서 good이라는 단어가 없이는 문장이 성립되지 않습니다. good이 보어가 되고 sound가 불완전자동사가 됩니다.

- You sound tired.(네 목소리를 들으니 네가 피곤한 것 같아) tired가 보어입니다.
- You sound worried.(네 목소리를 들으니 걱정스러워 보여) worried가 보어입니다.
- You sound better.(네가 더 좋아진 것 같아) better가 보어입니다.
- You always sound angry.(네 목소리를 들으면 항상 화가 나 있는 거 같아) angry가 보어입니다.
- You sound more confident.(더 자신감이 있어 보인다) confident가 보어입니다.
- You sound familiar.(네 목소리를 들으니 낯익어 보인다) familiar가 보어입니다.
- You sound disappointed.(네 목소리를 들으니 실망하는 것 같아) disappointed가 보어입니다.
- That sounds so romantic.(정말 낭만적인 것 같아) romantic이 보어입니다.

정리하자면, 영어에서 be동사/become/look/sound 등을 불완전자동사라 부르고, 이 동사 뒤에 나오는 단어는 무조건 '보어'라 부른다는 것을 기억합시다.

## (3) 조동사

조동사는 영어에서 아주 많이 쓰입니다. 특히, could나 would가 많이 쓰이는데, 이들은 can과 will의 과거형이기도 하지만, 이와는 전혀 별개의 뜻을 가지고 있다는 것을 아셔야 합니다. could를 무조건 '–을 할 수 있었다.'로만 알고 계시면 안 됩니다. could나 would는 회화에서 상대방에게 무엇을 물어보거나 제안하거나 부탁할 때에도 무척 많이 쓰입니다. 그리고 거의 모든 조동사는 '추측'의 뜻이 있음을 알아야 합니다. 즉 '–할지도 몰라(–일 수도 있어)'라는 뜻을 가지고 있다는 얘기입니다. 조동사는 뒤의 조동사 편에서 자세히 다룹니다.


## (4) 지각동사

see(보다), feel(느끼다), hear(듣다) 등의 동사를 말합니다.

| |
|---|
| 지각동사 + 사람 + 동사원형/현재분사/과거분사 |
| 지각동사 + 사물 + 과거분사 |

- I saw him study(= studying) English.  나는 그가 영어를 공부하는 것을 보았다.
- He heard her cry(= crying).  그는 그녀가 우는 소리를 들었다.
- We saw it burning.  우리는 그것이 타는 것을 보았다.
- I saw the door closed.  나는 그 문이 닫힌 것을 보았다.
- I saw the window broken by the bird.  나는 창문이 새에 의해 깨지는 것을 보았다.
- I saw his car washed.  나는 그의 차가 세차되는 것을 보았다.
- She heard her name called.  그녀는 그녀의 이름이 불리는 것을 들었다.
- I heard my name repeated several times.  나는 내 이름이 몇 번 반복되는 소리를 들었다.
- I heard my name called.  나는 내 이름이 불리는 것을 들었다.
- I saw him punished by his father.  난 그가 그의 아버지한테 혼나는 것을 보았다.
- We saw them killed by the car.  우리는 그들이 차에 의해 죽는 것을 보았다.

지각동사 뒤에 사람이 오면 어느 것이든 다 올 수 있습니다. 지각동사 바로 뒤에 오는 단어를 목적어라 부르는데, 이 목적어가 사람이면 다 올 수 있고, 사물이면 대부분 과거분사가 옵니다. 이 목적어가 능동으로 해석되면 동사원형 또는 현재분사가 오고, '−당하는', '−되는'으로 해석되면 과거분사가 옵니다. 해석을 잘 해보면 알 수 있습니다. 위 예문의 마지막 두 문장을 보시면, 지각동사 saw 뒤에 사람 him과 them이 왔고 뒤이어 과거분사가 왔습니다.(punished, killed는 모두 과거분사입니다) 그런데 해석을 해 보면 '−당하는' 걸로 해석이 됩니다. '(누군가를) 혼내는' 것이 아닌 '(누군가한테서) 혼나는' 것이고, '(누구를) 죽이는' 것이 아닌 '(누군가한테서) 죽임을 당하는' 것이니까 말입니다.

## (4) 사역동사

make, have, let, get 등의 동사를 말합니다. 다 같은 사역동사이지만 그 의미는 조금씩 다릅니다.

> make : −에게 (강제로) −을 시키다.
> have : −을 부탁하여 하게끔 하다.
> let은 : −가 −하는 것을 허락하다.
> get : −를 설득하여 −하게 하다.

> 사역동사 + 사람 + 동사원형 or 형용사
> 사역동사 + 사물 + 과거분사(−당하다, −되다)
> ★ 단, get은 사람이 오면 to부정사가 옵니다.

- Mother made me study.  엄마가 나를 공부하라고 시켰다.(강제)
- Mother had me study.  엄마가 나를 공부하라고 했다.(부탁)
- Mother let me study.  엄마는 내가 공부하는 것을 허락하셨다.(허락)
- Mother get me to study.  엄마는 나를 달래서 공부하게끔 하셨다.(설득)
- He made me go there.  그가 나를 거기에 가도록 시켰다.
- They had him come in.  그들이 그를 안으로 들어오게 했다.
- Don't make me angry.  나를 화나게 하지 마.
- Let them eat cake.  그들이 케이크를 먹도록 허락해 줘요.

- She made me wait an hour again.  그녀가 날 또 한 시간이나 기다리게 했어.
- She always make me depressed.  그녀는 늘 나를 우울하게 한다.
- He make me sing.  그는 나를 노래하게 하지요.
- Don't make me ask you again.  너에게 또 묻게 하지 마.
- I'll never make you cry.  난 절대 너를 울게 하지 않을 거야.
- Music can make people feel wealthy, and it makes them forget how much they are spending.

   음악은 사람들로 하여금 부유하다는 느낌을 갖게 할 수 있고, 그리고 음악은 사람들로 하여금 그들이 얼마나 많은 돈을 소비하는지 잊게 만든다.
- Let me know about it.  그것에 대해 나에게 알도록 해줘

   (→ 그것에 대해 나에게 알려 줘.)
- Let me know your address.  나에게 너의 주소를 알려 줘.
- Let me know what you need.  네가 필요한 것을 알려 줘.
- Let me know when you are free.  네가 언제 한가한지 나에게 알려 줘.
- Let me know what to do next.  다음에 뭘 해야 할지 알려 줘.
- Let me know if there is something I can do.  내가 할 수 있는 일이 있는지 알려 줘.
- Let us know your decision.  너의 결정을 우리에게 알려 줘.
- Let us know what is important.  중요한 것을 우리에게 알려 주세요.
- Where can I get this repaired?  이거 어디에서 수리받을 수 있어요?
- Have your work done by noon.  정오까지 네 일이 다 끝내지도록 해라.
- I want to get my work finished by 7.  나는 7시까지 내 일을 끝내고 싶다
- Have your essay finished by tomorrow!

   네 에세이가 내일까지 끝내지도록 해라.(→ 네 에세이를 내일까지 끝내라)
- I didn't get my car fixed yet.  난 내 차를 아직 수리하지 못했어.
- Have your work done by noon.  정오까지 일이 끝내지게 하세요.
- I got my computer fixed.  (다른 사람을 시켜) 나는 내 컴퓨터가 고쳐지도록 했다.

   ★ I fixed my computer.  나는 (내가 직접) 컴퓨터를 고쳤다.
- I got my car washed.  나는 (다른 사람을 시켜) 세차되게 했다.
- She had her car fixed.  그녀는 (다른 사람을 시켜) 차가 수리되게 했다.

- I had my hair cut. 나는 내 머리카락을 (다른 사람에 의해) 잘라지게 했다.

- I got my ears pierced. 나는 내 귀가 뚫리게 했어.(나는 귀 뚫었어)

- I got a tooth pulled. 나는 내 이가 뽑히게 했어.(나는 이 뽑았어)

- Have you got the children dressed? 애들에게 옷을 다 입혔어?

- I'll get that started. 내가 그것이 시작되도록 할게.( → 내가 그것을 시작할게)

- I had my hair cut yesterday. 나는 (미용사를 시켜) 어제 내 머리카락을 잘랐다.

- I got my leg broken. 나는 (다른 것에 의해) 내 다리가 부러졌다.

- I want to get my phone fixed. 나는 내 전화기를 수리받고 싶다.

- I got my shoes cleaned. 나는 (다른 사람에게) 신발이 닦여지도록 했다.

- He had his car washed. 그는 자신의 차가 (다른 사람을 시켜) 세차되도록 했다.

- I would like to have it wrapped, please. 그것이 포장되게 해 주십시오.

- Can I have it wrapped? 내가 그것이 포장되도록 할까요?( → 포장해 드릴까요?)

- She had her purse stolen. 그녀는 지갑을 도난당했다.

- I went to the garage to have my car serviced.
  나는 내 차를 점검받기 위해서 정비소에 갔다.

- I would like to have my eyes tested.
  내 눈이 시력검사 되게끔 하고 싶습니다.(내 눈의 시력검사를 받고 싶습니다)

- I had the flowers delivered my office.
  나는 (다른 사람을 시켜) 그 꽃들을 내 사무실에 배달되게 했다.

- This coat is dirty. I must have it cleaned.
  이 코트는 더러워. 나는 (누구를 시켜) 그것이 세탁되도록 해야겠어.

- Get things done quickly. 일이 빨리 끝내지도록 해라.( → 일을 빨리 끝내라)

- I'm going to get some work done. 일이 끝내지도록 하려고요(일을 끝내려고요)

- Get this phone fixed as soon as possible.
  가능한 한 빨리 이 폰이 고쳐지도록 해라.( → 이 폰을 빨리 고쳐라)

「I got my computer fixed.」라는 문장을 봅시다. 이 문장에서 got는 사역동사이고, my computer는 사물입니다. fixed는 fix(고치다)의 과거분사입니다. 이 문장을 직역하면「나는 (다른 사람을 시켜) 내 컴퓨터가 수리되도록 했다.」입니다. 이것을 의역하면「나는 내 컴퓨터를 (다른 사람을 시켜) 수리했다.」입니다. 본인이 직접 수리를 했다면「I fixed my computer.」로 써야 합니다. 즉, 사역동사인 get이나 have가 필요 없는 것입니다. 원어민들은 이렇게 우리가 이해하기 힘든 사역동사를 굳이 씁니다. get이나 have와 같은 사역동사 뒤에 사물이 나오면 거의 대부분이 다른 사람에게 시킨 것입니다.

## (6) 수여동사

'A에게 B하다'라고 해석되는 동사를 말합니다. '–에게'라는 말이 들어간다는 것을 꼭 기억하십시오. buy(사주다), give(주다), make(만들어주다), tell(말하다), show(보여주다) 등이 수여동사에 해당합니다. A를 직접목적어, B를 간접목적어라고 부릅니다.

- My father bought me a bicycle.  우리 아버지가 나한테 자전거를 사주셨다.
- I will buy you dinner.  너에게 저녁을 사주겠다.
- She gave him money.  그녀가 그에게 돈을 주었다.
- They told her about their plans.  그들은 그녀에게 그들의 계획들을 말했다.
- I showed her my house.  나는 그녀에게 우리 집을 보여 주었다.
- My mother made me a pizza.  우리 엄마가 나에게 피자를 만들어 주셨다.

## 3) 동사의 특징

(1) 동사에는 동사원형이라는 것이 있습니다. 형용사에는 형용사원형이라는 말이 없습니다. 대신 형용사에는 원급-비교급-최상급이라는 표현이 있습니다.

(2) 동사에만 현재-과거-과거분사가 있습니다. 형용사나 명사에는 이런 것이 없습니다. 따라서 동사의 현재-과거-과거분사는 반드시 외워야 합니다.

(3) 동사에만 앞에 to를 쓸 수 있고, 동사 뒤에만 -ing를 붙일 수 있습니다.
물론 명사 앞에도 to를 붙일 수 있습니다. 명사 앞에 있는 to(이때의 to는 전치사입니다)는 '-에' 또는 '-에게'의 뜻을 갖습니다. 동사 앞에 오는 to에는 이런 뜻이 전혀 없습니다.

① He goes to school everyday.  그는 매일 학교에 간다.
② She said to me.  그녀는 나에게 말했다.

(4) 어떤 단어 뒤에 -ing나 -ed가 붙어 있으면, 그 단어는 동사라는 것을 뜻합니다.

(5) 영어에서는 한 단어가 명사와 동사로 쓰이는 경우가 있습니다. 명사로 쓰일 때와 동사로 쓰일 때의 뜻이 전혀 다릅니다.

| 단어 | 흔한 뜻 | 동사 | 동사로 쓰인 예문 |
|------|---------|------|------------------|
| book | 책 | 예약하다. | I booked the hotel yesterday.<br>(나는 어제 그 호텔을 예약했다) |
| water | 물 | 물을 주다. | Don't water plants.<br>(식물에 물을 주지 마라) |
| name | 이름 | 이름을 짓다. | A woman named Julia.<br>(줄리아라는 이름의 여자) |
| park | 공원 | 주차하다. | No parking.(주차금지)<br>Finally he parked his car.<br>(마침내 그는 차를 주차했다) |
| mother | 엄마 | 엄마처럼 키우다.<br>엄마노릇을 하다. | Old-fashioned mothering<br>(구식의 자녀양육법) |
| ice | 얼음 | 얼리다. | iced coffee(냉커피)<br>★ ice coffee(x) |
| seat | 좌석 | 앉히다. | Please be seated.(앉으세요)<br>★ Please be seat.(x) |
| double | 두 배 | 두 배로 하다 | The population of the world will be doubled soon.<br>(세계인구가 곧 두 배가 될 거야) |
| mind | 마음 | 꺼리다. | Would you mind opening the window?(창문을 여는 것이 싫은가요?) |
| long | 긴 | 바라다.<br>갈망하다. | We long for peace.<br>(우리는 평화를 갈망한다) |
| slow | 느린 | 늦어지게 하다. | Slow it down.(속도를 늦춰요)<br>Price rises slowed in August.<br>(물가상승이 8월에 둔화되었다) |
| free | 자유로운 | 자유롭게 하다. | Lincoln freed the slaves.<br>(링컨이 노예들을 해방시켰다) |
| time | 시간 | 시간을 맞추다. | Timing is everything.<br>(시간 맞추는 일이 아주 중요해)<br>I timed my arrival for the meeting.<br>(내 도착시간을 회의에 맞췄지) |

(6) 주어 뒤에는 반드시 동사가 따라와야 합니다. 따라서 주어 뒤에 형용사처럼 생긴 단어가 와도 그 단어는 형용사가 아니라 동사라는 것을 알아야 합니다. 단어들 중에는 형용사와 동사, 두 가지 기능을 하는 단어들이 있습니다.

① You must clean your room every day.(깨끗한, 청소하다)

　　너는 매일 네 방을 청소해야 한다.

② A cup of tea will warm you up.(따뜻한, 따뜻하게 하다)

　　한 잔의 차가 너를 따뜻하게 해줄 거야.(차를 한 잔 마시면 따뜻해질 거야.)

③ I long to see you again.(오랜, 오래, 간절히 바라다)

　　너를 다시 보기를 간절히 바란다.

④ Pacific Current Change Slowed Global Warming.(느린, 늦어지게 하다)

　　태평양의 현재 변화가 지구 온난화를 늦추었다.


(7) 형용사는 명사를 수식하고, 부사는 동사를 수식합니다.


(8) 동사는 원칙적으로 연이어서 쓰지 못합니다.


## 4) 동사에서 나온(파생된) 것들

이들은 동사에서 나왔지만 동사가 아닙니다. 이것을 '준동사'라 부릅니다.

### (1) to부정사

동사원형 앞에 'to'가 붙은 것을 말합니다. to부정사는 다양하게 해석이 되므로 부정사(不定詞: 정해지지 않은 말)라 칭한 것입니다. to부정사는 명사처럼 쓰이기도 하고 형용사처럼 쓰이기도 하며 부사처럼 쓰이기도 합니다. to부정사를 모르면 영어 해석이 되지를 않습니다. 명사처럼 쓰인다는 것은, 문장의 맨 앞에 올 수 있고 뒤에 '-은/-는'이 붙을 수 있다는 뜻이며, 형용사로 쓰인다는 것은 명사를 수식한다는 뜻이며, 부사로 쓰인다는 것은 부사어(-처럼, -하러, -한다면, -해서, -하니까 등등)처럼 쓰인다는 뜻입니다.

## (2) 동명사

동사원형 뒤에 −ing가 붙은 것들 중에서 해석이 '−하기'또는 '−하는 것'으로 해석되는 것을 말합니다. 동명사는 동사가 명사화한 것입니다. 동명사는 우리말에서도 많이 찾을 수 있습니다. 「나는 밥 먹는 것을 좋아한다.」, 「그는 게임하기를 좋아한다.」, 「그녀는 여기 온 것을 후회한다.」, 「우리 엄마는 오래 기다리는 것을 싫어한다.」 이런 예문들에서 밑줄 그은 것들이 바로 동사가 명사로 바뀌어 쓰인 것들입니다. 이것을 동사의 명사화라 부릅니다.

## (3) 현재분사

동사원형 뒤에 −ing가 붙은 것을 말합니다. 모양만 보면 동명사와 완전히 같지만 해석이 다릅니다. 동명사가 '−하기/−하는 것'으로 해석이 되는데 비해, 현재분사는 '−하는 중', '−하는'으로 해석이 됩니다.

## (4) 과거분사

영어의 꽃입니다. 어렵지만 재미있는 품사입니다. 과거분사처럼 많이 쓰이는 품사가 또 있을까 싶습니다. 과거분사는 현재완료나 과거완료에서도 많이 쓰이지만, be동사와 결합하여 수동태를 이루기도 하며, 형용사처럼 명사를 꾸며주는 일도 합니다. 과거분사는 '−당한'/ '−해진'으로 해석합니다. 현재분사나 과거분사는 그 성질이 '형용사'라는 것을 기억하셔야 합니다.

준동사들은 영어에서 굉장히 중요합니다. 준동사를 알지 못하면 영어 공부를 제대로 할 수도 없거니와 영어 공부에 있어 성취가 있을 수 없습니다. 준동사들을 제대로 익히셔야 합니다.

# 5) 영어 문장 정리

| 영문 | 해석 | 영문 | 해석 |
|------|------|------|------|
| It rains. | 비가 온다. | She likes coffee. | 그녀는 커피를 좋아한다. |
| It rained. | 비가 왔다. | She liked coffee | 그녀는 커피를 좋아했다. |
| It rained a lot. | 비가 많이 왔다. | She likes coffee a lot. | 그녀는 커피를 많이 좋아한다. |
| It is raining. | 비가 오고 있다. | She doesn't like coffee. | 그녀는 커피를 좋아하지 않는다. |
| It doesn't rain. | 비가 오지 않는다. | Does she likes coffee? | 그녀는 커피를 좋아하니? |
| It will rain. | 비가 올 것이다. | Why does she likes coffee? | 왜 그녀는 커피를 좋아하니? |
| It could rain. | 비가 올지 몰라. | It seems she likes coffee. | 그녀는 커피를 좋아하는 것 같다. |
| It seems to rain. | 비가 올 것 같다. | I hope she likes coffee. | 그녀가 커피를 좋아했으면 해. |
| I hope it will rain. | 비가 오기를 바래. | It is true that she likes coffee. | 그녀가 커피를 좋아 하는 것은사실이다. |
| I think it will rain. | 비가 올 것 같아. | I think she likes coffee. | 그녀가 커피를 좋아하는 것 같아. |
| I wish if it would rain. | 비가 오면 좋을 텐데. | I wish if she liked coffee. | 그녀가 커피를 좋아하면 좋을텐데. |
| It started to rain. | 비가 오기 시작했다. | She started to likes coffee. | 그녀가 커피를 좋아하기 시작했다. |
| It stopped raining. | 비가 멈췄다. | I want her to like coffee. | 난 그녀가 커피를 좋아했으면 한다. |

| 명사+en | –으로 만든 | earth(흙,지구) → earthen(흙으로 만든)<br>wood(나무) → wooden(나무로 만든)<br>gold(금) → golden(금으로 만든) |
|---|---|---|
| 형용사+en | –하게 하다 | white(흰) → whiten(하얗게 하다)<br>weak → weaken(약하게 하다)<br>dark(어두운) → darken(어둡게 하다)<br>deep(깊은) → deepen(깊게 하다)<br>soft(부드러운) → soften(부드럽게 하다) |
| en+형용사<br>en+명사 | –하게 하다 | rich(부유한) → enrich(부유하게 하다)<br>able(가능한) → enable(가능하게 하다)<br>large(큰) → enlarge(크게 하다)<br>courage(용기) → encourage(용기를 주다)<br>danger(위험) → endanger(위험하게 하다)<br>slave(노예) → enslave(노예로 만들다) |
| re+동사 | 다시 –하다 | use(사용하다) → reuse(다시 사용하다)<br>fill(채우다) → refill(다시 채우다)<br>make(만들다) → remake(다시 만들다)<br>cycle(순환하다) → recycle(재활용하다)<br>view(바라보다) → review(재검토하다)<br>mind(조심하다) → remind(떠오르게하다) |

| 동사+er<br>동사+or<br>동사+ar | –하는 사람<br>–하는 것 | write(쓰다) → writer(작가)<br>drive(운전하다) → driver(운전자)<br>teach(가르치다) → teacher(선생)<br>run(뛰다) → runner(뛰는 사람)<br>sing(노래하다) → singer(가수)<br>think(생각하다) → thinker(사색가)<br>make(만들다) → maker(제조자, 제조회사)<br>erase(지우다) → eraser(지우개)<br>invent(발명하다) → inventor(발명가)<br>visit(방문하다) → visitor(방문객)<br>instruct(강의하다) → instructor(강사)<br>direct(지도하다) → director(관리자, 감독, 이사)<br>lie(거짓말하다) → liar(거짓말쟁이)<br>beg(간청하다) → beggar(거지) |
|---|---|---|
| 명사+ist | –하는 사람 | art → artist, piano → pianist, science → scientist,<br>terror → terrorist, tour → tourist |

## : : 꼭 암기해야 할 동사들의 현재–과거–과거분사형

| 동사원형 | 현재 | 과거 | 과거분사 | 뜻 |
|---|---|---|---|---|
| be | am/is/are | was/were | been | –이다 등 |
| have | have/has | had | had | 가지다 등 |
| do | do | did | done | 하다 |
| go | go | went | gone | 가다 |
| come | come | came | come | 오다 |
| get | get | got | got/gotten | 얻다 등 |
| take | take | took | taken | 가져가다 등 |
| keep | keep | kept | kept | 유지하다 등 |
| put | put | put | put | 놓다 등 |
| make | make | made | made | 만들다 등 |
| say | say | said | said | 말하다 |
| tell | tell | told | told | 말하다 |
| talk | talk | talked | talked | 이야기하다 |
| give | give | gave | given | 주다 |
| eat | eat | ate | eaten | 먹다 |
| want | want | wanted | wanted | 원하다 |
| like | like | liked | liked | 좋아하다 |
| know | know | knew | known | 알다 |
| try | try | tried | tried | 시도하다 |
| grow | grow | grew | grown | 자라다 |
| leave | leave | left | left | 떠나다 |
| think | think | thought | thought | 생각하다 |
| sell | sell | sold | sold | 팔다 |
| buy | buy | bought | bought | 사다 |
| find | find | found | found | 발견하다 |
| read | read | read | read | 읽다 |
| work | work | worked | worked | 일하다 |
| study | study | studied | studied | 공부하다 |
| watch | watch | watched | watched | 지켜보다 |

| 동사원형 | 현재 | 과거 | 과거분사 | 뜻 |
|---|---|---|---|---|
| live | live | lived | lived | 살다 |
| see | see | saw | seen | 보다 |
| hear | hear | heard | heard | 듣다 |
| feel | feel | felt | felt | 느끼다 |
| finish | finish | finished | finished | 끝내다 |
| hope | hope | hoped | hoped | 바라다 |
| seem | seem | seemed | seemed | -인 것 같다 |
| look | look | looked | looked | 보다 |
| write | write | wrote | written | 쓰다 |

★ have는 주어가 3인칭 단수일 때에는 현재형이 has라는 것을 기억해야 합니다.

# UNIT 04 동사의 3대 철칙

1) ① 주어가 3인칭 단수이고 ② 일반동사가 현재형일 때에는 일반동사 뒤에 반드시 –s나 –es를 붙여야 합니다.

(1) 아래 표를 보시고 3인칭 단수를 공부하도록 합니다. 3인칭 단수에 대해서는 대명사 편에서 다시 자세히 다룹니다. 특히 like를 유심히 보십시오.

| 예문 | 번역 | 풀이 |
|---|---|---|
| I like coffee. | 나는 커피를 좋아한다. | I는 1인칭 단수입니다. |
| You like coffee. | 너는 커피를 좋아한다. | You는 2인칭입니다. |
| We like coffee. | 우리는 커피를 좋아한다. | We는 1인칭 복수입니다. |
| They like coffee. | 그들은 커피를 좋아한다. | They는 3인칭 복수입니다. |
| My parents like coffee. | 우리 부모님은 커피를 좋아한다. | My parents도 3인칭 복수입니다. |
| All like coffee. | 모두가 커피를 좋아한다. | All은 복수입니다. |
| He and she like coffee. | 그와 그녀는 커피를 좋아한다. | He and she는 복수입니다. |
| All of them like coffee. | 그들 모두는 커피를 좋아한다. | 주어 All은 복수입니다. |
| Some of them like coffee. | 그들 중 몇몇은 커피를 좋아한다. | 주어 Some도 복수입니다. |
| Two of them like coffee. | 그들 중 둘은 커피를 좋아한다. | 주어 Two도 복수입니다. |
| People like coffee. | 사람들은 커피를 좋아한다. | People은 3인칭 복수입니다. |
| Children like coffee. | 아이들은 커피를 좋아한다. | Children(아이들)도 복수입니다. |
| Koreans like coffee. | 한국인들은 커피를 좋아한다. | Koreans도 3인칭 복수입니다. |
| Lions like coffee. | 사자들은 커피를 좋아한다. | Lions도 3인칭 복수입니다. |
| He likes coffee. | 그는 커피를 좋아한다. | He는 3인칭 단수입니다. |

| 예문 | 번역 | 풀이 |
|---|---|---|
| She likes coffee. | 그녀는 커피를 좋아한다. | She도 3인칭 단수입니다. |
| My dog likes coffee. | 우리 개는 커피를 좋아한다. | My dog도 3인칭 단수입니다. |
| My father likes coffee. | 우리 아버지는 커피를 좋아한다. | My father도 3인칭 단수입니다. |
| My mother likes coffee. | 우리 엄마는 커피를 좋아한다. | My mother도 3인칭 단수입니다. |
| My teacher likes coffee. | 우리 선생님은 커피를 좋아한다. | My teacher도 3인칭 단수입니다. |
| His mother likes coffee. | 그의 엄마는 커피를 좋아한다. | His mother도 3인칭 단수입니다. |
| Everyone likes coffee. | 모든 사람들은 커피를 좋아한다. | Everyone은 단수 취급합니다. |
| Someone likes coffee. | 누군가는 커피를 좋아한다. | Someone도 단수 취급합니다. |
| Man likes coffee. | 남자는 커피를 좋아한다. | Man도 3인칭 단수입니다. |
| Nature likes coffee. | 자연은 커피를 좋아한다. | Nature도 3인칭 단수입니다. |
| History likes coffee. | 역사는 커피를 좋아한다. | History도 3인칭 단수입니다. |
| China likes coffee. | 중국은 커피를 좋아한다. | China도 3인칭 단수입니다. |
| The Chinese like coffee. | 중국인들은 커피를 좋아한다. | Chinese는 3인칭 복수입니다. |
| God likes coffee. | 하느님은 커피를 좋아한다. | God도 3인칭 단수입니다. |
| Winter likes coffee. | 겨울은 커피를 좋아한다. | Winter도 3인칭 단수입니다. |

**(2) 동사가 –ch, –sh, –o, –x로 끝나면 –es를 붙이고, 이 이외의 경우에는 –s를 붙입니다.**

- She goes to church everyday.  그녀는 매일 교회에 간다.

  ★ She go to church everyday.(x)

- She went to church everyday.(과거형 문장)  그녀는 매일 교회에 갔다.
  과거형 동사에는 –s나 –es를 붙여서는 절대 안 됩니다.

- My father seldom washes his car.  우리 아버지는 좀처럼 세차를 하지 않으신다.

- His mother always watches TV.  그녀의 어머니는 늘 TV를 보신다.

- He teaches English at Indiana University.
  그는 인디아나 대학교에서 영어를 가르친다.

- After he finishes driving.  그가 운전을 끝낸 후.

- It rains.  비가 내린다.  ★ It rain.(x)

- It rained. 비가 내렸다.(과거형 문장)
- He loves her. 그는 그녀를 사랑한다. ★ He love her.(x)
- She likes coffee. 그녀는 커피를 좋아한다. ★ She like coffee.(x)
- My dog looks fat. 우리 개는 살쪄 보인다. ★ My dog look fat.(x)
- He always helps me. 그는 늘 나를 도와준다.

## 2) 전치사 뒤에 인칭대명사를 쓸 때에는 반드시 목적격만 써야 합니다.

- Let's go with me. 나랑 같이 가자. ★ with I(x)
- Don't cry for me. 나 때문에 울지 말아요. ★ for I(x)
- Don't be afraid of us. 우리를 두려워 말아요. ★ of we(x)
- This is a letter from him. 이것은 그에게서 온 편지이다. ★ from his(x)
- This is for us. 이것은 우리를 위한 것이다. ★ for we(x)
- She was looking at them. 그녀는 그들을 바라보고 있었다. ★ at they(x)
- He waited for her all day. 그는 하루 종일 그녀를 기다렸다. ★ for she(x)
- I said to him. 나는 그에게 말했다. ★ to his(x)
- She spoke to me. 그녀는 나에게 말했다. ★ to I(x)
- Most of them are students. 그들 중 대부분은 학생들이다. ★ of their(x)
- What do you want from me? 너는 나에게서 뭘 원하니? ★ from I(x)
- I can save 10,000$ a year because of you.
  나는 너 때문에 1년에 10,000달러를 저축할 수 있다. ★ of your(x)
- I can't live without her. 나는 그녀 없이는 살 수 없다. ★ without she(x)
- For you and me. 당신과 나를 위해.
- Do you want to know about us? 우리에 대해 알고 싶으세요? ★ about we(x)
- Many people got angry because of them. 많은 사람들이 그들 때문에 화났다.

## 3) 전치사 뒤에 동사를 쓸 때에는 동사에 반드시 –ing를 붙여야 합니다.

① Pleasures of <u>reading</u>  독서의 즐거움
② benefits of <u>walking</u>  걷기의 이익
③ reasons for <u>leaving</u> Seoul  서울을 떠나는 이유
④ on love  사랑에 관하여
⑤ call for help  도움을 청하는 전화. 도움이 필요하시면 전화하세요.

위 다섯 개의 예문들을 봅시다. ①, ②, ③번 예문들은 전치사 뒤의 동사에 하나같이 –ing가 붙어 있음을 알 수 있습니다. 왜 –ing가 붙어 있는 것일까요? 전치사 때문입니다. read(읽다), walk(걷다), leave(떠나다)에는 동사만 있고 명사는 없습니다. 원래 전치사 다음에는 명사나 대명사만 올 수 있고 동사는 오지 못합니다. 그런데 read, walk, leave에는 명사의 뜻이 없고 동사의 뜻만 있기 때문에 불가피하게 뒤에 –ing를 붙여 명사로 만들어 주는 것입니다. 이것이 바로 뒤에서 배우게 될 동명사입니다.

그렇다면 위 ④, ⑤번 예문의 전치사 뒤의 동사에는 왜 –ing가 붙어 있지 않은 것일까요? 즉, 왜 「on loving」, 「call for helping」과 같이 쓰지 않는 것일까요? 그것은 love와 help에는 동사 말고도 명사의 뜻이 있기 때문입니다. 즉, 영어 사전을 펼쳐 보시면, 이들 단어에는 각각 '사랑하다'와 '돕다'라는 동사의 뜻 말고도 '사랑', '도움'이라는 명사의 뜻도 있음을 알 수 있습니다. love라는 단어에 '사랑하다'라는 동사와 '사랑'이라는 명사가 함께 있는 것입니다. 그러므로 명사를 쓰면 되는 것이지, 굳이 동사 뒤에 –ing를 붙여서 쓰지 않는 것입니다. 그런데 ①, ②, ③번에 쓰인 read, walk, leave들은 오직 동사만 있고 명사는 없기 때문에(read라는 단어에 '독서'라는 명사는 없습니다) 뒤에 –ing를 붙여서 명사화하는 것입니다.

다만 이런 것은 있습니다. 「call for <u>helping</u> the poor.」를 보시면 help 뒤에 –ing가 붙어 있습니다. 여기서의 help는 '돕다'라는 동사입니다. 왜 동사일까요? 뒤에 'the poor(가난한 사람들)'라는 단어가 왔기 때문입니다. 「가난한 사람들을 도와주려면 전화하세요.」라고 해석되기 때문에 help는 분명히 동사입니다. 그래서 이 문장을 「call for <u>help</u> the poor.」로 쓰면 틀립니다. 「on love」도 마찬가지입니다. 만약 이 문장을

「on loving neighbors(이웃을 사랑하는 것에 관하여)」로 고쳐 쓰게 되면, love 뒤에 –ing를 붙여 줘야 합니다. love가 동사로 쓰였기 때문입니다.

지금부터는 전치사 뒤에 동사를 쓸 때에는 반드시 –ing를 붙여야 한다는 철칙의 생생한 증거들을 보도록 하겠습니다.

- Thank you for calling.  전화해 줘서 고마워.  ★ Thank you for call.(x)
- Thank you for waiting.  기다려 주셔서 감사해요.  ★ Thank you for wait.(x)
- Thank you for telling me about it.  그것에 대해 나한테 얘기해 줘서 고마워요.
- Thank you for helping me.  나를 도와 주셔서 감사합니다.
- Thank you for meeting me.  저를 만나 주셔서 감사드립니다.
- Thank you for inviting me.  나를 초대해 줘서 고마워.
- Thank you for saying that.  그렇게 말해 줘서 고마워.
- Thank you for loving me.  나를 사랑해 줘서 고마워.
- Thank you for listening to me.  제 말을 경청해 주셔서 감사합니다.
- Thank you very much for reading it.  그것을 읽어 주셔서 정말 감사드립니다.
- Thank you for giving me a chance to become a mother.
  엄마가 되려는 기회를 저에게 주셔서 감사합니다.
- Thank you for giving me a chance to interview.
  인터뷰할 기회를 저에게 주셔서 감사드립니다.
- Thank you for giving me the opportunity to be here.
  여기 올 기회를 저에게 주셔서 감사드립니다.
- Thank you for being a friend with me.  저와 친구가 되어 줘서 고마워.
- Thank you for being a my wife.  내 아내가 되어 줘서 고마워.
- Thank you for being there.  거기에 가줘서(또는 있어줘서) 고마워.
- Thank you for being with us.  우리랑 있어 줘서 고마워.
- Thank you for being patient.  참아줘서 고마워.
- Thank you for being born in this world.  이 세상에 태어나 줘서 고마워.
- I'm sorry for being late.  늦어서 미안해.  ★ I'm sorry for late.(x)

- I'm sorry for being rude. 무례하게 굴어서 미안해. ★ I'm sorry for rude.(x)
- I'm sorry for being selfish. 이기적이어서 미안해. ★ I'm sorry for selfish.(x)
- I'm sorry for not being careful. 신중치 못해서 미안합니다.
- Thank you for not smoking here. 여기서 담배를 피우지 않으셔서 감사드립니다.
- Thank you for not forgetting me. 나를 잊지 않아주어 고맙다.
- Children learn from playing. 아이들은 노는 것으로부터 배운다.
- He is good at playing the guitar. 그는 기타를 잘 친다.

  ★ He is good at play the guitar.(x)
- How about meeting today? 오늘 만나는 게 어때?

  ★ How about meet today?(x)
- She is interested in studying history. 그녀는 역사를 공부하는 것에 관심이 있다.
- I'm thinking of buying a new car. 새 차를 살까 생각중이다.
- I'm thinking of learning English. 영어를 배워볼까 해요.
- I'm thinking of marrying her. 그녀와 결혼할까 해요.
- She is fond of climbing. 그녀는 등산을 좋아한다.
- Ways of greeting  인사하는 방식들
- Ways of saving our earth  우리의 지구를 구하는 방법들
- Ways of getting foods  식량을 구하는 방법
- Way of learning English  영어를 배우는 방법
- Joy of dancing  춤추는 기쁨
- Fear of being alone  혼자 있는 것의 두려움('be'는 '있다'의 뜻)
- Fear of being in public  대중과 같이 있는 것의 두려움('be' 역시 '있다'의 뜻)
- Fear of being a loser  패배자가 되는 것의 두려움('be'는 '되다'의 뜻)
- Power of reading  독서의 힘
- On reading  독서에 관하여
- About thinking  생각에 관하여
- Reason for being late  지각한 이유
- Reason for being tired  피곤한 이유
- Reasons for leaving the job  직장을 그만두는 이유들

- Another reason for studying English   영어를 공부하는 다른 이유
- About learning English   영어를 배우는 것에 대하여
- All about recycling   재활용에 관한 모든 것
- the secret of walking on water   물 위를 걷는 비밀
- the processes of making a newspaper.   신문을 만드는 절차
- I worry about spending too much money.
  나는 너무 많은 돈을 쓰는 것을 걱정한다.
- We are thinking of going to Africa.   우리는 아프리카로 갈까 생각중이다.
- She dreams of being an opera singer.   그녀는 오페라 가수가 되는 것을 꿈꾼다.
- Sometimes I dream of being able to fly.   때로 나는 하늘을 날 수 있기를 꿈꾼다.
- We're afraid of trying something new.
  우리는 새로운 그 무엇을 시도하는 것을 겁낸다.
- Schools are for learning something.   학교는 무언가를 배우기 위해 존재한다.
- I'm tired of waiting for you.   나는 너를 기다리는 것에 질린다.
- We talked about leaving Seoul.   우린 서울을 떠나는 것에 대해 얘기했다.
- the importance of recycling   재활용하는 것의 중요성
- One way of learning English.   영어를 배우는 한 가지 방법
- Advantage of using the Internet.   인터넷을 이용하는 이점
- The experience of working so hard.   그렇게 열심히 일한 경험
- What are the benefits of being close to nature?
  자연에 가까워지는 것의 이점은 무엇인가?
- Benefits of spending time in nature.   자연 속에서 시간을 보내는 것의 이점들
- power of healing health   건강을 치유하는 힘
- The simple act of touching is so powerful that it can decrease your blood pressure.
  만지기의 단순한 행동은 너무나 강력해서 당신의 혈압을 낮출 수 있다.
- Instead of watching TV, you should exercise everyday.
  TV를 보는 대신, 너는 매일 운동해야 한다.

## :: 부정문/의문문 만들기

| 원래 문장 | 부정문 | 의문문 |
|---|---|---|
| be동사나 조동사가 들어간 문장 | I am tired. (나는 피곤하다) | I am not tired. (나는 피곤하지 않다) | Am I tired? (내가 피곤한가?) |
| | I was busy. (나는 바빴다) | I was not busy. (나는 바쁘지 않았다) | Was I busy? (내가 바빴니?) |
| | You are smart. (넌 똑똑해) | You are not smart. (넌 똑똑하지 않아) | Are you smart? (넌 똑똑하니?) |
| | You were young. (넌 젊었지) | You were not young. (넌 젊지 않았어) | Were you young? (넌 젊었니?) |
| | We are happy. (우리는 행복하다) | We are not happy. (우리는 행복하지 않다) | Are we happy? (우리가 행복하니?) |
| | They were friends. (그들은 친구였다) | They were not friends. (그들은 친구가 아니었다) | Were they friends? (그들은 친구니?) |
| | He is surprised. (그는 놀랐다) | He is not surprised. (그는 놀라지 않았다) | Is he surprised? (그는 놀랐니?) |
| | She can walk. (그녀는 걸을 수 있어) | She can not walk. (그녀는 걸을 수 없어) | Can she walk? (그녀는 걸을 수 있어?) |
| | You must leave. (넌 떠나야 해) | You must not leave. (넌 떠나선 안 돼) | Must you leave? (넌 떠나야 하니?) |
| | It could be real. (그건 사실일 수도 있어) | It could not be real. (그건 사실이 아닐 수도 있어) | Could it be real? (그것이 사실일까?) |
| 일반동사가 들어간 문장 | I sleep. (나는 잔다) | I don't sleep. (나는 안 잔다) | Do I sleep? (내가 자니?) |
| | I slept. (나는 잤다) | I didn't sleep. (나는 안 잤다) | Did I sleep? (내가 잤니?) |
| | You love her. (너는 그녀를 사랑한다) | You don't love her. (넌 그녀를 안 사랑한다.) | Do you love her? (넌 그녀를 사랑하니?) |
| | You loved her. (너는 그녀를 사랑했다) | You didn't love her. (넌 그녀를 사랑 안했다) | Did you love her? (넌 그녀를 사랑했니?) |
| | He walks fast. (그는 빨리 걷는다) | He doesn't walk fast. (그는 빨리 걷지 않는다) | Does he walk fast? (그는 빨리 걷니?) |
| | He walked fast. (그는 빨리 걸었다) | He didn't walk fast. (그는 빨리 걷지 않았다) | Did he walk fast? (그는 빨리 걸었니?) |
| | They see it. (그들은 그것을 본다) | They don't see it. (그들은 그것을 보지 않는다) | Do they see it? (그들은 그것을 보니?) |
| | It rains. (비가 온다) | It doesn't rain. (비가 오지 않는다) | Does it rain? (비가 오니?) |

# UNIT 05 문장성분

품사란 한 단어가 가지고 있는 고유한 성질을 말하고, 문장성분이란 문장에서 한 단어가 무슨 기능을 하는지를 말합니다. 즉 품사는 단어 자체의 성질을, 문장성분은 한 문장에서의 기능(역할)을 본 것입니다. 분류하면 아래와 같습니다.

| 품사 | 명사, 대명사, 동사, 형용사, 부사, 관계사, 전치사 등 | 절대 변하지 않음 |
|------|--------------------------------------------------|-----------------|
| 문장성분 | 주어, 목적어, 보어, 부사어 등 | 문장에 따라 변함 |

| 1 | Coffee가 주어로 쓰인 예 | Coffee is hot. | 커피가 뜨겁다. |
|---|----------------------|----------------|--------------|
| 2 | Coffee가 목적어로 쓰인 예 | I like coffee. | 나는 커피를 좋아한다. |
| 3 | Coffee가 보어로 쓰인 예 | This is coffee. | 이것은 커피다. |

위 1번 문장에서 coffee의 문장성분은 주어이고, 2번 문장에서는 목적어이며, 3번 문장에서는 보어입니다. 하지만 품사는 똑같이 모두 명사입니다. 품사는 절대로 바뀔 수 없지만, 문장성분은 언제든지 바뀔 수 있다는 것을 보여줍니다.

품사나 문장성분은 한 언어를 배울 때 꼭 배워야 하는 것들입니다. 이것들을 정확히 알아야 번역과 영작을 제대로 할 수 있고, 어려운 문장이나 복잡한 문장을 쉽게 풀어서 번역해 낼 수 있으며, 고급스러운 영어표현도 가능해지는 것입니다.

영어 문장에서 주어와 동사를 찾아내는 것이 가장 중요합니다. 이 외에도 동사와 형용사의 구별, 목적어와 보어의 차이, 부사가 도대체 무엇인지, 명사가 반드시 사물의 이름만을 말하는 것인지 등등 아래에서는 먼저 문장성분을 설명하고 난 다음에 품사를 설명하도록 하겠습니다.

## 1) 주어(主語)란 무엇인가

주어란 한 문장에서 주인 역할을 하는 단어를 말합니다. 문장에서 동작이나 행위의 주체를 주어라고 말하는 것이지요. 주어는 보통 문장의 맨 앞에 위치하며, 주어가 되는 단어에는 거의 '-은/-는/-이/-가'가 붙지만, 100% 그런 것은 아닙니다.

아래의 문장들에서 밑줄 그은 부분이 주어입니다.

- 나는 그녀를 사랑한다.
- 그는 바쁘다.
- 그들은 내가 원하는 사람이 아니다.
- 나는 그가 독서하는 것을 칭찬했다.
- 그녀는 내가 게으른 것을 싫어한다.
- 철수가 축구는 잘한다.
- 지구가 둥글다는 것은 진리다.
- 이 산은 나무가 많다.
- 내가 원하는 것은 너다.
- 내가 방금 먹은 것은 소고기다.
- 나는 축구가 싫다.
- 우리가 오늘 먹을 음식은 불고기다.
- 오늘 회의의 안건은 명예퇴직 접수이다.
- 엄마도 짜장면을 좋아하신다.
- 정부에서 새 대학입시안을 발표했다.
- 그들만 우리를 반대했다.

아래 영어 문장에서도 역시 밑줄 그은 부분들이 주어입니다.


- <u>He</u> knows me.  <u>그는</u> 나를 안다.
- <u>The color of the car</u> is white.  <u>그 차의 색은</u> 하얀 색이다.
- <u>Spring in Korea</u> is warm.  <u>한국의 봄은</u> 따뜻하다.
- <u>What I need</u> is water.  <u>내가 필요로 하는 것은</u> 물이다.
- <u>Keeping a diary</u> is not easy.  <u>일기를 쓰는 것은</u> 쉽지 않다.
- <u>What</u> is it?  <u>그것이</u> 무엇이니?
- <u>It</u> is winter.  겨울이다.(It는 해석을 하지 않지만 엄연히 주어입니다)
- <u>He and I</u> are friends.  <u>그와 나는</u> 친구다.
- <u>Many people</u> are looking at him.  <u>많은 사람들이</u> 그를 보고 있다.
- <u>He married her</u> looked happy.  <u>그녀와 결혼한 그는</u> 행복해 보였다.
- <u>The books on the desk</u> are old.  <u>그 책상 위의 책들은</u> 낡았다.


## 2) 목적어

목적어란 주어가 하는 행위나 동작의 대상을 말합니다. 우리말로 해석할 때는 「-을/-를」, 「-에게」이라는 말이 대체로 붙습니다. 하지만 -은/-는/-이/-가가 붙어도 목적어가 되는 경우도 있습니다.

아래 밑줄 그은 것들은 우리말에서의 목적어입니다.


- 나는 <u>영어를</u> 싫어한다.
- 그들이 <u>그를</u> 죽였다.
- 우리는 <u>그가 착한 사람이라는 것을</u> 안다.
- 선생님은 본인이 직접 <u>차를</u> 운전하신다.
- 나는 <u>그가 올 것을</u> 알고 있다.

- 나는 그녀가 우는 것을 보았다.
- 엄마는 짜장면을 세 그릇을 주문하셨다.
- 그는 운전하기를 좋아한다.
- 나는 엄마가 좋다.
- 이 책은 내가 두 번이나 읽었다.
- 나는 그의 착한 마음이 좋다.
- 나는 그가 시험에 합격했다는 소식을 들었다.

아래 밑줄 그은 것들은 영어문장에서의 목적어입니다.

- I study English everyday.  나는 매일 영어를 공부한다.
- I want to see her.  나는 그녀 보기를 원한다.
- He enjoys watching TV.  그는 TV 시청하는 것을 즐긴다.
- She loves swimming.  그녀는 수영하는 것을 아주 좋아한다.
- I understand what he says.  나는 그가 말하는 것을 이해한다.
- They remembered him.  그들은 그를 기억했다.
- He decided to marry her.  그는 그녀와 결혼하기로 결정했다.
- Thank you for your help.  당신의 도움에 감사드립니다.
- She invited us at her birthday party.  그녀는 생일파티에 우리를 초대했다.
- I didn't see what he saw.  나는 그가 본 것을 보지 못했다.
- I wonder why she came here.  나는 그녀가 여기에 왜 왔는지 궁금하다.
- He knows that you love her.  그는 네가 그녀를 사랑하는 것을 알고 있다.
- I don't know when he will be back.  나는 그가 언제 돌아올지 모른다.
- Can you tell me how to cook?  요리하는 법을 나한테 알려 줄래요?
- Guess how old I am.  내가 몇 살인지 맞춰봐.

아래 문장들에서 밑줄 그은 것들은 비록 해석할 때에는 '-을/를'이 붙지는 않지만 모두 목적어라는 것을 아서야 합니다.

- He saw me dancing.  그는 내가 춤추는 것을 보았다.
- I heard my name called.  나는 내 이름이 불리는 것을 들었다.
- She made him clean his room.  그녀는 그에게 그의 방을 청소하라고 시켰다.
- He got his car fixed.  그는 그의 차가 수리되도록 했다.
- I want you to study English.  나는 네가 영어를 공부하기를 원한다.
- I expect her to pass the exam.  나는 그녀가 시험에 합격하기를 기대한다.
- He told me to send a new sample.  그는 나에게 새 샘플을 보내라고 말했다.
- I found the movie interesting.  나는 그 영화가 재미있다는 것을 알았다.
- My mother helped me do my homework.
  우리 엄마는 내가 숙제를 하는 것을 도와주셨다.


## 3) 보어란 무엇인가

보어는 주어나 목적어를 보충 설명해주는 말입니다. 즉 보어는 주어와 동사만으로는 뜻이 완전하지 못한 문장에서, 그 불완전한 곳을 보충하여 뜻을 완전하게 해주는 단어를 말합니다. 문장에서 목적어나 보어가 없으면 문장이 성립이 안 됩니다. 그런 점에서 목적어와 보어는 공통점을 갖습니다. 그러나 목적어에는 거의 '-을/-를'이 붙는데 비해, 보어에는 붙지 않는다는 점이 결정적인 차이입니다.

아래 문장들에서 밑줄 그은 부분이 바로 보어입니다.

- He is a doctor.  그는 의사이다.
- She is busy.  그녀는 바쁘다.
- He is my friend.  그는 내 친구이다.

- They are sleeping.  그들은 잠자고 있다.
- My dream is mastering English.  내 꿈은 영어를 정복하는 것이다.
- My hope is gone.  내 희망이 사라졌어.
- My job is the best.  내 직업이 최고다.
- What I want is you.  내가 원하는 것은 너다.
- What he said is true.  그가 말한 것은 사실이다.
- He became a pilot.  그는 비행기 조종사가 되었다.
- It got cloudy.  날씨가 흐려졌다.
- It is getting dark.  날씨가 어두워지고 있다.
- It seems impossible.  그것은 불가능한 것처럼 보인다.
- You seem upset.  너는 화가 나 보인다.
- You look tired.  너는 피곤해 보인다.
- You sound good.  네 말이 좋게 들린다.(좋아)
- That sounds amazing.  그거 대단하네요.
- It sounds nice.  좋을 것 같아요.
- He sounds nervous on the phone.  전화상으로 그의 말이 초조하게 들린다.
- It sounds different.  그건 다르게 들린다.
- It tastes sweet.  달콤한 맛이 나네요.
- It tastes spicy.  매운 맛이 나네요.

위 문장들에서 밑줄 그은 부분들이 없으면 문장 자체가 말이 안 됩니다. 예를 들어, 「He is.(그는 –이다)」만 가지고는 문장이 전혀 성립하지를 않습니다.  역시 「He became.(그는 되었다)」만 가지고는 문장이 안 된다는 것을 알 수 있습니다. 밑줄 그은 보어들은 모두 주어를 보충 설명해 주고 있습니다.

보어에는 주격보어와 목적격보어가 있습니다.  위의 보어들은 모두 주격보어입니다. 주어를 보충설명해 주고 있기 때문에 주격보어라 부르는 겁니다.

기억합시다. be동사 (–이다/–되다)/become(–이 되다)/seem(–처럼 보이다)/look(– 하게 보이다)/sound(–하게 들리다)/taste(–한 맛이 나다)/smell(–한 냄새가 나다)/ remain(–한 상태로 남아 있다. 계속 –하다)/keep(–하게 하다) 등의 동사 뒤에 나오는 단어들은 모두 보어라는 것을 말입니다.

반면, 다음 문장들을 봅시다. 밑줄 그은 것들이 목적격보어입니다.

- He saw me dancing.  그는 내가 춤추는 것을 보았다.(me는 목적어)
- I heard them talking.  나는 그들이 얘기하는 것을 들었다.
- She made him clean his room.
  그녀는 그에게 그의 방을 청소하라고 시켰다.(him은 목적어)
- I want you to study English.  나는 네가 영어 공부하기를 원한다.(you가 목적어)
- We call him John.  우리는 그를 존이라 부른다.(him이 목적어)
- They made us happy.  그들은 우리를 행복하게 했다.(us가 목적어)
- She made me angry.  그녀는 나를 화나게 했다.(me가 목적어)
- He told us to open the book.  그는 우리에게 책을 펴라고 말했다.
- I expect him to accept my proposal.
  나는 그가 내 제안을 수락할 거라고 기대한다.
- I'm asking you to read more books.
  저는 여러분들에게 책을 더 읽을 것을 부탁드립니다.

목적격보어는 주어가 아닌 목적어를 보충 설명합니다. 첫 번째 예문의 경우, 춤추고 있는(dancing) 사람은 주어인 He가 아니라 목적어인 me입니다. 두 번째도 얘기중인 것은 내(I)가 아니라 그들(them)입니다. 세 번째 예문도 그의 방을 청소하는 것은 주어인 She가 아니라 목적어인 him입니다. 나머지 예문도 마찬가지입니다.

주격보어는 주어를 보충설명해 주는 단어를 말하고, 목적격보어는 목적어를 보충 설명해 주는 단어를 말합니다.

주격보어가 등장하는 문장의 동사들은 대부분 be동사/seem/look/become/sound 등의 동사들인데 비해, 목적격보어가 등장하는 문장에 나오는 동사들은 대부분 사역동사(made, have, let 등)나 지각동사(see, hear 등), 그리고 want, call, tell, expect, keep, ask, find, help 등입니다.

# UNIT 06 명사

## 1) 명사란

명사란 사물이나 사람의 이름, 장소, 시간, 계절 등을 가리키는 말입니다. 우리 눈에 보이는 것은 모두 명사입니다. 뿐만 아니라 정의, 진리, 행복, 감정(슬픔, 기쁨, 분노, 고통 등), 정보 등 눈에 보이지 않는 것들도 모두 명사입니다. 간단히 쉽게 명사를 말씀드리면, '-을/-를'을 붙일 수 있는 것들이 모두 명사입니다. 꽃을, 버스를, 의자를, 세계를, 오늘을, 서울을… 이렇게 명사 뒤에는 '-을/-를'이 붙을 수 있는데 비해, 동사나 형용사나 부사 뒤에는 -을/-를이 절대 붙을 수 없습니다. 다음과 같은 것들도 모두 명사들인데, 이들은 모두 동사나 형용사에서 파생된 것들입니다.

「수영하기, 잠자기, 바라보기, 영화 보는 것, 여행하는 것, 걷기, 수다 떨기, 말하기, 듣기, 배우기, 놀기, 뛰기, 죽기, 답답함, 슬픔, 친절함, 떠남, 잔혹함, 아름다움, 고통스러움, 간절함, 억울함, 우울함」 등등.

요컨대 '-하기'나 '-하는 것', '-함' 등으로 끝나는 단어들도 모두 명사입니다.

## 2) 항상 대문자로 써야 하는 명사

영어 문장에서 첫 알파벳은 반드시 대문자로 써야 한다는 것은 다들 알고 있습니다. 하지만 문장 맨 앞이 아니라 문장 중간이나 끝에 쓰더라도 반드시 대문자로 써야 하는 단어들이 있습니다.

## (1) I

'I'는 영어 문장에서 항상 대문자로 써야 하는 단어입니다.

## (2) 고유명사

이 세상에 하나밖에 없는 것을 고유명사라 합니다. 사람 이름, 나라 이름, 도시 이름, 각 나라의 산/강/호수/산맥/폭포, 문화재 등 고유명사의 첫글자는 항상 대문자로 써야 합니다.

## (3) 요일

Monday, Sunday, Friday라고 쓰지 monday, sunday, friday라고 쓰지 않습니다.

## (4) 1월/2월/3월…12월

January(1월)/May(5월)/September(9월)/December(12월) 등

## (5) 나라 이름, 언어, 민족 등도 항상 대문자로 씁니다.

| 나라 | 국민 | 언어 | 형용사형 |
|------|------|------|----------|
| Korea(한국) | Korean(한국인) | Korean(한글) | Korean(한국의) |
| China(중국) | Chinese(중국인) | Chinese(중국어) Mandarin(중국어) | Chinese(중국의) |
| Japan(일본) | Japanese(일본인) | Japanese(일본어) | Japanese(일본의) |
| The USA(미국) America(미국) The United States(미국) The States(미국) The U.S.(미국) The U.S.A.(미국) | American(미국인) | English(영어) American English(영어) | American(미국의) |
| Germany(독일) | German(독일인) | German(독일어) | German(독일의) |
| Switzerland(스위스) | Swiss(스위스인) | French/German/ Italian 등 | Swiss(스위스의) |
| Greece(그리스) | Greek(그리스인) | Greek(그리스어) | Greek(그리스의) |
| France(프랑스) | Frenchman(프랑스인) | French(프랑스어) | French(프랑스의) |

| 나라 | 국민 | 언어 | 형용사형 |
|---|---|---|---|
| The UK(영국)<br>The U.K.(영국)<br>England(영국)<br>Great Britain(영국) | Englishman(영국인) | English(영어)<br>British-English(영어) | English(영국의) |

| | | |
|---|---|---|
| Korean food(한국의 음식)<br>Korean economy(한국의 경제)<br>Korean movie(한국의 영화) | a Korean<br>(한국인) | Koreans(한국인들)<br>Korean people(한국인들)<br>the Korean people(한국민족)<br>★ All Koreans(모든 한국인들) |
| Chinese culture(중국의 문화)<br>Chinese Garden(중국의 정원)<br>Chinese power(중국의 힘) | a Chinese<br>(중국인) | the Chinese(중국인들)<br>Chinese people(중국인들)<br>the Chinese people(중국민족)<br>★ some Chinese(어떤 중국인들) |
| American education system<br>(미국의 교육 시스템)<br>American beauty<br>(미국의 아름다움)<br>American election(미국의 선거) | a American<br>(미국인) | Americans(미국인들)<br>American people(미국인들)<br>the American people(미국민족)<br>★ many Americans(많은 미국인들) |
| French army(프랑스 군대)<br>French restaurant(프랑스 식당)<br>French women(프랑스의 여성들) | a Frenchman<br>(프랑스 남자)<br>a Frenchwoman<br>(프랑스 여자) | the French(프랑스인들)<br>French people(프랑스인들)<br>the French people(프랑스 민족)<br>★ most French(대부분의프랑스인들) |
| Japanese rule(일본의 지배)<br>Japanese University(일본의 대학)<br>Japanese houses(일본의 집들) | a Japanese<br>(일본인) | the Japanese(일본인들)<br>Japanese people(일본인들)<br>the Japanese people(일본 민족)<br>★ The Japanese like baseball. |
| English science(영국의 과학)<br>English food(영국의 음식)<br>English history(영국의 역사) | a Englishman<br>(영국 남자)<br>a Englishwoman<br>(영국 여자) | the English(영국인들)<br>the British(영국인들)<br>the English people(영국 민족)<br>★ The English are our friends. |

## (6) Mr., Mrs., Miss, Ms. 같이 사람의 성 앞에 사용하는 단어들

Mr.kim이라고 쓰지 mr.Kim이라고 쓰지 않습니다.

(7) 행정관청(the White House:백악관)/ 전쟁이름(the World War I :1차 세계대전), the Korean War(6.25 전쟁)/ 영화제목(Gone with the wind, Titanic)/ 책(The Good Earth:대지)이나 연극이나 오페라(Cats), 문화재(the Great Wall:만리장성) 등은 항상 대문자로 씁니다.

(8) 각 나라의 명절/기념일/공휴일/각 나라의 정당/회사 이름/종교/경전/교주 등은 항상 대문자로 씁니다.

Thanksgiving Day(추수감사절), Mother's Day(어머니의 날), Labor Party(영국의 노동당), Buddhism(불교), Protestantism(개신교), Catholicism(천주교), 독립기념일 (Independence Day), Bible(성경), Buddha(붓다), Jesus(예수) 등등

(9) 강조하고자 할 때

(10) 호칭은 무조건 대문자로 씁니다.

I love you, Grandma. 할머니, 사랑합니다.
Hello, Doctors! 안녕하십니까? 박사님!
I'm home, Mommy. 엄마, 다녀왔습니다.

(11) 인용문의 따옴표 안의 첫 글자는 항상 대문자로 써야 합니다.

He said, "Where are you now?"
She shouted, "Watch out your step!"
He said, "We are going to marry next month."

(12) 달(moon), 지구(earth), 태양(sun)을 제외하고 천체나 별 등은 항상 대문자로 씁니다. Venus(금성), Mars(화성) 등등

(13) 기타
Internet, TV 등은 항상 대문자로 씁니다.

**(14) 축약어는 항상 대문자로 씁니다.**

USA, CEO, FIFA, WTO, NATO…

## 3) 명사의 복수형

물건이든 사람이든 그 수가 둘 이상일 때를 복수라고 부르고, 하나일 때는 단수라고 부릅니다. 명사가 복수일 때에는 명사 뒤에 반드시 −s나 −es를 붙여야 합니다.

- two dogs(개 2마리), three cars(차 3대), four seasons(사계절), five nations(다섯 나라), six hours(여섯 시간), ten books(책 10권), parents(부모), some trees(나무 몇 그루), these trees(이 나무들), a few days(며칠), many buses(많은 버스) 등

## 4) 단수와 복수

단수(單數)란 사람이나 사물이 한 개인 것을 말하고, 복수(複數)란 사람이나 사물이 둘 이상인 것을 말합니다. 명사 뒤에 −s나 −es가 붙어 있으면 복수이고, 안 붙어 있으면 단수라고 보시면 거의 틀리지 않습니다. 우리말에서는 복수를 나타낼 때 '−들'자를 붙이는데, 영어에서는 이 역할을 −s나 −es가 합니다.

| 우리말 단수 | 우리말 복수 | 영어 단수 | 영어 복수 |
|---|---|---|---|
| 책 | 책들 | book | books |
| 나무 | 나무들 | tree | trees |
| 컴퓨터 | 컴퓨터들 | computer | computers |
| 도시 | 도시들 | city | cities |
| 버스 | 버스들 | bus | buses |
| 시계 | 시계들 | watch | watches |

명사를 복수로 만들 때에는 뒤에 –s를 붙이고, –s나 –x나 –sh나 –ch로 끝나는 단어들은 –es를 붙여서 복수를 만듭니다. 사람의 이름이나 나라 이름, 도시 이름 등은 무조건 단수입니다. 따라서 이들 뒤에는 –s나 –es가 절대 붙지 않습니다. 이들뿐만 아니라 강 이름, 바다 이름, 도시, 문화재 등 이 세상에 단 하나밖에 존재하지 않는 것들은 모두 단수이므로 뒤에 –s나 –es를 절대 붙이지 못합니다.

★ 단수의 예(단어 뒤에 –s나 –es가 붙어 있지 않다는 것을 알 수 있습니다)

| school | hand | car | man | my mother | He |
| her dog | sun | my house | the city | hobby | She |
| child | history | His piano | your book | sunday | it |
| music | the world | water | time | summer | This |

★ 복수의 예

| schools | hands | cars | men | many books | they |
| dogs | rivers | my houses | the cities | hobbies | we |
| children | days | His pianos | your books | some | wars |
| ten trees | stars | people | two doctors | the flowers | These |

## 5) 특이한 복수형

| 원래 단어 | 복수형 | 예문 |
| --- | --- | --- |
| man | men(남자들, 사람들) | seven men, many men |
| woman | women(여자들) | some women, two women |
| child | children(아이들) | four children, a few children |
| foot | feet(발들) | their feet, seven feet |
| toot | teeth(치아들) | many teeth, twenty teeth |
| fish | fish(물고기들) | a lot of fish, three fish |

- Many <u>men</u> suffer from depression or anxiety.
  많은 남자들이 우울이나 걱정으로 고생한다.
- Six <u>women</u> were killed by the car accident.
  여자 여섯 명이 자동차 사고로 죽었다.
- <u>Children</u> are the hope of the future.
  아이들은 미래의 희망입니다.
- How many <u>teeth</u> do we have?
  우리는 얼마나 많은 치아들을 갖고 있나?
- There are a lot of <u>fish</u> in the sea.  (<u>a lot of fishes</u>는 틀림)
  바다엔 많은 물고기들이 있다.

## 6) 주의해야 할 영어의 수(數)

- 80 → eight dozen  ★ eight dozens(×)
- 500 → five hundred  ★ five hundreds(×)
- 3,000 → three thousand  ★ three thousands(×)
- 5,000,000 → five million  ★ five millions(×)
- 3,000대의 차 → three thousand cars  ★ three thousands cars(×)
- 2,000달러 → two thousand dollars  ★ two thousands dollars(×)
- 새 700마리 → seven hundred birds  ★ seven hundreds birds(×)
- 집 600채 → six hundred houses  ★ six hundreds houses(×)

- 10% → ten percent(○)  ★ ten percents(×)
- 10살 된 아이 → a ten-year-old child  ★ a ten-years-old child(×)
- 2,000년 전에 → two thousand years ago
- 900달러 → nine hundred dollars
- 몇천 달러 → a few thousand dollars

- scores of books(수십 권의 책들)
- hundreds of people(수백 명의 사람들)
- hundreds of trees(수백 그루의 나무들)
- thousands of students(수천 명의 학생들)
- thousands of books(수천 권의 책들)
- millions of people(수백 만의 사람들)
- millions of dollars(수백 만 달러)
- hundreds of thousands of people(수십 만의 사람들)

## 7) 셀 수 없는 명사

| 셀 수 없는 명사의 특징 | 1. 명사 앞에 a나 an을 붙이지 못한다. |
|---|---|
| | 2. 명사 뒤에 –s나 –es를 붙이지 못한다. |
| | 3. much, a lot of, some, little로 수식한다.(many나 few는 안됨) |
| 셀 수 없는 명사의 예 | time, water, money, juice, salt, sugar, rice, rain, snow, coffee |

- I have much time today. 난 오늘 시간이 많다.
- I have a little time today. 난 오늘 시간이 조금 있다.
- I have some time today. 나는 오늘 시간이 좀 있다.
  - ★ I have many time today.(x)
  - ★ I have a few time today.(x)
- Would you like some coffee? 커피 좀 드시겠어요?
  - ★ Would you like some coffees?(x)
- They need much rice. 그들에겐 많은 쌀이 필요하다.
  - ★ They need much rices.(x)

# 8) many, much, a lot of의 차이점

| many | 셀 수 있는 명사 앞 | many, much는 둘 다 긍정문에서는 쓰지 않는다. 긍정문 |
|------|-----------------|--------------------------------------------|
| much | 셀 수 없는 명사 앞 | 에서는 a lot of를 쓴다. |
| a lot of | 둘 다 | 모든 문장에서 쓰임 |
| many나 much가 긍정문에 쓰일 때에는 단독으로 쓰이지 않고 very much, so many, too much, so much, many times 등과 같이 수식어가 붙는다. | | |

★ many는 긍정문에서 단독으로 쓰이기도 하지만 딱딱한 느낌을 준다고 해서 공식적인 문장 외에는 거의 쓰이지 않고 대신 a lot of를 즐겨 씁니다. 하지만 many 앞에 so, many 뒤에 times 등이 붙으면 긍정문에서 널리 쓰입니다. much에는 '많은/많이'의 두 가지 뜻이 있고, 비교급을 수식해 주기도 하는 등 쓰임새가 많습니다.

- I have many friends.(✕) → I have a lot of friends.(○)
- Did you buy many books?(○)  너는 많은 책을 샀니?
- I have a lot of time.(평서문)  나는 시간이 많다.  ★ I have much time.(x)
- I don't have much time.(부정문)
- Do you drink much coffee?(의문문)  너는 많은 커피를 마시니?
- No. I don't drink much coffee.(부정문)  아니. 나는 커피를 많이 안 마셔.
- But, I drink a lot of coffee on a rainy day.(평서문)
  하지만 비오는 날엔 많은 커피를 마셔.
- They have been to a lot of museums.(평서문)
  그들은 많은 박물관에 가본 적이 있다.
- I don't have much money.(부정문)  나는 많은 돈을 가지고 있지 않다.
- I don't have many friends.(부정문)  나는 많은 친구를 갖고 있지 않다.
- There are not many people here.(부정문)  여기에 사람들이 많지 않다.
- We don't need much water.(부정문)  우리는 많은 물이 필요 없다.
- He has too many problems.  그는 너무나 많은 문제를 갖고 있다.
- Do you have many books?(의문문)  너는 많은 책을 갖고 있니?
- He met a lot of people.(평서문)  그는 많은 사람들을 만났다.

- She drinks a lot of water everyday.(평서문) 그녀는 매일 많은 물을 마신다.
- Did you buy much food?(의문문) 너는 많은 음식을 샀니?
- Do you know much English? 너는 영어를 많이 아니?(much가 부사로 쓰였음)
- Do you watch TV much? 너는 TV를 많이 보니?(역시 much가 부사로 쓰였음)
- There are so many things to do. 해야 할 일들이 매우 많다.
- There are so many reasons to be happy. 행복해야 할 매우 많은 이유들이 있다.
- I have so much more experience than you have. 난 너보다 경험이 훨씬 더 많아.
- They have visited Korea many times. 그들은 여러 번 한국을 방문했다.
- I called her many times. 나는 여러 번 그녀에게 전화했다.
- Thank you very much. 정말 고마워.
- So many people visited the museum. 매우 많은 사람들이 그 박물관을 방문했다.
- I ate too many apples. 나는 너무나 많은 사과를 먹었다.
- I had so much food. 나는 너무나 많은 음식을 먹었다.
- Many years have passed since we met. 우리가 만난 이래로 수십 년이 지나갔다.
- Why are there so many churches in Korea?
  왜 한국에는 그렇게 많은 교회가 있죠?

## 9) 명사 + ly = 형용사

- cost(비용) → costly(비싼)
- friend(친구) → friendly(다정한, 호의적인)
- love(사랑) → lovely(사랑스러운)
- time(시간) → timely(시의적절한, 때에 맞는)
- man(남자) → manly(남자다운)
- woman(여자) → womanly(여자다운)
- home(가정) → homely(가정적인, 편안한, 못생긴)

## 10) 명사 + y = 형용사

- rain(비) → rainy(비가 오는)
- snow(눈) → snowy(눈이 내리는)
- wind(바람) → windy(바람이 부는)
- cloud(구름) → cloudy(흐린, 탁한)
- storm(폭풍) → stormy(폭풍의)
- rock(바위) → rocky(바위가 많은)
- sun(해) → sunny(햇빛의, 쨍쨍한)
- fog(안개) → foggy(안개 긴)
- hand(손) → handy(손재주 있는, 편리한)
- room(방) → roomy(넓은)
- speed(속도) → speedy(빠른)
- salt(소금) → salty(짠)
- spice(양념, 향신료) → spicy(매운)
- dirt(먼지) → dirty(더러운)
- noise(소음) → noisy(시끄러운)
- risk(위험) → risky(위험한, 모험적인)
- word(말) → wordy(말이 많은)
- ease(쉬움, 용이함) → easy(쉬운)
- luck(행운) → lucky(운 좋은)
- hair(털) → hairy(털이 많은)
- blood(피) → bloody(피의, 피나는)

## 11) 명사 + less : −이 없는

- fear(두려움) → fearless(겁없는)
- home(집) → homeless(집이 없는)
- head(머리) → headless(머리가 없는)
- sex(섹스) → sexless(섹스를 하지 않는)
- use(유용, 쓸모) → useless(쓸모없는)
- end(끝, 종료) → endless(끝없는)
- care(주의, 돌봄) → careless(경솔한, 부주의한)
- job(일, 직업) → jobless(직장이 없는, 실직의)
- pain(고통) → painless(고통이 없는)
- harm(해로움) → harmless(해가 없는)
- child(아이) → childless(자식이 없는)
- hope(희망) → hopeless(희망이 없는)
- help(도움) → helpless(무력한, 속수무책의)
- worth(가치) → worthless(가치가 없는)
- speech(말, 연설) → speechless(말을 못하는, 말할 수 없는)
- value(가치) → valueless(가치 없는, 하찮은)

## 12) 미국인 이름 그리고 로마자 이름 표기법

미국의 농구선수 'Michael Jordan(마이클 조던)'은 이름이 Michael이고 Jordan은 성(姓)입니다. 이름(first name)을 앞에 쓰고 성(last name)은 뒤에 씁니다. 존칭어인 Mr나 Miss 등은 성 앞에 쓰고 이름 앞에는 붙이지 않는다는 것을 꼭 알아두시기 바랍니다. 처음 보는 사람, 공적인 자리, 어려운 사람, 자기보다 높은 사람은 앞에 Mr.나 Ms. 등을 성 앞에 붙여서 부릅니다. 그리고 정치인이나 운동선수, 영화배우 등 유명한 사람들은 성만 부릅니다.(이름을 불러서는 안 됩니다) 상대방이 이름을 부르라고 요청한 경우에는 이름을 불러 줍니다. 즉, Mr. Michael이라고 부릅니다. 아랫사람을 부를 때에는 Mr. 등을 생략하고 성만 부릅니다. 즉, Jordan! 또는 Hey, Jordan이라고 부릅니다. 친한 친구나 아이를 부를 때에는 성이 아닌 이름을 불러 줍니다. 친하지도 않은데 이름을 부르면 미국에서는 무례한 사람으로 간주됩니다. 정리하면, 미국인들은 성(姓)을 부르고 이름은 원칙적으로 부르지 않습니다. 친한 친구이거나 상대방이 이름을 부르라고 하는 경우에만 이름을 부릅니다. 한국인들이 이름을 즐겨 부르는 것과 반대입니다.

한국인의 이름을 영어로 표기한다고 하는 것은 정확히 말하자면 옳은 표현이 아닙니다. 영어가 아니라 로마자(라틴 문자)로 표기한다고 해야 올바른 표현입니다. 이름이 '홍길동'이라면, Hong Gildong을 원칙으로 하고 Hong Gil-dong을 부차적으로 씁니다. Gildong Hong/Hong, Gil-dong/Hong, Gil Dong은 쓰지 않습니다. 이름이 '김민지'라면 Gim Minji(또는 Gim Min-ji)로, 이름이 박상영이라면 Park Sangyeong(또는 Park Sang-yeong)이라고 써야 합니다. 미국의 CNN이나 뉴욕타임즈 등 외국 언론에서 보도하는 유명 인사들의 영어 이름을 보겠습니다. 이들의 이름을 보면, 한국의 로마자 표기법 원칙에 어긋나는 것들이 많이 보이지만 굳어진 것이라 어쩔 수 없습니다.

- 박근혜 – Park Geun-hye
- 박지성 – Park Ji-sung
- 반기문 – Ban Ki-moon
- 류현진 – Hyun-Jin Ryu/Ryu Hyun-Jin
- 김연아 – Kim Yuna
- 박인비 – Inbee Park
- 노무현 – Roh Moo-hyun
- 최희섭 – Hee Seop Choi
- 이명박 – Lee Myung-bak
- 최신수 – Shin-Soo Choo

# UNIT 07 대명사

## 1) 대명사가 필요한 이유

- 준서는 지금 슬프다. → 나는 지금 슬프다.
- 동수는 매우 부지런하다. → 너는 매우 부지런하다.
- 철수는 민지를 좋아한다. → 그는 그녀를 좋아한다.
- 진경과 나는 게임을 좋아한다. → 우리는 게임을 좋아한다.
- 철수와 민준이와 택준이는 친구다. → 그들은 친구다.
- 나는 어제 책을 샀다. → 나는 어제 이것을 샀다.
- 손수건, 가방, 거울, 볼펜, 메모지는 필수품이다. → 저것들은 필수품이다.

위 밑줄 그은 것들이 대명사입니다. 대명사를 쓰는 이유를 잘 알 수 있습니다. 대명사를 쓰는 이유는 간단하게 쓰고 또한 동일한 어휘의 반복을 피하기 위해서입니다. 대명사에는 인칭대명사(I, We, You, He, She, They 등)와 지시대명사(It, This, That 등) 등이 있는데, 인칭대명사가 더 중요합니다. 이 외에도 부정대명사인 All, Most, Some, Any, Everyone, Everything, Someone, Anyone, No one, Nothing, Something, Anything 등도 있습니다. 특히 Everyone, Everything, something, Anyone, Nothing 등은 단수 취급한다는 것을 기억해야 합니다.

외국인들이 한국어를 배울 때 아마 다음과 같은 문제들이 나올 겁니다.

(1) ( ) 김밥을 무척 좋아한다.
①나는  ②나의  ③나를  ④나에게

(2) 그녀는 ( ) 겸손함을 칭찬했다.
①그는  ②그의  ③그를  ④그가

(3) 그들은 지각한 ( ) 비난했다.
①그는  ②그의  ③그를  ④그에게

우리는 위 문제를 보자마자 정답을 내놓을 수 있지만, 외국인들은 그렇지 않겠지요. 또 이러한 문제를 풀기 위해서 한국어 단어나 문법을 늘 암기해야 할 겁니다. 마찬가지로 우리도 영어라는 한 외국어를 배우려면 암기해야 하는 것들이 있습니다. 그 중의 하나가 인칭대명사의 격입니다.

## 2) 인칭대명사의 격

| 주격 | 소유격 | 목적격 | 소유대명사 |
|---|---|---|---|
| I<br>나는, 내가 | my<br>나의 | me<br>나를,나에게 | mine<br>나의 것 |
| we<br>우리는 | our<br>우리의 | us<br>우리를,우리에게 | ours<br>우리 것 |
| You<br>너는, 당신은 | your<br>너의, 당신의 | you<br>너를,너에게 | yours<br>네 것 |
| He<br>그는, 그가 | his<br>그의 | him<br>그를,그에게 | his<br>그의 것 |
| She<br>그녀는,그녀가 | her<br>그녀의 | her<br>그녀를,그녀에게 | hers<br>그녀의 것 |
| They<br>그들은,그들이 | Their<br>그들의 | them<br>그들을 | theirs<br>그들의 것 |

⑴ 주격은 보통 문장의 맨 앞이나, 접속사 바로 뒤에 위치합니다.

⑵ 주격 뒤엔 동사만 올 수 있습니다.

⑶ 소유격 뒤에는 반드시 명사만 올 수 있습니다.

⑷ 전치사 뒤에 격을 쓸 때에는 오직 목적격만 써야 합니다.

⑸ 소유대명사는 문장 맨 앞 아니면 맨 뒤에 옵니다.


소유격은 소유를 나타내는 기능을 하는 인칭대명사를 말합니다. 소유격엔 우리말로 항상 '-의'자가 붙고 소유격 뒤에는 반드시 명사가 온다는 점이 특징입니다. 소유격은 다른 격에 비해 쉽고 또 중요성도 덜합니다. a(n)는 소유격과는 절대로 같이 쓰지 못합니다.(아래 5, 6번 예문)


⑴ My mother is always busy.

  우리 엄마는 항상 바쁘시다.(my 다음에 mother라는 명사가 왔음)

⑵ His friends like fishing.

  그의 친구들은 낚시를 좋아한다.(His 다음에 friends라는 명사가 왔음)

⑶ When is her birthday?

  그녀의 생일은 언제니?(her 다음에 birthday라는 명사가 왔음)

⑷ Thank you for your help.

  너의 도움에 대해 감사해.(your 다음에 help라는 명사가 옴)

⑸ This is a my car.(✕) → This is my car.(○)  이것은 내 차다.

⑹ A your friend visited our office.(✕) → A friend of yours visited our office.(○)

  너의 한 친구가 우리 사무실을 방문했다.

⑺ ten minutes' break  10분간의 휴식(break에 '휴식'이라는 뜻이 있음)

⑻ today's newspaper.  오늘의 신문

⑼ 3 day's journey  3일간의 여행

⑽ the doctor's advice  그 의사의 충고

⑾ everyone's happiness  모든 사람의 행복

⑿ tomorrow's schedule  내일 스케줄

⒀ the earth's surface  지구의 표면

(14) a dollar's worth  1달러의 가치

(15) nature's law  자연의 법칙

(16) children's hospital  아동 병원

(17) women's clothes  여성 의류

목적격은 한 문장에서 목적어 역할을 하는 인칭대명사를 말합니다.

(1) I love her.  나는 그녀를 사랑한다.

　★ I love she.(x)

(2) He knows me.  그는 나를 안다.

　★ He knows my.(x)

(3) Are you going to invite us?  너는 우리를 초대할 거니?

(4) I don't like them.  나는 그들을 좋아하지 않는다.

　★ I don't like they.(x)

(5) She wants me to leave Korea.  그녀는 내가 한국을 떠나기를 원한다.

　★ She wants I to leave Korea.(x)

(6) They saw him sleeping.  그들은 그가 자고 있는 것을 보았다.

　★ They saw he sleeping.(x)

(7) He ordered her to stop smoking.  그는 그녀에게 담배를 끊으라고 명령했다.

(8) Keep them cool.  그것들을 시원하게 해둬.

(9) Why didn't you text me back?  나한테 왜 문자로 답장 안 했어?

위 (5)번 예문과 (6)번 예문에서 me와 him의 해석이 각각 '내가'와 '그가'로 해석된다고 하여 주격을 써서는 절대 안 됩니다. 목적격이라 하여 항상 '-을/-를'이 붙는 것은 아니라는 뜻입니다. (7)번 예문에서는 목적격 her가 '그녀에게'로 해석되고 있습니다. 목적격은 주격이나 소유격에 비해 중요한 것이 하나 있습니다. 전치사 다음에 인칭대명사를 쓸 때에는 반드시 목적격만 써야 한다는 것입니다. 이것은 앞에서 자세히 살펴보았습니다.

## 3) 인칭대명사의 종류

| 1인칭 | 단수 | I | 나 |
|---|---|---|---|
| | 복수 | We | 우리 |
| 2인칭 | 단수 | You | 너, 당신, 그대 |
| | 복수 | You | 너희들, 당신들, 여러분 |
| 3인칭 | 단수 | He, She, It, This, That, Korea… | 3인칭에는 사람뿐만 아니라 동물, 사물도 포함됩니다. 계절,나라,식물,음식 등 모든 것들이 3인칭에 들어갑니다. |
| | 복수 | They, These, Those, Dogs, His cars… | |

1인칭과 2인칭이 오직 '사람'만을 가리키는 것에 비해, 3인칭은 사람뿐만 아니라 동물·사물·나라 등 이 세상 모든 것을 망라합니다. 우리 눈에 보이는 모든 것은 모두 3인칭입니다. 뿐만 아니라 정의·행복·진리·고독 등 눈에 보이지 않는 것들도 다 3인칭에 들어가고, 계절·음악·정보·웃음·학문 등도 모두 3인칭입니다. <u>주어가 3인칭 단수이고 일반동사가 현재형이면 일반동사 뒤에 반드시 -s나 -es를 붙여야 합니다.</u> 개수가 하나이면 '단수'라 부르고, 둘 이상이면 '복수'라고 부릅니다.

셀 수 없는 명사(water, time, coffee, rain, snow 등)는 항상 단수 취급합니다. 왜냐하면 이들 단어 뒤에는 -s나 -es를 붙일 수 없으니까요. 그리고 everyone이나 everything도 항상 단수 취급한다는 것을 잊지 마십시오. 지금부터는 3인칭에 대해 집중적으로 공부해 보도록 합니다.

## 4) 3인칭 단수

아래 예문들을 통해서 3인칭 단수가 과연 무엇인지 제대로 학습하시기 바랍니다. 3
인칭 단수는 우리가 알고 있는 것보다 훨씬 넓고 큽니다.

(1) ① A Flower gives us joy. 꽃은 우리에게 기쁨을 준다.

② Flowers give us joy. 꽃은 우리에게 기쁨을 준다.(뜻은 같습니다)

꽃도 3인칭입니다. ①번 예문은 주어가 단수이고, ②번 예문은 복수입니다. 따라
서 ①번의 일반동사인 give에는 −s가 붙고, ②번의 give에는 붙지 않습니다.

(2) ① Her friend waits for me. 그녀의 친구가 나를 기다린다.

② Her friends wait for me. 그녀의 친구들이 나를 기다린다.

①번은 주어가 3인칭이고 단수입니다.(friend 뒤에 −s가 안 붙어 있기 때문에) 따
라서 wait 뒤에 −s를 붙여야 합니다. ②번은 주어가 3인칭 복수입니다. 따라서 −s
를 붙이면 안 됩니다.

(3) ① His dog is white. 그의 개는 하얗다.

② His dogs are white. 그의 개들은 하얗다.

dog도 3인칭입니다. ①번은 주어가 3인칭 단수이고, ②번은 3인칭 복수입니다. 3
인칭 단수 뒤에는 is가 오고, 복수 뒤에는(그것이 1인칭이든 2인칭이든 3인칭이든
상관없이) 무조건 are가 옵니다.

(4) ① He enjoys smoking. 그는 담배를 즐겨 핀다.

② They enjoy smoking. 그들은 담배를 즐겨 핀다.

③ He enjoyed smoking. 그는 담배를 즐겨 피웠다.

④ They enjoyed smoking. 그들은 담배를 즐겨 피웠다.

He는 3인칭 단수이고 They는 3인칭 복수입니다. 따라서 ①번의 enjoy에는 −s가
붙고 ②번의 enjoy에는 붙지 않습니다. ③번과 ④번의 enjoyed는 현재형 동사가 아
니고 과거형 동사이기 때문에 주어에 상관없이 절대로 −s나 −es가 붙지 않습니다.

(5) ① We take a taxi.  우리는 택시를 탄다.

② She takes a taxi.  그녀는 택시를 탄다.

③ She will take a taxi.  그녀는 택시를 탈 것이다.

④ His father takes a taxi.  그의 아버지는 택시를 타신다.

⑤ You take a taxi.  너는 택시를 탄다.

⑥ He took a taxi.  그는 택시를 탔다.

⑦ He is taking a taxi.  그는 택시를 타는 중이다.

⑧ They are taking a taxi.  그들은 택시를 타는 중이다.

⑨ He was taking a taxi.  그는 택시를 타는 중이었다.

⑩ They were taking a taxi.  그들은 택시를 타는 중이었다.


①번은 주어(We)가 1인칭 복수이므로 동사 take 뒤에 –s나 –es가 붙을 수 없고, ②번은 주어가 3인칭 단수이고 동사가 현재형 동사이므로 당연히 –s가 붙으며, ③번은 주어가 3인칭 단수이지만 조동사 때문에 –s가 안 붙은 것입니다. 조동사의 막강한 위력을 보여 줍니다.

④번의 His father도 3인칭입니다. 게다가 단수입니다.(하기는 아버지가 두 분인 사람은 없지요) 그래서 –s가 붙은 것입니다.

⑤번의 주어는 2인칭입니다. 따라서 동사 뒤에 –s가 붙을 수 없습니다. 해석은 「당신은 택시를 탄다.」와 「당신들은 택시를 탄다.」의 2가지로 할 수 있습니다. 이럴 때에는 앞뒤의 문맥이나 상황을 보고 해석을 해야 하겠지요.

⑥번은 주어가 3인칭 단수이긴 한데, 동사가 과거형이므로 –s가 붙을 수 없습니다.

⑦번은 현재진행형을 나타내기 위해 be동사가 쓰인 것입니다. 현재진행형 공식은 be동사+–ing 아닙니까? 주어가 3인칭 단수이므로 is가 쓰인 것입니다.

⑧번은 주어가 3인칭 복수입니다. 그래서 are가 쓰인 것입니다.

⑨번은 주어가 3인칭 단수인데 과거의 사실을 나타내고 싶었나 봅니다. 그래서 is의 과거인 was가 쓰였고, ⑩번은 주어가 복수이므로 was가 아닌 were가 쓰인 것입니다.

(6) ① Many animals help humans.  많은 동물들이 인간을 도와준다.

② Much money makes us happy.  많은 돈은 우리를 행복하게 한다.

③ Much coffee is produced in Brazil.  많은 커피가 브라질에서 생산된다.

①번은 주어가 3인칭 복수인 Many animals입니다. 그래서 일반동사에 −s가 붙으면 안 됩니다.

②번은 주어가 Much money이고 ③번은 주어가 Much coffee입니다. 둘 다 셀 수 없는 명사이기 때문에 무조건 단수 취급합니다. 따라서 일반동사에 −s나 −es가 붙어야 하고, be동사를 쓸 때에는 is를 써야 합니다.(과거일 때에는 was를 써야 하겠지요)

(7) ① Your car is old.  네 차는 낡았다.

② My favorite food is noodles.  내가 가장 좋아하는 음식은 국수이다.

③ His hands are very dirty.  그의 손은 매우 더럽다.

④ Four seasons of Korea are beautiful.  한국의 사계절은 아름답다.

⑤ One of them is my friend.  그들 중 한 명은 내 친구이다.

위 예문들을 잘 보십시오.

①번 예문에서 주어는 2인칭인 Your일까요? 아니면 Your car일까요? 당연히 Your car(당신의 차)입니다. Your car는 3인칭입니다. 뒤에 −s가 안 붙었으니까 3인칭 단수입니다. 그래서 be동사도 is가 온 것입니다.

②번에서는 My만 보지 말고 My favorite food(내가 가장 좋아하는 음식)까지 보셔야 합니다. My favorite food는 엄연히 3인칭 단수입니다. 그래서 역시 is가 왔습니다.

③번에서는 His만 볼 것이 아니라 His hands(그의 손)까지를 보아야 합니다. 3인칭인데 뒤에 −s가 붙어 있으니(사람의 손은 두 개이니까 항상 −s가 붙습니다) 복수입니다. 그래서 are가 왔습니다.

④번 예문에서는 주어가 Korea가 아니라 Seasons입니다. Seasons of Korea도 당연히 3인칭입니다. season 뒤에 −s가 붙었으니 복수입니다. 그래서 are가 온 것입니다.

⑤번의 주어는 One입니다. 3인칭 단수입니다. 그래서 is가 온 것입니다.

⑻ My mother is old.　우리 엄마는 늙으셨다.

　　My mother도 3인칭입니다. 뒤에 −s가 안 붙었으므로 단수입니다. 그래서 is가 쓰였습니다. is가 쓰인 이유는 old라는 형용사 때문입니다.


⑼ A bus comes here.　버스가 이리 온다.

　　주어가 A bus입니다. 당연히 3인칭 단수입니다. 그리고 동사도 현재형입니다. 그래서 come 뒤에 −s가 붙은 것입니다.


⑽ China has a lot of population.　중국은 인구가 많다.

　　주어가 China입니다. 3인칭 단수입니다. 그러므로 have가 아닌 has가 쓰인 것입니다. have는 특이한 동사여서 주어가 3인칭 단수이면 haves가 아닌 has를 써야 합니다.


⑾ Reading makes us mature.　독서는 우리를 성숙하게 한다.

　　독서도 3인칭입니다.


⑿ Trees grow better in summer.　나무는 여름에 더 잘 자란다.

　　주어가 Trees로서 복수입니다. 즉 3인칭 복수입니다. 따라서 동사 뒤에 −s가 붙으면 안 됩니다.


⒀ Winter comes after fall.　겨울은 가을 뒤에 온다.

　　겨울도 3인칭입니다. 뒤에 −s가 안 붙었으므로 3인칭 단수입니다. 일반동사 come이 현재형이므로 뒤에 −s가 붙었습니다.

(14) ① What makes you angry? 무엇이 너를 화나게 하니?

② What made you angry? 무엇이 너를 화나게 했니?

What도 3인칭 단수입니다. 따라서 동사 뒤에 −s나 −es가 붙어야 합니다. 그런데 ②번 예문의 동사 made는 make의 과거형입니다. 그러므로 뒤에 −s나 −es가 안 붙습니다.

(15) Who loves her? 누가 너를 사랑하니?

Who knows it? 누가 그것을 아니?(아무도 모른다는 뜻)

Who cares you? 누가 너에게 신경을 쓰니?(아무도 신경을 안 쓴다는 뜻)

Who도 3인칭 단수이므로 동사들 뒤에 −s가 붙어야 합니다.

(16) TV changes the world. TV가 세상을 바꿉니다.

TV도 3인칭 단수입니다. 그래서 change 뒤에 −s가 붙은 것입니다.

(17) He and she know me well. 그와 그녀는 나를 잘 안다.

이 예문의 주어는 무엇일까요? He일까요? 아닙니다. He and she입니다. 즉 두 사람입니다. 주어가 3인칭 복수라는 뜻입니다. 따라서 know 뒤에 −s가 붙어서는 안 됩니다.

(18) Time heals all. 시간은 모든 것을 치유해 준다.(시간이 약이다)

Time도 3인칭 단수입니다.

(19) Buddhism teaches that all life is interrelated.

불교는 모든 생명은 서로 의존하고 있다고 가르친다.

주어인 Buddhism(불교)도 3인칭 단수입니다. 따라서 동사 teach 뒤에 −es가 붙은 것입니다.

(20) Cancer kills almost 70,000 a year. 암은 1년에 거의 70,000명을 죽인다.

질병 등도 모두 3인칭입니다. 당연히 암도 3인칭입니다.

(21) Love means that you trust the person. 사랑이란 그 사람을 믿는다는 뜻이다.

Love cures people. 사랑은 사람들을 치유해준다.

사랑이라는 단어도 3인칭입니다. 뒤에 –s가 안 붙었으니, 3인칭 단수입니다. 그러므로 mean, cure 뒤에 –s가 붙어야 합니다.

(22) Friday is my favorite day. 금요일은 내가 가장 좋아하는 날이다.

Friday도 3인칭 단수입니다. 따라서 be동사를 쓸 때에는 is를 써야 합니다.

(23) Dogs eat meat. 개는 고기를 먹는다.

동물도 엄연히 3인칭입니다. 주어 Dogs가 3인칭 복수이므로 동사 eat 뒤에 아무 것도 붙지 않습니다.

(24) Practice makes perfect. 연습이 (사람을) 완벽하게 만든다.

연습이라는 단어 prctice도 3인칭 단수입니다. 따라서 make뒤에 –s가 붙어야 합니다.

(25) Money talks. 돈이 얘기한다.(돈이면 다 된다는 뜻)

money도 3인칭 단수입니다. 따라서 동사 talk 뒤에 –s가 붙어야 합니다.

(26) Sale ends this weekend. 세일은 이번 주에 끝납니다.

sale도 3인칭 단수입니다.

(27) Tomorrow never comes. 내일은 결코 오지 않는다.

Tomorrow도 3인칭 단수입니다. 중간에 never라는 부사가 껴 있어도 상관 없습니다.

(28) People say that challenges make you stronger.

　　사람들은 도전이 당신을 더 강하게 한다고 말합니다.

　　이 문장에서 전체 주어는 people이지만, that절 이하에서는 challenges가 주어입니다. 따라서 동사도 2개입니다. 전체 문장의 동사는 say이고, 작은 문장의 동사는 make입니다. 아무튼 주어 2개가 모두 복수이므로 동사에는 아무것도 붙으면 안 됩니다.

(29) That depends.　그건 봐야 압니다.(그건 상황에 따라 다릅니다)

　　That explains it.　그래서 그랬군요.(이제야 알겠네요)

　　That reminds.　그걸 듣고 보니 생각이 나네요.

　　That도 3인칭 단수입니다. 따라서 동사 뒤에 −s나 −es를 붙여야 합니다.

(30) Everything changes.　모든 것은 변한다.

　　All things change.　모든 것들은 변한다.

　　Everything이라는 단어는 해석은 복수이지만, 단수로 취급한다는 것을 꼭 기억해야 합니다. 따라서 동사인 change 뒤에 −s를 붙여야 합니다. 하지만 두 번째 문장에서는 주어가 All things로서 복수입니다. 따라서 change 뒤에 −s가 붙으면 안 됩니다.

(31) Liberty means responsibility.　자유는 책임을 의미한다.

　　추상명사인 liberty도 3인칭 단수입니다.

## 5) 복수처럼 보이지만 단수로 취급하는 단어들

| everything | everyone | everybody | something | each |
|---|---|---|---|---|
| nobody | anything | much water | much time | every |

## 6) 위 단어들이 들어간 예문들

| 올바른 문장 | 해석 | 틀린 문장 |
| --- | --- | --- |
| Everything is perfect. | 모든 것들이 완벽하다. | Everything are perfect. |
| Everything is ready. | 모든 것들이 준비되었다. | Everything are ready. |
| How is everything? | 일은 잘 되어 가니? | How are everything? |
| Everything looks different. | 모든 것들이 다르게 보인다. | Everything look different. |
| Everything has changed. | 모든 것들이 변했다. | Everything have changed. |
| Everyone loves her. | 모든 사람들이 그녀를 사랑한다. | Everyone love her. |
| Everyone has problems. | 모든 사람들은 문제를 갖고 있다. | have를 쓰면 안 됩니다. |
| Everybody is equal. | 모든 사람들은 평등하다. | Everybody are equal. |
| Something is wrong. | 무언가 잘못됐다. | Something are wrong. |
| Someone loves him. | 누군가 그를 사랑한다. | Someone love him. |
| She knows every student in the school. | 그녀는 학교에 있는 모든 학생들을 안다. | She knows every students in the school. |
| Everyone likes our teacher. | 모든 사람이 우리 선생님을 좋아한다. | Everyone like our teacher. |
| Everybody knows the truth. | 모든 사람들이 진실을 안다. | Everybody know the truth. |
| Nobody wants to be here. | 어느 누구도 여기에 있고 싶어하지 않는다. | Nobody want to be here. |
| Nobody remembers it. | 어느 누구도 그것을 기억하지 못한다. | Nobody remember it. |
| Every mother is strong. | 모든 엄마들은 강하다. | Every mothers are strong. |
| Every man and woman has rights. | 모든 남자와 여자는 권리를 갖는다. | Every man and woman have rights. |
| Every boy likes it. | 모든 소년이 그것을 좋아한다. | Every boys like it. |
| Each member has the right to speak. | 각 회원들은 말할 권리가 있다. | Each members have the right to speak. |
| Each child was reading a book. | 각각의 아이들은 책을 읽고 있었다. | Each children were reading a book. |
| Each team has 11players. | 각 팀들은 11명의 선수가 있다. | Each team have 11players. |
| Every student studies very hard. | 모든 학생들은 매우 열심히 공부한다. | Every students study very hard. |
| Each of them is single. | 그들 각자는 미혼이다. | Each of them are single. |

| 올바른 문장 | 해석 | 틀린 문장 |
|---|---|---|
| Each student <u>has</u> his compu ter. | 각각의 학생들은 자신의 컴퓨터를 가지고 있다. | Each student <u>have</u> his computer. |
| Much water <u>is</u> used in clean ing the road. | 많은 물이 그 도로를 청소하는데 쓰인다. | Much water <u>are</u> used in clean ing the road. |
| How much water <u>is</u> necessa ry? | 얼마나 많은 물이 필요하니? | How much water <u>are</u> necessary? |
| Much time <u>is</u> left for us. | 많은 시간이 우리에게 남아 있다. | Much time <u>are</u> left for us. |

## 7) 원칙

동사 뒤에 −s나 −es를 붙이는 방법

• 모음 + y로 끝나는 단어는 −s만 붙입니다.

• 자음 + y로 끝나는 단어는 y를 i로 바꾼 후 −es를 붙입니다.

| | |
|---|---|
| study → studies<br>try → tries<br>worry → worries | cry → cries<br>fly → flies<br>carry → carries |

• o, −s, −x, −ch, −sh, −ss로 끝나는 동사들은 −es를 붙입니다.

| | |
|---|---|
| go → goes<br>pass → passes<br>fix → fixes<br>wash → washes<br>catch → catches | do → does<br>kiss → kisses<br>mix → mixes<br>push → pushes<br>watch → watches |

## 8) 부정대명사

부정(不定)대명사란 대상(사람·물건·장소 등)을 정확히 밝히지 않은 대명사를 말합니다. 막연하고 특정되지 않은 대명사를 말하는 것입니다.

One, All, any, some, none, everyone, someone, anyone, something, anything, nothing 등이 부정대명사입니다.

| 예문 | 해석 | 주의할 점 |
|---|---|---|
| Some <u>like</u> me. | 몇몇 사람들은 나를 좋아한다. | Some이나 All은 모두 복수이기 때문에 like 뒤에 −s가 붙으면 안 됩니다. |
| All <u>like</u> me. | 모두가 나를 좋아한다. | |
| Everyone <u>likes</u> me. | 〃 | 1. Everyone/Anyone/ Someone 등은 단수 취급합니다. 따라서 like 뒤에 −s가 붙어야 합니다.<br>2. Everyone과 Everybody는 뜻이 같습니다.<br>3. No one과 None도 뜻이 같습니다. |
| Anyone <u>likes</u> me. | 어떤 사람이라도 나를 좋아한다. | |
| Someone <u>likes</u> me. | 누군가는 나를 좋아한다. | |
| No one <u>likes</u> me. | 어느 누구도 나를 좋아하지 않는다. | |
| None <u>likes</u> me. | 〃 | |

- <u>All</u> are happy.  모든 사람들이 행복하다.
  = Everyone is happy.
  = Everybody is happy.
- <u>All</u> cars have wheels.  모든 차들은 바퀴가 있다.
- <u>Most</u> people are kind.  대부분의 사람들이 친절하다.
- <u>Some</u> People are idle.  몇몇 사람들은 게으르다.
- Do you have <u>any</u> bad habits?  당신은 나쁜 습관이라도 갖고 있습니까?
- Do you have <u>any</u> message for me?  나에게 온 어떤 메시지라도 있니?
- <u>Everyone</u> knows him.  모든 사람들이 그를 안다.
  ★ Everyone know him.(x)
- <u>Everyone</u> in my family likes spaghetti.  우리 가족 모두는 스파게티를 좋아해.

- Anyone who wants a driving licence has to take a test.

  운전면허증을 원하는 사람은 누구든지 시험을 보아야 한다.
- An accident like that could happen to anyone.

  그와 같은 사고는 어느 누구에게라도 일어날 수 있어.
- Anyone could make this mistake.  어느 누구라도 이 실수를 할 수 있지.
- Anyone but him can enter here.  그를 뺀 어느 누구라도 여기에 들어올 수 있어.
- Anyone can learn English.  어느 누구라도 영어를 배울 수 있다.
- Don't tell anyone.  아무한테도 말하지 마세요.
- Do you know anyone who needs help?

  도움을 필요로 하는 어느 누구라도 알고 있나요?
- Is there anything cheaper?  더 싼 건 없어요?
- Ask me anything.  어떤 것이든 내게 부탁해(물어봐).
- Are you ready for anything?  당신은 어떤 것이라도 할 준비가 되어 있습니까?
- Let's try not to waste any water from now on.

  지금부터 어떤 물이라도 낭비하지 않도록 해라.
- She believes anything.  그녀는 어떤 것이라도 믿는다.
- With you, anything is possible.  너와 함께라면, 어떤 것이라도 가능하다.
- Is there anyone who can help me?  저를 도와주실 분 있습니까?
- Is there anyone who can drive?  운전할 수 있는 분 계신가요?
- Is there anyone who speaks Korean?  한국어 할 수 있는 분 계십니까?
- Is there anyone who can drive you home?  집까지 태워줄 사람이 있습니까?
- Is there something you want to eat?  뭐 먹고 싶은 게 있습니까?
- Is there something you want to tell me?  내게 뭐 하고 싶은 얘기가 있습니까?
- Do you want to try some more?  좀 더 드실래요?
- Is anything wrong?  잘못된 것이라도 있나요?
- Can I get you anything?  뭐라도 갖다 드릴까요?
- Don't say anything.  아무 말 하지 마세요.
- I can do anything.  저는 무엇이든 할 수 있어요.
- It's dark. I can't see anything.  어둡다. 난 아무것도 볼 수가 없다.

- Everything is good.  모든 것이 좋다.  ★ Everything are good.(x)
- Everything is possible.  모든 일이 가능하다.
- Anything is possible.  어떤 일이라도 가능하다.
- Someone is waiting for you.  누군가가 너를 기다리고 있다.
- Something is wrong.  뭔가가 잘못되었다.
- Would you like something to drink?  뭔가 좀 마실래요?
- She said something, but I didn't understand her.
  그녀가 뭔가를 얘기했지만, 나는 그녀의 말을 이해하지 못했다.
- No one knows it.  어느 누구도 그것을 모른다.
- No one said anything for a while.
  어느 누구도 잠시 동안 어떤 것도 말하지 못했다.
- None of the answers are correct.  그 대답들 중 어느 것도 옳지 않다.
- None of my friends came here.  내 친구들 중 어느 누구도 여기에 오지 않았다.
- Nothing is more precious than health.  어떤 것도 건강보다 소중하지 않다.
- Nothing is impossible.  어떤 것도 불가능하지 않다.
- Both of them are angry.  그들 중의 두 명이 화가 났다.
- All of them are angry.  그들 모두가 화가 났다.
- None of them are angry.  그들 중 어느 누구도 화가 나지 않았다.

## 9) 아래 표를 헷갈리시면 안 됩니다

| 명사가 복수일 때 | 명사 뒤에 –s나 –es를 붙인다. |
|---|---|
| 주어가 3인칭 단수일 때 | 동사 뒤에 –s나 –es를 붙인다. |

위 표를 이해하셔야 합니다. 영어를 처음 공부하시는 분들은 위 표를 잘 이해하지 못하는 경우가 많습니다. 그리고 수많은 일반동사들 중에 유독 have만은 특이합니다. 주어가 3인칭 단수이고 일반동사가 현재형이면 haves가 아니라 <u>has</u>를 써야 합니다. have에 –s를 붙이면 안 됩니다.

- There are some cars on the road.  도로 위에 차들이 조금 있다.
- I have a lot of friends.  나는 친구들이 많다.
- Korea has about 4,000 islands.  한국엔 약 4,000개의 섬이 있다.
- He always eat two apples every meal.  그는 식사 때마다 사과 2개를 늘 먹는다.
- He has two dogs.  그는 개 2마리를 갖고 있다.  ★ He haves two dogs.(x)
- She has a boyfriend.  그녀는 남자 친구가 있다.  ★ She haves a boyfriend.(x)
- God has no religion.  신은 종교를 갖고 있지 않다.
- Korea has a long history.  한국은 오랜 역사를 갖고 있다.
- The hotel has a fine view.  그 호텔은 좋은 경치를 갖고 있다.

## :: have

영어에서 have는 무척이나 중요합니다. 많이 쓰이기도 하고 뜻도 다양하기 때문입니다. 주어가 3인칭 단수이면 has를 써야 하며, 과거형과 과거분사는 모두 had입니다. have는 특히 현재완료에서 빛을 발합니다. 현재완료는 영어에서 굉장히 많이 쓰이고 있습니다. 현재완료나 과거완료에서 쓰이는 have는 해석을 하지 않습니다. 즉, 아무 뜻이 없습니다.

### ① 가지다. 갖다. 소유하다.(→ 진행형 쓰지 못함)

- I have an appointment today.  나는 오늘 약속이 있다.
- You have beautiful eyes.  너는 아름다운 눈을 가지고 있구나.
- I don't have much time.  나는 시간이 많지 않다.
- You have no choice.  너는 선택권이 없어.(넌 어쩔 수 없어)
- Do you have the time?  몇 시입니까?
- Do you have time?  시간 있습니까?
- Do you have a minute?  잠시 시간 좀 내주시겠어요?
- My new car only has two doors.  내 새 차는 문이 겨우 2개다.
- What do you have in mind?  생각해 둔 거 있어요?
- I have something to tell you.  나는 너에게 말할 게 있다.
- I have the right to say no.  나에겐 '노(No)'라고 말할 권리가 있다.
- Do you have any questions?  어떤 질문이라도 있습니까?
- We have right to know.  우리는 알 권리가 있다.
- A week has seven days.  1주일은 7일이다.
- I don't have the right to vote.  저는 선거할 권리가 없습니다.
- I still have her photos.  나는 아직도 그녀의 사진들을 갖고 있습니다.
- May I have your name, address and phone number, please?
  제가 당신의 이름, 주소 그리고 전화번호를 여쭈어 봐도 되겠습니까?
- I'm afraid I have some bad news.  안 됐지만 나한테 안 좋은 소식이 있어.
- Korea has four seasons.  한국에는 사계절이 있다.

- You have a good sense of humor.  뛰어난 유머감각을 갖고 계시는군요.
- When I was a student, I had an old Volkswagen.
  내가 학생이었을 때, 나는 낡은 폭스바겐을 갖고 있었다.
- One day everybody will have enough food.
  언젠가 모든 사람들이 충분한 음식을 갖게 될 것이다.
- The other day I had a strange experience.  지난 번 나는 이상한 경험을 겪었다.

## ② 먹다. 마시다.

- I usually have breakfast at seven o'clock.  난 보통 7시에 아침을 먹는다.
- Did you have lunch?  너 점심 먹었나?
- Do you usually have breakfast?  너는 대체로 아침 먹니?
- Do you want to have some coffee?  커피 좀 마실래?
- Let's watch a movie after having lunch.  점심 후에 영화 보자.
- What are we going to have for dinner?  저녁으로 우리 뭘 먹을까?
- He always has coffee after lunch.  그는 점심 후엔 항상 커피를 마신다.
- I don't have coffee before I go to bed.  난 잠들기 전에는 커피를 안 마신다.
- I had a glass of water.  난 물 한 잔 마셨어.
- Let's have some food.  뭐 좀 먹자.
- I had good lunch.  점심을 잘 먹었다.
- What would you like to have?  뭘 드시겠습니까?

## ③ 보내다. 누리다.

- Have fun.  재미있게 보내세요.
- Have a nice day.  좋은 하루 되세요.
- Have a wonderful time.  즐거운 시간 되세요.
- Have a good flight.  좋은 비행 되세요.
- Have a safe driving.  안전운전 하세요.
- Are you having a good time?  좋은 시간 보내고 있니?

## ④ have 다음에 사람이 오면 : -에게 -하도록 시키다.

- I had him clean my room.  나는 그를 시켜 내 방을 청소하게 했다.
- They had me do it again.  그들은 나한테 그것을 다시 하도록 시켰다.
- He had me repair his car.  그는 나에게 그의 차를 수리하도록 했다.
- She had him quit my job.  그녀는 그가 직장을 그만두도록 했다.
- She had me wait a little longer.  그녀는 나를 더 오래 기다리게 했다.

## ⑤ have(= get) + 사물 + 과거분사 : -당하다.
★ 안 좋은 일(도둑을 맞았다든지, 다리가 부러졌다든지 등)에는 특히 have를 쓰고, get은 쓰지 않습니다.

- He had his hair cut.  그는 머리카락이 잘리도록 했다.(그는 이발을 했다)
- Can I have this delivered?
  내가 이것이 배달되도록 할 수 있을까요?(이것을 배달해 주실래요?)
- I will have my hair colored.  나는 내 머리가 염색되도록 할 거야.(난 염색할 거야)
- I have my car checked once a year.  나는 1년에 한 번 내 차가 점검받도록 한다.
  ★ He repaired his computer.  그는 (직접) 그의 컴퓨터를 수리했다.
- He had his computer repaired.  그는 (남을 시켜) 그의 컴퓨터가 수리되도록 했다.
- She has his shoes cleaned everyday.
  그녀는 매일 그녀의 신발이 세탁되도록 한다.(그녀는 남을 시켜 신발을 세탁한다는
  뜻)
  ★ She cleaned her shoes clean everyday.  그녀는 자기가 매일 신발을 세탁했다.
- Did you have your camera fixed?
  너는 네 카메라가 수리되도록 했니?(남을 시켜 카메라를 수리했냐는 뜻)
- When are you going to get your hair cut?
  너는 언제 네 머리카락이 잘리도록 할 거니?(너는 언제 이발할 거니?)
- I got the TV fixed.  나는 TV를 (남을 시켜) 수리되게 했다.(나는 TV를 수리했다)
- I had my money stolen.  나는 내 돈을 도둑맞았다.
- He had his leg broken.  그의 다리가 부러졌다.

⑥ **have got**

have가 '-을 가지다'의 뜻으로 쓰이면 have got으로 바꿔 쓸 수 있습니다. 대화에서 정말 많이 쓰입니다. have got은 현재형으로만 쓰이고, 과거나 미래를 나타낼 때에는 쓰지 않습니다.

- He has got much time.  그는 시간이 많다.
  = He has much time.
- She's not got a key.  그녀는 열쇠를 갖고 있지 않다.
- He's got a lot of friends.  그에게는 많은 친구가 있다.
- Have you got a car?  너 차 있니?(= Do you have a car?)
- Yes, I have./No, I haven't.
- How much money have you got?  너는 돈을 얼마나 갖고 있니?
  = How much money do you have?
- He hasn't got any children.  그는 어떤 아이도 갖고 있지 않다.
- She had got a long hair.(✕)  과거형이기 때문에 틀린 것입니다.
- They will have got a car.(✕)  will과 같이 썼기 때문에 틀린 것입니다.


:: get

「get」은 영어에서 정말 많이 쓰이고 또 중요한 동사입니다. 「get」의 과거형은 「got」이고, 과거분사형은 「got」 또는 「gotten」입니다. 우선 「get」의 일반적인 뜻부터 보기로 합니다. 「get」은 다음과 같은 뜻을 가지고 있습니다.

① **얻다. 가지다. 사다.**(= obtain, = buy)
- I finally got a driver's licence.  나는 마침내 운전면허를 획득했다.
- Can I get your phone number?
  내가 네 전화번호를 얻을 수 있겠니?(네 전화번호좀 알려줘)

- Can we get the tickets? 우리가 표를 구할 수 있을까요?
- Where did you get that dress? 그 드레스 어디서 샀니?
- We get much information from the Internet.
  우린 인터넷에서 많은 정보를 얻는다.
- We can't get water out of a stone. 우리는 돌에서 물을 얻을 수 없다.
- They got a nice house in town. 그들은 도시에 있는 좋은 집을 샀다.
- I'm going to get a computer tomorrow from the discount store.
  나는 내일 할인점에서 컴퓨터를 사려 해.
- Do you know where Jessica got her shoes? Jessica가 신발을 어디서 샀는지 아니?
- The Ultimate Way to Get Cheap Hotel Rooms
  저렴한 호텔 방을 얻는 마지막 방법

## ② 도착하다(= arrive)
- I'll be getting home late tonight. 나는 오늘밤 늦게 집에 도착할 거야.
- What time will we get there? 우리는 거기에 몇 시에 도착할까?
- When are we going to get to London? 우린 런던에 몇 시에 도착할 예정이니?

## ③ 이해하다(= understand)
- He didn't get the joke. 그는 그 농담을 이해하지 못했다.
- I don't get what you mean. 나는 네가 말하는 것을 이해 못하겠어.
- I get it.(= I got it.) 알겠어요. 무슨 뜻인지 압니다.
- You get it? 이해해?(무슨 뜻인지 알아?)
- If you listen carefully, you'll get it. 주의 깊게 들으면 이해가 될 거야.
- Do you get this question? 이 질문을 넌 이해하니?

## ④ 되다(= become)
- I'm getting old. 나는 늙어가고 있다.
- It's getting hotter. 날씨가 더 뜨거워지고 있다.
- It gets dark very early in winter. 겨울엔 날씨가 무척 일찍 어두워진다.

- I'm getting hungry. How about you? 배가 고파와. 너는?
- My father got angry at me. 우리 아버지는 나한테 화가 나셨다.
- Why did you get angry? 왜 화가 났는데?
- I get happy when you call me. 네가 나한테 전화하면 난 기분이 좋아져.
- Your hands will get cold if you don't wear gloves.
  장갑을 끼지 않으면 네 손이 차가워질 거야.
- I hope you will get better soon. 건강이 나아지길 바란다.
- Do you want to get rich? 당신은 부유해지고 싶습니까?
- Nobody wants to get old. 누구도 늙는 것을 원치 않는다.
- I get sleepy when I eat lunch. 점심 먹으면 난 졸려.

## ⑤ −하게 하다.(= have)

- We must get the house clean before the guests arrive.
  우리는 손님들이 도착하기 전에 집을 깨끗하게 해야 해.
- You must get that car repaired. 너는 그 차를 수리해야 한다.
- That song gets me so depressed every time I hear it.
  그 노래는 들을 때마다 나를 매우 우울하게 한다.
- I'll get this finished by lunchtime.
  나는 점심때까지는 이것이 끝내지도록 할 것이다.( → 나는 점심때까지는 이것을
  끝낼 것이다.)

## ⑥ 받다.(= take)

- I got a book for my birthday. 나는 내 생일을 위한 책을 받았다.
- Will you get that phone? 저 전화 좀 받아 줄래?
- I hope that I get a good grade on the test.
  나는 그 시험에서 좋은 점수를 받고 싶다.
- I got a letter from my friend in China.
  나는 중국에 있는 내 친구로부터 편지를 받았다.

- She gets $1,000 a year from her parents.
  그녀는 부모님으로부터 일 년에 1,000달러를 받는다.
- You can get it back by tomorrow afternoon.
  내일 오후까지는 그것을 돌려받을 수 있습니다.

### ⑦ 가져 오다, 갖다 주다

- Can you get me coffee? 나에게 커피 좀 갖다 줄래?
- Will you get me some water? 나에게 물 좀 갖다 줄래?
- Can I get you a drink? 마실 것 좀 갖다 줄까?
- Get your coat. We're ready to leave.
  네 코트 가져와. 우린 출발할 준비가 되어 있어.
- Wait here while I get the car. 내가 차 가지러 갈 동안 여기서 기다려.
- I'll go (and) get it. 내가 가서 그거 가져 올게.
- I'll go (and) get some water. 내가 가서 물좀 가져 올게.
- I'll go (and) get the car key. 내가 가서 차키를 가져 올게.

한편, 「get」은 get + 과거분사 또는 get + 형용사의 형태로 많이 쓰입니다. 이 부분이 다소 어렵고 생소할 것입니다. 원어민들은 marry(결혼하다)보다는 get married를 더 자주 씁니다. 뜻은 같은데도 말입니다. dress(옷을 입다)라는 단어보다는 get dressed 를 더 자주 씁니다. 역시 뜻은 같습니다. 「Let's start.(일을 시작하자)」하면 될 것을 굳이 「Let's get started.」라고 합니다. 이러한 것들이 영어 공부를 어렵게 만듭니다. 하지만 원어민들이 너무나 즐겨 쓰기 때문에 공부하지 않을 수 없습니다.

- Let's get going.
  ① 시작합시다(행동으로 옮깁시다).
  ② 서두릅시다.
  = Let's get moving.
  = Let's get started.
  = Let's get it started.

- I guess we should get started.  지금 시작해야 될 것 같습니다.

  ★ get paid 월급을 받다.

- We usually get paid in cash.  우리는 보통 현금으로 월급을 받는다.

- How much do you get paid?  너는 월급을 얼마나 받니?

- He didn't get paid for months.  그는 수개월 동안 월급을 받지 못했다.

  ★ get broken 부러지다. 망가지다.

  ★ get damaged 피해를 입다. 손상되다.

  ★ get hired 고용되다.

  ★ get married 결혼하다(= marry)

- Why do people get married?  사람들은 왜 결혼을 하죠?

- You don't have to get married early.  너는 일찍 결혼할 필요가 없다.

- Don't get married.  결혼하지 마라.

- Can we get married?  우리가 결혼할 수 있을까?

- Who is saddest when you get married?  네가 결혼하면 누가 가장 슬프니?

  ★ get dressed 옷을 입다(= dress)

- She got dressed before she went to work.  그녀는 출근을 하기 전에 옷을 입었다.

- What time does he get dressed?  그는 몇 시에 옷을 입니?

  ★ get hurt 다치다. 상처받다.

- I don't want to get hurt.  나는 상처받고 싶지 않아.

- I wonder how she got hurt the first time.  그녀가 처음에 얼마나 상처를 받았을까.

  ★ get angry 화를 내다.

- Did Jesus also get angry?  예수님도 화를 내셨나요?

- 8 Reasons We Don't Need To Get Angry With Rude People
  우리가 무례한 사람들에게 화를 낼 필요가 없는 8가지 이유

  ★ get finished 끝내다

  ★ get lost 길을 잃다.

- He got lost in the fire.  그는 불 속에서 길을 잃었다.

- We got lost on the way home.  우리는 집으로 오는 도중에 길을 잃었다.

- What if you got lost in Africa and encountered a lion?

  아프리카에서 길을 잃고 사자를 우연히 만난다면 너는 어떻겠니?

  ★ get confused 헷갈리다.

- I get confused between dreams and reality. 나는 꿈과 현실 사이에서 헷갈린다.

- The more I think, the more confused I get. 내가 생각할수록, 나는 더 헷갈린다.

- I get confused whenever I have two or more options.

  내가 둘 또는 그 이상의 선택을 할 때마다 난 헷갈린다.

  ★ get excited 흥분하다, 신나다

- She didn't get excited to see me. 그녀는 나를 보고서도 신나하지 않았다.

- Why do we get excited over little things? 왜 우리는 작은 일에 흥분하는가?

  ★ get stolen 도둑맞다

- Don't let your bike get stolen. 네 자전거를 도둑맞지 않게 해라.

- Your dog won't get stolen if you follow these simple rules.

  네가 이 간단한 규칙들을 따른다면 네 개는 도둑맞지 않을 거야.

  ★ get divorced 이혼하다

- I didn't get married to get divorced. 나는 이혼하기 위해 결혼하지 않았어요.

- How long does it take to get divorced in Korea?

  한국에서는 이혼하는데 얼마나 걸립니까?

  ★ get tired 피곤해지다, 싫증나다.

- I get tired even after eating healthy meals like salads and fruits.

  나는 샐러드와 과일과 같은 건강한 음식을 먹은 후에도 피곤해진다.

- People get tired easily because the mind is wasting energy all the time.

  정신이 항상 에너지를 허비하고 있기 때문에 사람들이 쉽게 피곤해지는 것이다.

  ★ get drunk 술 취하다.

- Today I show you how to get drunk.

  오늘 제가 여러분들에게 술에 취하는 법을 보여드리겠습니다.

- Do skinny people get drunk more easily?

  날씬한 사람들이 더 쉽게 취하나요?

- How I can drink beer all night long and never get drunk?

  어떻게 하면 내가 밤새 맥주를 마시고도 절대 취하지 않을 수 있을까?

- What's actually happening to your brain when you get drunk?

  당신이 술에 취할 때 실제로 당신의 뇌에서 무슨 일이 일어나는가?

  ★ get used 익숙해지다, 적응하다.(get used 뒤엔 보통 전치사 to가 오며, 따라서 to 뒤에 동사가 올 때에는 -ing를 붙여야 합니다)

- How can I get used to people more easily?

  내가 어떻게 하면 더 쉽게 사람들에게 적응할 수 있을까요?

- Since I moved to this city, I got used to the noise.

  내가 이 도시로 이사 온 이후로, 나는 소음에 익숙해졌다.

- I got used to waking up early in the morning.

  나는 아침에 일찍 일어나는 것에 익숙해졌다.

- I never got used to shaking hands with people.

  나는 사람들과 악수하는 것에 절대 적응하지 못했다.

- It takes a long time to get used to their new environment.

  새로운 환경에 적응하는데 오랜 시간이 걸린다.

# UNIT
# 08 의문문

## 1) 뜻

의문문이란 무엇인가를 물어보는 문장을 말합니다. 의문문에는 직접의문문과 간접의문문 두 가지가 있습니다. 직접의문문보다 간접의문문이 훨씬 더 중요합니다. 아래 예문들을 보시지요.

| 원래 문장 | 의문문 | 의문사가 들어갈 경우 |
|---|---|---|
| You are busy.<br>너는 바쁘다. | Are you busy?<br>너 바쁘니? | Why are you busy? 너는 왜 바쁘니? |
| | | When you are busy? 너는 언제 바쁘니? |

| 원래 문장 | 의문문 | 의문사가 들어갈 경우 |
|---|---|---|
| He knows me.<br>그는 나를 안다. | Does he know me?<br>그가 나를 아니? | How does he know me?<br>그가 나를 어떻게 아니? |
| | | Since when does he know me?<br>언제부터 그가 나를 안 거지? |
| | | How much does he know me?<br>그가 나를 얼마나 아니? |

| 원래 문장 | 의문문 | 의문사가 들어갈 경우 |
|---|---|---|
| They live in Seoul.<br>그들은 서울에 산다. | Do they live in Seoul?<br>그는 서울에 사니? | Why do they live in Seoul?<br>그들은 왜 서울에 사니? |
| | | How long did they live in Seoul?<br>그들은 얼마나 오래 서울에 살았니? |
| | | Where do they live?<br>그들은 어디에 사니? |

| 원래 문장 | 의문문 | 의문사가 들어갈 경우 |
|---|---|---|
| She can run.<br>그녀는 뛸 수 있다. | Can she run?<br>그녀는 뛸 수 있니? | When can she run?<br>그녀는 언제 뛸 수 있니? |
| | | Why can she run?<br>그녀는 왜 뛸 수 있니? |
| | | How long can she run?<br>그녀는 얼마나 오래 뛸 수 있니? |

| 원래 문장 | 의문문 | 의문사가 들어갈 경우 |
|---|---|---|
| He left Korea.<br>그는 한국을 떠났다. | Did he leave Korea?<br>그가 한국을 떠났니? | When did he leave Korea?<br>그는 언제 한국을 떠났니? |
| | | Why did he leave Korea?<br>그는 왜 한국을 떠났니? |

위 예문들이 전형적인 의문문입니다. 위의 의문문을 보면 몇 가지를 알 수 있습니다.

첫째, be동사나 조동사가 들어간 문장은 be동사나 조동사를 문장 맨 앞에만 위치하면 됩니다. 거기다가 의문사를 집어넣을 때에는 be동사나 조동사 앞에(그러니까 문장 맨 앞에) 의문사를 위치시키면 됩니다. be동사나 조동사는 없고 일반동사만 있는 문장을 의문문으로 만들 때에는 Do를 써야 합니다. 이때의 Do는 아무 뜻을 가지지 않은 조동사입니다만 반드시 써야 합니다. 주어가 1·2인칭이거나 3인칭 복수일 때에는 Do를, 주어가 3인칭 단수일 때에는 Does를 써야 합니다. 일반동사가 과거형일 때에는 인칭에 상관없이 무조건 Did를 씁니다.

둘째, 의문문은 순서는 원칙적으로 동사가 먼저이고 주어가 다음이라는 것입니다. 물론 구어체(일상적인 대화에서 쓰는 말)에서는 주어를 먼저 쓰고 동사를 나중에 써도 됩니다만, 문어체(책이나 서류에서 쓰이는 문장)나 공식적인 자리나 공식적인 문서에서는 동사를 먼저 써야 하는 것입니다. 특히 의문사가 들어간 의문문에서는 반드시 동사를 먼저 써야 합니다.

| 의문사가 없는 의문문 | 동사+주어순 | Do you know him? |
|---|---|---|
| 의문사가 있는 의문문 | 의문사+동사+주어순 | Where did he come? |

셋째, be동사가 들어간 의문문을 빼면, 모든 의문문은 조동사가 반드시 들어갑니다. 특히 약방의 감초처럼 등장하는 것이 do입니다. 조동사 do는 아무 뜻도 가지고 있지 않지만, 의문문이나 부정문을 만들 때 없어서는 안 되는 중요한 단어입니다.

그런데 이 do나 다른 조동사들(can, will, may 등)이 들어간 의문문에서는 반드시 동사원형을 써줘야 한다는 것이 중요합니다. 조동사와 일반동사가 떨어져 있어도 동사원형만 써야 합니다.

- Does he work in the evening? 그는 저녁에 일하니?
- Can she play the piano? 그녀는 피아노를 칠 수 있니?
- When can she ride a bicycle? 그녀는 자전거를 언제 탈 수 있니?
- Why does he live in Busan? 그는 왜 부산에 사니?
- When did he leave Seoul? 그는 언제 서울을 떠났니?

## 2) 의문사

### (1) Who – 누구/누가/누구를
- Who are you? 너는 누구니?(이름 또는 나와의 관계를 물어보는 말)
- Who is he? 그는 누구니?
- Who am I? 나는 누구입니까?
- Guess who I am. 내가 누군지 맞춰봐.
- Who is your parents? 네 부모님은 누구니?
- Who is your favorite singer? 네가 가장 좋아하는 가수는 누구니?
- Who is the letter from? 그 편지는 누구한테서 온 거니?
- Who are you talking with? 너는 누구랑 얘기중이니?

- Who are you talking to? 너는 누구에게 얘기하고 있니?

- Who is your favorite singer? 네가 가장 좋아하는 가수는 누구니?

- Who do you like? 너는 누구를 좋아하니?

- Who does he like? 그는 누구를 좋아하니?

- Who did you meet yesterday? 너는 어제 누구를 만났니?

- Who do you know? 너는 누구를 아니?

- Who likes you? 누가 너를 좋아하니?(의문사 who가 주어임)

  ★ Who do you like? 너는 누구를 좋아하니?(의문사 who가 목적어임)

- Who saw him? 누가 그를 보았니?(who가 주어임)

  ★ Who did he see? 그는 누구를 보았니?(who가 목적어임)

- Who lives in the house? 누가 그 집에 사니?

- Who broke the window? 누가 그 창문을 깼니?

- Who knows the answer? 누가 그 답을 아니?

- Who phoned you? 누가 너한테 전화했니?

- What happened? 무엇이 일어났니?(무슨 일이니?)

- Who played the piano? 누가 피아노를 쳤니?

- Who invented a telephone? 누가 전화기를 발명했니?

- No one exactly knows who first made doughnuts.
  어느 누구도 누가 처음으로 도넛을 만들었는지 정확히 모른다.

## (2) What – 무엇/무엇이/무엇을/무슨 –

- What is this? 이것은 무엇이니?

- What are you doing? 너는 무엇을 하고 있니?

- What do you do?(= What's your job?) 너는 무슨 일을 하니?(직업이 뭐니?)

- What do you want? 너는 무엇을 원하니?

- What did you order? 너는 무엇을 주문했니?

- What did you have for breakfast? 아침으로 뭘 먹었어?

- What did he say? 그가 뭐라고 했니?

- What does it mean? 그게 무슨 뜻이니?

- What does the word mean? 그 단어가 무슨 뜻이니?

- What does it mean to grow old? 늙는다는 것이 무슨 뜻입니까?

- What does it mean to be born again? 다시 태어난다는 것이 무슨 뜻인가요?

- What happened? 무슨 일이야?

- What do you do on Sunday? 넌 일요일에 무엇을 하니?

- What is it like to live in Korea? 한국에 사는 게 어떻습니까?

  = How is your life in Korea?

- A : What is your new teacher like? 너의 새 선생님은 어떠니?

    = How is your new teacher?

  B : He's nice. He's very good-looking! But he's quite strict.

  그는 멋있어. 그는 매우 잘생겼어. 하지만 약간 엄격해서.

- A : Have you ever had Korean Gimchi? 한국의 김치 먹어 봤니?

  B : No. What's it like? 아니. 어떤데?

- What was your trip like? 네 여행은 어떠했니?

- What is your apartment like? 네 아파트는 어때?

- What is the weather like? 날씨가 어때?

- What does she look like? 그녀는 어떻게 생겼니?

- What sports do you like? 너는 무슨 스포츠를 좋아하니?

- What time do you go to school? 너는 몇 시에 학교에 가니?

- What books do you read? 너는 무슨 책을 읽니?

- What colors do you like? 너는 무슨 색을 좋아하니?

- What kind of food do you like? 너는 무슨 종류의 음식을 좋아하니?

- What do you know about our company? 너는 네 회사에 대해 무엇을 아니?

- What kind of music do you want? 너는 무슨 종류의 음악을 원하니?

- What are you talking about? 너는 무엇에 대해 얘기중이니?

- What are friends for? 친구가 무엇 때문에 있니?(친구 좋다는 게 뭐니?)

- What makes you sad? 무엇이 너를 그렇게 슬프게 하니?

- What makes it so special? 무엇이 그것을 그렇게 특별하게 하니?

- What makes them different? 무엇이 그들을 다르게 합니까?

- What do you think? 너는 어떻게 생각하니?

- What do you think of Korea? 당신은 한국을 어떻게 생각합니까?

- What do you think about him? 당신은 그에 대해 어떻게 생각합니까?

- What does this word mean? 이 단어가 무엇을 뜻하지요?

- What a relief! 정말 다행이군!

- What a surprise! 놀래라! 깜짝이야!

- What a pity! 저런! 불쌍해라!

- What a small world! 세상 참 좁다!

- What a movie! 영화 한번 훌륭하군! 대단한 영화군!

- What a shame. 애석하네요. 아쉽군요.

- What do you think of Korea? 한국에 대해 어떻게 생각합니까?

- What do you think of the movie? 그 영화에 대해 어떻게 생각해요?

- What do you think of modern art? 현대 미술에 대해 어떻게 생각하니?

- What do you think of his explanation? 그의 설명에 대해 어떻게 생각해요?

- What do you think of my new car? 내 새 차 어때?

- What is she like? 그녀는 어때?(성격, 태도 등)

- What does she look like? 그녀는 어떻게 생겼어?(외모 등)

- What if – : –하면 어쩌죠?

- What if she doesn't like this ring? 그녀가 이 반지를 안 좋아하면 어떻게 하지?

- What if I fail the test? 시험에 떨어지면 어쩌죠?

- What if the concert is over by the time we get there?
  만약 우리가 거기 도착했을 때 음악회가 끝나면 어쩌지?

- What is the population of Korea? 한국의 인구는 얼마입니까?

- What's the price? 가격은 얼마입니까?

  ★ How much is the price?(x)

- What's your annual revenue? 당신의 수입은 얼마입니까?

  ★ population, price, revenue가 들어간 문장에서 what은 '얼마나'로 해석하며, What을 How 로 바꿔 쓸 수 없습니다.

- What for ? : 왜?

### (3) Which – 어느 것

- Which do you like better, this or that? 이것과 저것 중 어느 것을 더 좋아하니?

- Which is bigger, China or America? 중국과 미국 중 어느 나라가 더 크니?

- Which color do you prefer, pink or red?
  분홍색과 빨간색 중 어느 색을 더 좋아하니?

- Which song is most popular now? 지금 어느 노래가 가장 유행입니까?

- Which season do you like best? 넌 어느 계절을 가장 좋아하니?

- Which do you like better, popular music or classical music?
  대중음악과 클래식 중 어느 것을 더 좋아하세요?

- Which is more important, math or English?
  수학과 영어 중 어느 것이 더 중요합니까?

- Which of the boys is your brother? 그 애들 중에서 어느 애가 네 동생이니?

- Which is yours? 어느 것이 네 것이니?

- Select which is right. 어느 것이 옳은지 골라라.

- Tell me which is better. 어느 것이 더 좋은지 말해.

- You have the ability to choose which way you want to go.
  너는 어느 길로 가고 싶은지를 고를 능력이 있어.

- Which one looks better? 어느 것이 더 나아 보입니까?

- You mean this one? 이것을 말씀하시는 건가요?

- Which one do you want? 어느 것을 원하십니까?

- Which side are you on? 당신은 어느 편입니까?

## 대명사 one : 앞에 나온 명사의 반복 사용을 피하기 위해 사용

My computer is too slow. I need a fast one.
내 컴퓨터가 너무 느려. 빠른 컴퓨터가 있어야겠어.

This cup is very dirty.  Can I have a clean one?
이 컵은 매우 더러워요. 깨끗한 컵을 주실래요?

I need a car. Have you got one?
난 차가 필요해. 너는 차를 갖고 있니?

I'm going to sell my car and buy a new one.
난 내 차를 팔고 새 차를 살 거야.

Do you like this dress or that one?
이 드레스가 좋습니까? 아니면 저 드레스가 좋습니까?

Which is your coat?  The green one.
네 코트가 어느 거니?  녹색 옷이 내거야.

He has three cars: a black one and two red ones.
그는 차가 세 대다. 검은 차 한 대와 빨간 차 두 대.

My dogs are smarter than his ones.
우리 개들이 그의 개들보다 더 똑똑하다.

Smaller dogs live longer than large ones.
더 작은 개들이 더 큰 개들보다 오래 산다.

Would you like me to replace it with a cold one?
제가 시원한 것으로 바꿔드릴까요?

There are lots of books here.  Which ones do you want?
여기에 많은 책들이 있습니다. 어느 책들을 원하십니까?

The first bicycle had two wheels like a modern one.
최초의 자전거는 현대의 자전거처럼 두 개의 바퀴를 갖고 있었다.

How old are your children?  The younger one is 14 and the elder one is 16.
당신 아이들은 몇 살인가요? 작은 애는 14살이고 큰 애는 16살입니다.

A : I got the Samsung laptop yesterday.  어제 삼성 노트북을 샀어.
B : I told you to buy another one.  내가 다른 노트북으로 사라고 했잖아.

**★ what book과 which book은 무슨 차이가 있을까요?**

what book은 '무슨 책'이라는 뜻이고, which book은 '어느 책'이라고 해석이 됩니다만, 이것만 가지고는 그 차이가 명확히 느껴지지 않습니다. which book은 한정된 범위 내에서의 책을 가리키고, what book은 한정이 없는 상태에서의 책을 가리킵니다. 예를 들어, 5권의 책을 꺼내놓고, 이 중 어떤 책을 가장 좋아하냐고 물으려면, which book을 써야 합니다. 반면, what book은 이 지구상에 존재하는 수많은 책들 중에서 '무슨 책'을 가리키는 말입니다.

## (4) When - 언제

- When are you busy? 넌 언제 바쁘니?
- When will it be ready? 그게 언제 준비될까요?
- When shall we meet? 우리 몇 시에 만날까?
- When is a good time for you? 언제가 좋은 시간이세요?(언제 시간 나세요?)
- When would be convenient for you? 언제가 편하세요?
- When will I know the result? 제가 그 결과를 언제 알게 될까요?
- When did you see her? 너는 그녀를 언제 보았니?
- Do you know when he will be back? 너는 그가 언제 돌아올지 아니?
- When do you have breakfast? 당신은 언제 아침 식사를 합니까?
- When does the train arrive? 그 기차는 언제 도착합니까?
- When are you planning to come here? 넌 여기에 언제 올 계획이니?
- When are you happy? 넌 언제 행복하니?
- When will lunch be ready? 점심은 언제 할 수 있나요?
- When is a good time for you? 언제 시간이 나십니까?
- When would be convenient for you? 언제 시간이 나십니까?
- When are you available? 언제 시간이 나십니까?
- When are you available to work? 언제 일할 수 있니?(언제 출근할 수 있니?)
- When are you available to interview? 언제 인터뷰할 수 있습니까?

- No one can say exactly when and how sports began.
  어느 누구도 스포츠가 언제 그리고 어떻게 시작되었는지 정확히 말할 수 없다.

## (5) Where – 어디/어디에서

- Where do you work? 너는 어디에서 일하니?
- Where is your company located? 네 회사는 어디에 있니?
- Where are you going? 어디에 가는 중이니?
- Where shall we meet? 우리 어디에서 만날까?
- Where to? 어디로 모실까요?
- Where did you last use it? 그걸 마지막으로 어디에서 썼니?
- Where did you last meet him? 그를 마지막으로 어디에서 만났니?
- Where have you been? 어디 있었어?
- Where are you calling from? 어디서 전화하고 있습니까?
- Where can I wash my hands? 화장실이 어디죠?
- Where does he live? 그는 어디에 사니?
- Where is my key? 내 키는 어디에 있니?
- Where did you get it? 그거 어디서 구했니?
- Where should I go to buy tickets? 표를 사려면 어디로 가야 하죠?
- Where will you be on Tuesday? 너는 화요일에 어디에 있을 거니?
- Where do you usually have lunch? 너는 보통 어디서 점심을 먹니?

## (6) How – 어떻게/얼마나

- How was your trip? 여행 어땠어?
- How was the movie? 영화 어땠어?
- How was today? 오늘 어땠어?
- How did your interview go? 면접은 어떻게 됐어?
- How are they special? 그것들이 어떻게 특별한데?
- How are they similar? 그것들이 어떻게 비슷한데?
- How can we live more happily? 우리가 어떻게 하면 더 행복하게 살 수 있을까?

- How we say things can be more important than what we say.

  우리가 어떻게 말하느냐가 무엇을 말하느냐보다 더 중요할 수 있다.

- How should I address you? 제가 당신을 어떻게 불러야 하지요?

  = What should I call you?

- How can you forget it? 너는 어떻게 그걸 잊을 수 있어?

- How do you know so much about the Pyramids?

  너는 피라미드에 대해 어떻게 그렇게 많이 아니?

- How do I know if something is wrong? 뭔가 잘못되었는지 내가 어떻게 알아?

- How do I know if she likes me? 그녀가 나를 좋아하는지 내가 어떻게 알아?

- How do I know if this is possible? 이것이 가능한지 내가 어떻게 알아?

- How do you pronounce this word? 이 단어를 너는 어떻게 발음하니?

- How this camera work? 이 카메라는 어떻게 작동하니?

- How can't you know me? 너는 나를 어떻게 모를 수 있니?

- How did you guys meet? 너희들은 어떻게 만났니?

- How do you know it? 너는 그것을 어떻게 아니?

- Do you know how? 어떻게 하는지 아세요?

- How is it going? 일이 어떻게 되어 가니?

  = How goes work? 일은 어때?

- How have you been? 어떻게 지내 왔니?

- How am I doing so far? 지금까지 내가 어떤가요?(잘 하고 있습니까?)

- How do you do? 처음 뵙겠습니다.

- How exciting! 얼마나 신나는지!

- How surprising! 얼마나 놀라운지!

- How can I get information about World War II?

  2차 세계대전에 대하여 내가 어떻게 하면 정보를 얻을 수 있나요?

- How would you like your steak? 스테이크를 어떻게 해드릴까요?

- How would you like your coffee? 커피를 어떻게 해 드릴까요?

- How would you like your hair cut? 머리를 어떻게 해 드릴까요?

- How would you like Korean food? 한국 음식 어떠세요?

- How could you not invite me? 어떻게 나를 초대하지 않을 수 있어?

- How could you not know it? 어떻게 그걸 모를 수 있어?

- How could you not call me back? 어떻게 나한테 전화를 다시 안할 수 있어?

- I don't really know how. 나는 어떻게 하는지 정말 모른다.


## (7) Why - 왜

- Why are you late? 넌 왜 늦었니?

- Why do you love her? 너는 왜 그녀를 사랑하니?

- Why does he study English? 그는 왜 영어를 공부합니까?

- Why do you think so? 너는 왜 그렇게 생각하니?

- Why do you like Korean people? 너는 왜 한국 사람들을 좋아하니?

- Why did you lie to me? 왜 나에게 거짓말했어?

- Why do women live longer than men? 여자들이 왜 남자들보다 더 오래 살지?

- I don't know why I bought it. 내가 그걸 왜 샀는지 모르겠어.

- A:I don't like him. 난 그를 좋아하지 않아.

    B:Why not? 왜 좋아하지 않죠?

- Why are you leaving so soon? 너는 왜 그리 일찍 떠나니?

- You know why? 넌 이유를 알아?

- Tell me why. 이유를 말해.

- Why don't you join us? 우리한테 끼지 그래?

- Why do people respect him? 사람들이 왜 그를 존경합니까?

- Why does the teacher talk so fast? 그 선생님은 왜 그리 빨리 말하니?

- I don't know why this happened. 왜 이런 일이 일어났는지 알 수가 없네요.

- Do you know why I'm here? 내가 왜 여기에 왔는지 넌 알아?

- Why are you all dressed up? 왜 옷을 쫙 빼입었니?

- Why is English hard to remember? 왜 영어는 기억하는 게 힘들까?

- Why is regular exercise important? 규칙적인 운동이 왜 중요하지?

- Why do you still remember it? 너는 그것을 왜 아직도 기억하고 있니?

## 3) 직접의문문

아래 예문들이 바로 직접의문문입니다. 우리가 그동안 수없이 보아 왔던 문장들입니다. 네 번째 예문까지가 <u>의문사 없는 의문문</u>이고, 다섯 번째부터는 <u>의문사 있는 의문</u> <u>문</u>입니다.

- Are you busy? 너 바쁘니?
- Is he your father? 그 남자가 네 아버지니?
- Does she like swimming? 그녀는 수영하는 것을 좋아하니?
- Can you repair it? 너는 그것을 고칠 수 있니?
- What is it? 그게 뭐니?
- What is your hobby? 취미가 뭡니까?
- When is your birthday? 네 생일은 언제니?
- How does he go to school? 그는 어떻게 학교에 가니?
- Why do you study English? 너는 왜 영어를 공부하니?
- How much is it? 그게 얼마죠?
- How old are you? 나이가 어떻게 되십니까?
- What kind of book do you like? 어떤 종류의 책을 좋아합니까?

일반동사가 들어간 문장을 의문문으로 만들기

| 평서문 | 의문문 | 대답 |
| --- | --- | --- |
| You like a motorcycle. | Do you like a motorcycle? | Yes, I do./No, I don't. |
| You liked a motorcycle. | Did you like a motorcycle? | Yes, I did./No, I didn't. |
| He likes a motorcycle. | Does he <u>like</u> a motorcycle? | Yes, he does./No, he doesn't. |
| He liked a motorcycle. | Did he like a motorcycle? | Yes, he did./No, he didn't. |
| They like a motorcycle. | Do they like a motorcycle? | Yes, they do./No, they don't. |
| They liked a motorcycle. | Did they like a motorcycle? | Yes, they did./No, they didn't. |
| I study English. | Do I study English? | Yes, you do./No, you don't. |
| You study English. | Do you study English? | Yes, I do./No, I don't. |

| 평서문 | 의문문 | 대답 |
|---|---|---|
| He studies English. | Does he <u>study</u> English? | Yes, he does./No, he doesn't. |
| He will study English. | Will he <u>study</u> English? | Yes, he will./No, he won't. |
| He studied English. | Did he study English? | Yes, he does./No, he doesn't. |

## 4) 간접의문문

| 직접의문문 | What is it? | 그것이 무엇입니까? |
|---|---|---|
| 간접의문문 | Do you know what it is? | 그것이 무엇인지 아십니까? |

간접의문문 Do you know what it is?는 Do you know?라는 문장과 What is it?라는 두 직접의문문을 합친 것입니다.

직접의문문이 단도직입적으로 물어보는 것임에 반하여, 간접의문문은 약간 돌려(우회적으로) 말하는 것임을 알 수 있습니다. 간접의문문은 직접 대놓고 물어보기가 어려울 때 써먹으면 효과가 있겠지요. 그럼으로써 간접의문문은 더 정중한 표현 방법이 되는 것입니다. 아래에서는 다양한 간접의문문을 보도록 하겠습니다.

① <u>Do you know</u> how much it is? 그게 얼마인지 아니?

    ← Do you know? + How much is it?

② <u>Can you tell me</u> where she is? 그녀가 어디에 있는지 나에게 말해 줄래요?

    ← Can you tell me? + Where is she?

③ <u>I know</u> where they are from. 나는 그들이 어디에서 왔는지 안다.

    ← I know. + Where are they from?

④ <u>I wonder</u> how old she is. 그녀가 몇 살인지 나는 궁금하다.

    ← I wonder. + How old is she?

⑤ <u>I understand</u> why she was late. 그녀가 왜 지각했는지 나는 안다.

    ← I understand. + Why was she late?

⑥ He doesn't know when she will arrive here.

그녀가 언제 여기에 도착할지 그는 모른다.

← He doesn't know. + When will she arrive here?

⑦ Show me how you solved this problem.

네가 이 문제를 어떻게 풀었는지 나에게 보여줘.

← Show me. + how did you solve this problem?

⑧ I want to know where he lives?

그가 어디에 사는지 나는 알고 싶다.

← I want to know. + Where does he live?

⑨ I don't know what she likes?

나는 그녀가 무엇을 좋아하는지 모른다.

← I don't know + What does she like?

⑩ We don't remember when you came back.

네가 언제 돌아왔는지 기억이 안 난다.

← We don't remember. + When did you come back?

⑪ Who do you think he is?

그가 누구라고 생각하니?

← Do you think? + Who is he?

⑫ What do you think she likes?

그녀가 무엇을 좋아한다고 생각하니?

← Do you think? + What does she like?

⑬ I wonder if she is angry.

그녀가 화가 났는지 궁금하다.

← I wonder. + Is she angry?

⑭ Do you know If he bought the book?

그가 그 책을 샀는지 넌 아니?

← Do you know? + Did he buy the book?

간접의문문에서 중요한 것은 다음 네 가지입니다.

**(1) 간접의문문으로 만들 때 의문사+동사+주어 → 의문사+주어+동사로 바뀝니다.**

① Do you know? + What is it? → Do you know what it is?

② Can you tell me? + Where is she? → Can you tell me where she is?

③ I wonder. + How old is she? → I wonder how old she is.

④ I know. + Who is he? → I know who he is.

**(2) 직접의문문에 나오는 조동사 do/does/did가 간접의문문에서는 사라집니다.**

① Show me. + How did you solve this problem?

　　→ Show me how you solved this problem.　이 문제를 어떻게 풀었는지 보여줘

② I want to know. + Where does he live?

　　→ I want to know where he lives.　그가 어디에 사는지 난 알고 싶어.

③ I don't know + What does she like?

　　→ I don't know what she likes.　그녀가 무엇을 좋아하는지 난 모른다.

④ We don't remember. + When did you come back?

　　→ We don't remember when you came back.

　　우린 네가 언제 왔는지 기억이 안나.

**(3) think, believe와 같은 동사들은 간접의문문을 만들 때 조심해야 합니다.**

① Do you think? + Who is he?

　　→ Who do you think he is?(○)　너는 그가 누구라고 생각하니?

　　→ Do you think who he is?(✕)

② Do you think? + What does she want?

　　→ What do you think she wants?(○)　너는 그녀가 무엇을 좋아한다고 생각하니?

　　→ Do you think what she likes?(✕)

③ Do you think? + Where does he live?

　　→ Where do you think he lives?(○)　그가 어디에 산다고 생각하니?

　　→ Do you think where he lives?(✕)

④ Do you think? + Why were you nervous?

→ <u>Why do you think</u> you were nervous?(○) 너는 왜 초초했다고 생각하니?

→ Do you think why you were nervous?(✕)

- What kinds of jobs <u>do you think</u> are popular?
  너는 어떤 종류의 직업이 인기 있을 거라고 생각하니?

- What <u>do you think</u> is the best way to learn new words?
  새로운 단어들을 배우는 가장 좋은 방법이 뭐라고 생각하십니까?

- What <u>do you think</u> music is an international language?
  어떤 음악이 국제 음악이라고 생각하십니까?

- What <u>do you think</u> makes you a smart consumer?
  무엇이 당신을 똑똑한 소비자로 만든다고 생각하세요?

- What <u>do you think</u> is the most common disease?
  가장 흔한 질병이 뭐라고 생각하십니까?

- What kinds of problems <u>do you think</u> will happen?
  어떤 종류의 문제가 생길 거라고 생각하십니까?

- When <u>do you think</u> you can finish it?
  너 언제 그거 끝낼 수 있다고 생각하니?

- Where <u>do you think</u> you lost it?
  그것을 어디서 잃어버린 것 같습니까?

  ★ think, believe와 같은 동사들이 나오면 의문사가 문장 맨 앞으로 나간다는 것을 기억합시다.

## (4) 갑자기 생기는 「if」

① I wonder. + Is she angry?

    → I wonder if she is angry. 그녀가 화가 났을까?

② Do you know? + Did he buy the house?

    → Do you know if he bought the house? 그가 그 집을 샀는지 넌 아니?

③ I want to know. + Do you want to marry her?

    → I want to know if you want to marry her. 네가 그녀랑 결혼하고 싶어 하는지 알고 싶어.


Do you know?/I want to know/Tell me/I wonder 등과 의문사 없는 의문문이 만나 간접의문문을 만들 때에는 if가 생깁니다. 즉, if를 써줘야 합니다. 이때의 if는 '만약 ─라면'의 뜻이 아니라 '─인지' 또는 '─인지 아닌지'의 뜻입니다.


- I don't know if it will rain tomorrow. 내일 비가 올지 안 올지 모르겠다.
- I don't know if you remember me or not. 당신이 나를 기억할지 안 할지 모르겠다.
- I don't know if I can do this. 내가 이것을 할 수 있을지 없을지 모르겠다.
- Do you know if it's true? 그게 사실인지 아닌지 알아요?
- Do you know if he's at home? 그가 집에 있는지 없는지 아니?
- Do you know if he's a doctor? 그가 의사인지 아닌지 알아요?
- Do you know if he won the game? 그가 우승했는지 안 했는지 알아요?
- Do you know if he's got any money? 그가 돈을 가지고 있는지 아닌지 아니?
- Let me see if I have enough time. 내가 시간이 충분한지 볼게.
- Let me see if I can help you tomorrow. 내가 내일 너를 도와줄 수 있는지 볼게.
- He wonders if they are homosexual. 그들이 동성애자인지 그는 궁금해한다.
- I can't tell if she likes me or not. 그녀가 날 좋아하는지 아닌지 난 모르겠어.
- I can't tell if he's alive. 그가 살아 있는지 난 모르겠어.
- The goal of a lie detector is to see if the person is telling the truth or lying. 거짓말 탐지기의 목표는 그 사람이 진실을 말하고 있는지 아니면 거짓말을 하고 있는지를 아는 것이다.

- Before you throw something away, think about if someone else might need it.

  당신이 무언가를 버리기 전에 누군가는 그것을 필요로 하고 있지는 않는지 생각해라.

## (5) 간접의문문의 예

- It doesn't matter what time it is.  지금이 몇 시든 상관없어요.

- It doesn't matter who you are.  당신이 누구든 상관없습니다.

- It doesn't matter where you are.  당신이 어디든 상관없습니다.

- I don't care if you do that or not.  네가 그걸 했는지 안 했는지 난 신경 안 써.

- I don't care about how it looks.  나는 겉모습이 어떻든 난 신경 안 써.

- You don't know how much I love you.  내가 널 얼마나 사랑하는지 넌 몰라.

- I remember what this word means.  이 단어가 무슨 뜻인지 난 기억나.

- Please tell me what the problem is.  문제가 뭔지 나에게 말해 주세요.

- Do you know who made the coffee?  누가 커피를 만들었는지 알아?

- Would you mind telling me how often the buses leave?

  버스들이 얼마나 자주 떠나는지 나에게 말씀해 주시겠어요?

- Can you tell me what we should do now?

  우리가 지금 무엇을 해야 하는지 말해 줄래?

- Could you tell me if you have seen my dog?

  내 개를 보았는지 말씀해 주시겠습니까?

- I don't care if the computer is working.  컴퓨터가 작동하는지 난 상관없어.

- I asked him what time the bank opens.

  나는 그 은행이 몇 시에 여는지 그에게 물어보았다.

- I was wondering why you moved to Europe.

  네가 왜 유럽으로 이사를 갔는지 궁금해.

- I was wondering if they speak English.  그들이 영어를 말하는지 궁금해.

- I'd like to know how much this motorcycle costs.

  난 이 오토바이가 얼마인지 알고 싶습니다.

- I'd like to know we could change the meeting to Thursday.

  우리가 그 모임을 목요일로 바꿀 수 있는지 알고 싶어요.

- I have no idea what your name is. 난 네 이름이 뭔지 몰라.
- I'm not sure if the shops are open on Sundays.
  그 가게들이 일요일마다 문을 여는지 확실히 모르겠어요.
- I'm not sure what the right way is. 무엇이 올바른 길인지 확실히 모르겠어.
- I'm not sure if I understand correctly it.
  내가 그것을 정확히 이해하는지 확실치 않아.
- I want to know whose children are they.
  그들이 누구의 아이들인지 난 알고 싶다.
- Do you know why we are here today?
  우리가 오늘 왜 여기에 있는지(또는 왔는지) 넌 알아?
- Have you any idea how it happened? 그 일이 어떻게 일어났는지 넌 알아?
- Do you have any idea how much the fare will be? 요금이 얼마나 나올지 알아?
- You have no idea how much I miss you. 내가 널 얼마나 그리워하는지 넌 몰라.
- You don't know How big it is. 너는 그것이 얼마나 큰지 모른다.


## 5) 다음 두 그룹의 의문문들을 비교해 봅시다


- Who do you like? 너는 누구를 좋아하니?
- What does she teach? 그녀는 무엇을 가르치니?
- Who did you see? 너는 누구를 보았니?


- Who likes you? 누가 너를 좋아하니?
- Who did it? 누가 그것을 했니?
- What makes she happy? 무엇이 그녀를 행복하게 하니?
- Who saw you? 누가 너를 보았니?
- Who knows it? 누가 그것을 알겠니?(즉, 아무도 모른다는 뜻임)
- Who stole my purse? 누가 내 지갑을 훔쳤니?

위 예문들 중 위에서부터 세 번째까지의 의문문은 의문사가 목적어로 쓰인 것이고, 네 번째 예문들부터는 의문사가 모두 주어로 쓰인 것들입니다. 그 차이를 아시겠습니까? 의문사가 주어로 쓰였는지 아니면 목적어로 쓰였는지는 영어 공부를 조금만 해 나가면 저절로 알 수 있습니다. 하지만 초보자들은 금방 알기 어렵습니다.

보통 조동사 do가 있느냐의 여부로 판단합니다. 즉, 조동사 do가 의문문에 있으면 – 그것도 의문사 바로 뒤에 – 그 문장의 의문사는 목적어로 쓰인 것이고, do가 없으면 의문사는 주어로 쓰인 것입니다. 의문사가 주어인 문장을 더 봅시다.

- Who tells a lie?  누가 거짓말을 하니?
- Who will save the earth?  누가 지구를 구할 것인가?
- Who rules the world now?  누가 지금 세계를 지배합니까?
- Who answered the question?  누가 질문에 대답했습니까?
- Who wrote this book?  누가 이 책을 썼니?
- Who speaks English well?  누가 영어를 잘 말하니?
- Who knows it?  누가 그것을 알겠니?(아무도 모른다는 뜻)
- Who just called me?  누가 방금 나한테 전화했니?
- Who saw him?  누가 그를 보았니?
- What makes you so happy?
  무엇이 너를 그렇게 기쁘게 하니?(넌 왜 그렇게 기분이 좋은 거야?)
- What makes a true leader?  무엇이 진정한 지도자를 만드는가?
- What makes a great parent?  무엇이 위대한 부모를 만드나?
- What makes you say that?
  무엇이 너를 그렇게 말하도록 만드니?(무엇 때문에 그렇게 생각하니?)
- What makes a woman sexy?  무엇이 여자를 섹시하게 만드는가?
- What makes art valuable?  무엇이 예술을 가치 있게 만듭니까?
- What causes air pollution?  무엇이 대기 오염을 초래하니?
- What causes anxiety?  무엇이 걱정을 불러오니?(무엇 때문에 걱정하는 거니?)
- What brings you here?  무엇이 너를 여기에 가져왔니?(여기에 무슨 일로 온 거야?)
- What brings you New York?  뉴욕에는 어쩐 일이야?

## 6) How+형용사 또는 How+부사 의문문

### (1) How long ~ ? 얼마나 오래(기간을 물어보는 말)

- How long have you been in Seoul? 너는 서울에 얼마나 오래 있었니?
- How long has he studied English? 그는 영어를 얼마나 오래 공부해 왔니?
- How long does it take to finish it? 그걸 끝내는데 얼마나 오래 걸리니?
- How long will it take A from to B? A에서 B까지 가는데 얼마나 걸릴까요?
- How long must I rest? 얼마나 오래 쉬어야 합니까?
- How long are you going to stay? 얼마나 오래 머무르실 예정입니까?
- How long can you live without water? 너는 물 없이 얼마나 오래 살 수 있니?
- How long have you been waiting here? 얼마나 오래 이곳에 있었어?
- How long have you been wearing glasses?
  얼마나 오랫동안 안경을 써 오고 계십니까?
- How long is the movie? 영화 얼마나 오래 해?
- How long will it take by taxi? 택시 타면 얼마나 걸릴까?
- How long have you known him? 그 사람을 안 지 얼마나 됐어?

### (2) How far ~ ? 얼마나 멀리(거리를 물어보는 말)

- How far is it from here to the airport? 여기서 공항까지 거리가 얼마나 됩니까?
- How far is the next stop? 다음 정류장까지 얼마나 멀어요?
- How far is the earth from the sun? 지구에서 태양까지 거리가 얼마나 되니?
- How far is the closest star? 가장 가까운 별은 얼마나 떨어져 있니?
- How far is it from Seoul to New York? 서울에서 뉴욕까지의 거리가 얼마나 되니?

### (3) How often ~ ? 얼마나 자주(횟수를 물어보는 말)

- How often do you see him? 너는 그를 얼마나 자주 보니?
- How often do you call your parents? 너는 너의 부모님께 얼마나 자주 전화하니?
- How often do you watch TV? 너는 TV를 얼마나 자주 보니?
- How often did you come here? 너는 얼마나 자주 여기에 왔니?

- How often do you drink coffee? 너는 얼마나 자주 커피를 마시니?


## (4) How old ~ ? 얼마나 늙었는지/오래 되었는지(나이 세월을 물어보는 말)

- How old is she? 그녀는 나이가 몇 살이니?
- How old is the earth? 지구는 나이가 몇 살이니?
- How old is your phone ? 네 폰은 (구입한 지) 얼마나 오래 되었니?
- How old is this bread? 이 빵은 (만든 지) 얼마나 오래 되었어요?
- May I ask how old you are? 나이가 어떻게 되는지 여쭤봐도 됩니까?
- How old are the Pyramids? 그 피라미드들은 (만든 지) 얼마나 오래 되었어요?


## (5) How much ~ ? ① 얼마(가격) ② 얼마나 많이(양이나 정도) ③ 얼마나 많은

- How much is this? 이것은 얼마입니까?
- How much is the fare? 요금이 얼마인가요?
- How much is the admission? 입장료가 얼마입니까?
- How much are the socks? 양말이 얼마입니까?
- How much is the toll? 통행료 요금이 얼마입니까?
- How much is one-night stay? 하룻밤 묵는데 얼마입니까?
- How much do you want? 너는 (돈이나 물건을) 얼마나 원하니?
- How much do you love me? 너는 나를 얼마나 사랑하니?
- How much coffee do you drink a day? 너는 하루에 커피를 얼마나 많이 마시니?
- How much do you know about wetlands? 너는 습지에 대해 얼마나 아니?
- How much money do you have? 너는 돈을 얼마나 갖고 있니?
- How much money do you make? 너는 얼마나 많은 돈을 버니?
- How much water should we drink a day?
  우리는 하루에 얼마나 많은 물을 마셔야 하나요?
- How much money did you spend today? 너는 오늘 얼마나 많은 돈을 썼니?
- How much time will you give us? 너는 우리에게 얼마나 많은 시간을 줄 거니?
- How much water is there in the bottle? 병 안에 얼마나 많은 물이 있니?
- How much older are you than your wife? 너는 네 아내보다 얼마나 나이가 많니?

- How much do we really know about the differences between men and women?
  우리는 남자와 여자의 차이에 대해 실제로 얼마나 많이 알고 있는가.

## (6) How many ~ ? 얼마나 많은(역시 양을 물어보는 말로, 뒤에 셀 수 있는 명사가 옴)

- How many friends do you have?  넌 얼마나 많은 친구가 있니?
- How many apples did you eat today?  너는 오늘 얼마나 많은 사과를 먹었니?
- How many books did you read today?  너는 오늘 얼마나 많은 책을 읽었니?
- How many countries are there in the world?
  세상에는 얼마나 많은 나라가 있습니까?
- How many people did you meet there?  너는 거기서 얼마나 많은 사람을 만났니?
- How many people eat breakfast everyday?
  얼마나 많은 사람들이 매일 아침을 먹니?
- How many people are you going to invite?  사람들을 몇 명이나 초대할 거니?
- How many stars are there in the universe?  우주엔 얼마나 많은 별이 있습니까?
- How many languages do you speak?  너는 얼마나 많은 언어를 말하니?
- How many trash does America produce?
  미국은 얼마나 많은 쓰레기를 만들어 내니?
- Do you know how many foreigners are living in Korea?
  한국에 얼마나 많은 외국인들이 살고 있는지 아니?
- How many stops is it from here?  여기서 몇 정거장인가요?

## (7) How many times ~ ? 몇 번(횟수를 물어보는 말로, How often보다는 덜 쓰입니다)

- How many times did you visit the museum?
  너는 몇 번이나 그 박물관을 방문했니?
- How many times do you see your parents a year?
  너는 일 년에 몇 번 네 부모님을 찾아 뵙니?
- How many times have you been there?  넌 몇 번 거기에 가 보았니?

- How many times have you read that book? At least ten times.

  넌 그 책을 몇 번 읽어 보았니? 적어도 열 번.

- How many times have I told you not to play football in the garden?

  내가 몇 번이나 정원에서 풋볼을 하지 말라고 너한테 얘기했니?

- How many times I have told you I love you?

  내가 당신을 사랑한다고 몇 번 말했지요?

- How many times have you tried and failed so far?

  지금까지 몇 번 시도해서 몇 번이나 실패했니?

- How many times have you been in love? 너는 몇 번 사랑에 빠져 보았니?

- How many times did he call you? 그는 몇 번 너한테 전화했니?

- How many times have you changed your job? 넌 직업을 몇 번이나 바꿔봤니?

- How many times have you been to New York? 넌 뉴욕에 몇 번 갔다 왔니?

- How many times have you seen this movie? 넌 이 영화를 몇 번이나 본 적 있니?

## (8) 기타

- How big is the solar system? 태양계는 얼마나 큽니까?

- How big is the earth? 지구는 얼마나 큽니까?

- How big is the underground economy in Korea?

  한국의 지하경제(규모)는 얼마나 큽니까?

- How early should I finish it? 그것을 얼마나 일찍 끝내야 합니까?

- How early can I book the hotel? 얼마나 빨리 그 호텔을 예약할 수 있나요?

- How fast can you drive? 당신은 얼마나 빨리 운전할 수 있나요?

- How high is that building? 저 건물의 높이는 얼마나 됩니까?

- How late is the bank open? 그 은행은 얼마나 늦게까지 문을 여나요?

- How late can we get room service?

  우리가 얼마나 늦게까지 룸서비스를 받을 수 있는 거죠?

- How well does he speak English? 그는 영어를 얼마나 잘 말합니까?

- How soon can I buy the book? 제가 그 책을 얼마나 빨리 살 수 있을까요?

## 7) 의문사 + to부정사

Who와 Why를 제외한 의문사 뒤에 to부정사가 오면 '−해야 할지'로 해석합니다. 이 것은 굉장히 중요하고, 또 영어에서 무척 자주 쓰입니다.

what + to부정사 : 무엇을 −해야 할지
when + to부정사 : 언제 −해야 할지
where + to부정사 : 어디서 −해야 할지
how + to부정사 : 어떻게 −해야 할지(−하는 방법)

이 중에서 「how + to부정사」가 가장 많이 쓰이고 가장 중요합니다.

- I don't know what to do.  무엇을 해야 할지 모르겠다.
- Tell me what book to read.  무슨 책을 읽어야 할지 말해줘.
- I don't know what to wear.  무엇을 입어야 할지 모르겠어.
- Tell me what to prepare for the meeting.
  그 모임을 위해 무엇을 준비해야 할지 말해줘.
- Let me know what to say to your parents.  네 부모님께 뭐라고 말해야 할지 알려줘.
- Did you decided what products to buy?  무슨 제품을 사야 할지 정했니?
- I don't know what to eat.  무엇을 먹어야 할지 모르겠어.
- Teach me how to use a computer.  컴퓨터를 어떻게 사용해야 할지 가르쳐 줘.
- Do you know how to open this box?  이 박스를 여는 방법을 아니?
- Do you want to know how to be a doctor?  의사가 되는 방법을 알고 싶니?
- Can you tell me how to get to Lotte Hotel?
  롯데호텔에 어떻게 가야 하는지 말해 줄래요?
- I don't know how to thank you.  어떻게 감사드려야 할지 모르겠네요.
- I don't know how to love him.  그를 어떻게 사랑해야 할지 모르겠어요.
- Do you know how to drive?  운전하는 방법을 아세요?(운전할 줄 아세요?)
- Do you know how to use the Internet?  인터넷 사용하는 방법을 알아요?
- Do you know how to play the guitar?  기타 연주할 줄 알아요?

- Learn how to love others.  다른 사람들을 어떻게 사랑해야 하는지 배워라.
- I don't know where to look.  어디를 봐야 할지 모르겠어요.
- I don't know where to begin.  어디에서 시작해야 할지 모르겠군요.
- Can you tell me when to start?  언제 시작해야 할지 말해 줄래요?
- Do you know when to stop?  언제 중단해야 할지 아니?
- We didn't know where to go.  어디로 가야 하는지 우리는 몰랐다.
- I can't decide which to choose.  나는 어느 것을 골라야 할지 결정할 수 없다.
- I don't know which to buy.  어느 것을 사야 할지 모르겠어.
- Let me know which way to go.  어느 길로 가야 할지 알려줘.
- She doesn't know how to cook.  그녀는 어떻게 요리해야 할지 모른다.
- Can you show me how to open this?  이것을 어떻게 여는지 보여줄래요?
- How to be an active listener.  적극적인 경청자가 되는 법
- How to grow your hair long.  네 머리를 길게 기르는 법
- How to be famous as a singer.  가수로서 유명해지는 법
- How to be free from money.  돈으로부터 자유로워지는 법
- How to be free from food.  음식으로부터 자유로워지는 법
- How to spend money is more difficult than how to earn it.
  돈을 어떻게 쓰느냐가 어떻게 버느냐보다 더 어렵다.

# UNIT 09 진행형 문장

영어에서 진행형 문장은 be동사+동사-ing를 말합니다. 우리는 학교에서 이 be동사+동사-ing가 「-하고 있는 중이다.」뜻만 있는 걸로 배웠습니다. 그래서 영어책을 볼 때 이 be동사+동사-ing가 보이면 무조건 「-하고 있는 중이다.」로 해석을 했습니다. 하지만, 영어에서 be동사+동사-ing는 진행의 뜻 이외에도 다양한 의미를 가지고 있고, 원어민들은 be동사+동사-ing를 즐겨 사용하고 있습니다. 진행형 문장은 다음과 같은 상황을 나타내고자 할 때 쓰입니다.

## 1) -하고 있는 중이다(이것이 우리가 학교에서 배운 것입니다)

- I am watching TV. 나는 TV를 보는 중이다.
- He is driving. 그는 운전 중이다.
- They are playing soccer. 그들은 축구를 하고 있다.
- I am writing a letter. 나는 편지를 쓰고 있습니다.
- Am I talking too fast? 내가 너무 빨리 말하고 있니?
- Why are those children crying? 그 아이들은 왜 울고 있습니까?
- It is getting cold. 날씨가 추워지고 있다.
- Is the bus coming? 버스가 오고 있니?
- He was listening to the radio TV when I got his home.
  내가 그의 집에 도착했을 때 그는 라디오를 듣고 있었다.

지금의 상황을 강조하기 위해 now, right now, at the moment 등의 단어와 같이 쓰이기도 합니다.

- She is having breakfast now.  그녀는 지금 아침식사를 하고 있는 중이다.
- It is raining now.  지금 비가 내리고 있다.
- No one doesn't know what is happening right now.
  지금 무슨 일이 일어나고 있는지 아무도 모른다.
- I'm enjoying chocolate right now.  나는 지금 초콜릿을 먹고 있어.
- I'm driving at the moment.  난 지금 운전 중이야.

## 2) 일시적인 행동을 나타내고자 할 때 진행형을 씁니다

⑴ He lives with his parents.  그는 (평소에) 그의 부모님과 같이 산다.
⑵ He is living with his parents.  그는 (일시적으로) 부모님과 같이 산다.
⑴번 문장은 부모님과 늘 함께 살고 있다는 뜻이지만, ⑵번 문장은 일시적으로 그의 부모님과 산다는 의미입니다.

⑶ She studies English.  그녀는 (평소에) 영어를 공부한다.
⑷ She is studying English.  그녀는 (일시적으로) 영어를 공부한다.
⑶번 문장은 늘 영어를 공부한다는 뜻이지만, 4)번 문장은 일시적으로(예컨대, 시험에 대비하고자 또는 유학준비 때문에 또는 1달 동안 등) 영어를 공부한다는 뜻입니다.

⑸ He is selfish.  그는 원래 이기적이다.
⑹ He is being selfish.  그는 오늘따라(또는 요즘) 이기적이다.
⑺ I am getting up at six this week.  나는 이번 주에만 6시에 일어난다.
⑻ You are working hard today.  너는 오늘(따라) 열심히 일하는구나.
⑼ He is being kind.  그는 (요즘) 친절하게 군다.

(10) I am getting hungry. Let's go and eat. 배가 (잠시) 고프다. 나가서 먹자.

(11) I'm having a computer problem. 나는 (일시적으로) 컴퓨터에 문제가 있다.

(12) The phone is not working. 전화기가 작동이 안 돼.(전화기가 잠시 고장났어)

## 3) 가까운 미래를 나타내고자 할 때에는 will이나 be going to를 쓰지 않고 진행형 문장을 씁니다. 주로 비공식적이거나 개인적인 질문을 할 때 씁니다

- When are you leaving? 언제 떠나?
- Are you leaving now? 지금 가려고?
- Are you coming to the party? 파티에 올 거죠?
- When is the train coming? 기차가 언제 와?
- Spring is coming soon. 봄이 곧 올 거야.
- How long are you staying in Korea? 한국에 얼마나 있을 거죠?
- Are you coming this Saturday? 이번 주 토요일에 올 거니?
- She is arriving at the airport in an hour. 그녀는 한 시간 후에 공항에 도착할 거야.
- I'm having a New Year's party next Friday.
  나는 다음 주 금요일에 새해 파티를 열 거야.

## 4) 불평, 불만을 나타낼 때(always, constantly 등과 같이 쓰임)

- He is always taking a taxi. 그는 늘 택시를 타는구나.
- She is always losing her umbrella. 그녀는 늘 우산을 잃어버린다.
- They are always making a big noise. 그들은 늘 큰 소리로 떠든다.
- You're always watching TV. 너는 항상 TV만 보는구나.
- My car's always breaking down. 내 차는 자꾸 고장이 난다.

- You're always losing things. 너는 늘 물건을 잃어버리는구나.

## 5) 이미 결정이 되어 있는 경우(실현가능성이 높은 미래의 행위)

- A : What are you doing tonight? 오늘 밤에 뭐할 거니?

  B : I am watching TV. TV 볼 거야.(거의 확실한 미래의 행위임)
- I'm playing tennis tomorrow. 내일 테니스를 칠 거야.(이미 약속이 되어 있음)
- I'm not working tomorrow. 나 내일 근무 안 한다.(이미 약속이 되어 있음)
- I'm watching the movie next Saturday.

  다음 주 토요일 그 영화를 볼 거야.(이미 티켓을 예약해 놓았거나 약속을 해 놓은
  상태임)
- Korean team is having a match with Greece.

  한국 팀이 그리스와 한 경기를 치를 거야.(이미 예정이 되어 있음)
- My parents and his parents are having dinner tonight.

  우리 부모님과 그의 부모님은 오늘 저녁에 저녁식사를 하실 거야.
- A : What are you doing tonight? 오늘 저녁 뭐할 거니?

  B : I am working. 나 일해.(예정되어 있음)

## 6) will be −ing : 실현가능성이 아주 높은 미래의 행위를 나타내고자 할 때 씁니다. 해석은 「−하고 있는 중일 거야」로 하며, 부드럽게 또는 공손하게 자기의 의사를 나타내고자 할 때 씁니다.

- I will be studying at that time. 나는 그 시간에 공부하고 있을 걸.
- This time tomorrow, I will be taking a rest. 내일 이 시간이면 난 쉬고 있을 걸요.
- I will be seeing you soon. 나는 너를 곧 보게 될 거야.

- What will you be doing at 2:00 pm. tomorrow?

  내일 오후 2시에 너는 무엇을 하고 있을까?

- Will you be eating with us this evening?

  너는 오늘 저녁 우리랑 저녁을 먹고 있겠지?

- What will you be doing in five years? 5년 후에 너는 무엇을 하고 있을까?

- I will be watching TV at 8 pm. 나는 오전 8시에 TV를 보고 있을 겁니다.

- I'll be working at our new branch tomorrow.

  나는 내일 우리의 새 지점에서 일하고 있을 겁니다.

- She'll be working with you tomorrow. 그녀는 내일 너랑 일하고 있을 겁니다.

- From now on, I'll be going by subway. 지금부터 나는 지하철로 가고 있을 겁니다.

- By this time next year, I will be staying in England.

  내년 이때쯤이면, 나는 영국에 머물고 있을 겁니다.

- I will be driving when I call you tonight.

  내가 오늘 밤 너한테 전화할 때는 운전하고 있는 중일 거야.(예정되어 있음)

- A: What will you be doing at 2:00 pm. tomorrow?

  내일 오후 2시에 뭐하고 있을 거니?

  B: I'll be working at that time. 난 그때 일하고 있을 거야.

- She will not be working on Tuesday.

  그녀는 화요일에 근무를 하지 않고 있을 거야.

- When you get up tomorrow, I'll be talking with my boss about my business trip.

  네가 내일 일어나면, 난 내 출장에 관해 상사와 얘기를 나누고 있을 거야.

- We will be landing in about fifteen minutes, so please fasten your seat belts.

  우리 비행기는 약 15분 후면 착륙할 예정이니, 안전벨트를 매 주십시오.

- He'll probably still be having breakfast. 그는 아직도 아침을 먹고 있는 중일 거야.

- A: What will you be doing at the meeting? 그 회의에서 넌 무엇을 할 예정이니?

  B: I'll be giving a presentation about our new product.

  나는 우리 신상품에 대해 프리젠테이션을 할 거야.

- Will you be eating with us this evening?

  오늘 저녁에 우리랑 저녁 드실 거지요?(정중한 표현)

- Will you be needing anything else?

  그 외 뭐라도 필요하신 게 있으십니까?(역시 정중한 표현)

- A : When will you be coming home from shopping?

  쇼핑에서 언제 집에 오실 건가요?(정중한 표현임)

  B : I will be home by 5 o'clock.  5시까지는 집에 올 거야.

- They'll be coming to see us next week.  그들은 다음 주에 우리를 보러 올 겁니다.

- I will be driving to work tomorrow.

  나는 내일 일하기 위해 운전을 하고 있을 겁니다.

아래의 진행형 표현들은 ①부드럽게 또는 완곡(듣는 사람이 기분 상하지 않게 하기 위한 표현하는 것)하게 표현하고자 할 때 또는 ②말하는 순간에도 간절하게 바라거나 강한 의욕(의지)이 있다는 걸 강조할 때에는 다음과 같이 진행형 표현을 씁니다. 과거 진행형 표현을 쓰면 더욱 부드럽고 완곡한 표현이 되며, just를 넣으면 간절함이 스며들게 됩니다. 이 표현들은 영어에서 아주 중요하니 잘 익혀 두시기 바랍니다.

## 7) I'm hoping to : -하기를 바래

- I hope to hear her voice.  그녀의 목소리를 듣고 싶다.(딱딱하고 직설적임)
- I'm hoping to hear her voice.  그녀의 목소리를 들으면 좋겠는데요.(부드러운 표현)
- I was hoping to hear her voice.

  그녀의 목소리를 듣고 싶어요.(가장 부드럽고 완곡한 표현)

- I was just hoping to hear her voice.  그녀의 목소리를 꼭 듣고 싶어요.(간절한 표현)

- I'm hoping to spend more time reading.

  독서하는데 더 많은 시간을 보냈으면 좋겠어요.

- I'm hoping to visit that island.  저 섬에 놀러 가면 좋겠는데요.

- I was hoping to do something special.  뭔가 특별한 걸 하길 바랬어요.

- I'm just hoping to buy a house.  집을 꼭 사고 싶어요.

## 8) I'm trying to - : -을 하려고 합니다(노력중이에요)

- I'm trying to learn how to play tennis.  테니스를 배우려고 해요.
- I'm just trying to help you.  당신을 도와드리려는 것뿐입니다.
- I'm trying to sleep.  자려구요.
- I'm trying to forget her.  그녀를 잊으려구요.
- I'm trying to lose my weight.  체중을 줄이려구요.
- I'm trying to change my job.  직업을 바꾸려고 합니다.
- I'm trying to stop smoking.  담배를 끊으려 합니다.
- I'm trying to find a job.  직장을 구해보려구요.
- I'm trying to make her happy.  그녀를 행복하게 해주려고요.
- I'm trying to speak in English.  영어로 말하려고 노력중이에요.


## 9) I'm calling to - : -하려고 전화했어요

- I'm calling to order.  주문하려고 전화했어요.
- I'm calling to say goodbye.  작별인사 하려고 전화했어요.
- I was calling to say goodbye.  작별인사 하려고요.(더욱 부드럽고 완곡한 표현)
- I'm calling to apologize my fault.  제 잘못을 사과하려고 전화했어요.
- I'm calling to tell you I'm sorry.  미안하다는 말을 하려고 전화했어요.
- I'm calling to know if there are any vacant seats.
  빈 좌석이 있는지 알아보려고 전화했어요.
- I'm calling to know if she is crying.
  그녀가 울고 있는지 알아보려고 전화했어요.
- I'm calling to tell the truth.  진실을 말하려고 전화했어요.
- I'm calling to let you know about it.  그것에 대해 너에게 알려주려고 전화했어.

- I'm calling to see if how much the movie ticket price is.
  영화 티켓 가격이 얼마인지 알아보려고 전화했습니다.
- I'm calling to accept your invitation.  당신의 초대에 응하려고 전화했어요.
- I was calling to complain about your product.
  당신 회사 제품에 대해 불만을 제기하려고 전화드렸어요.

## 10) I'm (just) wondering if – : –하는지 궁금해서요. –할 수 있을까?

- I'm wondering if she is coming.
  그녀가 오고 있는 것일까?
- I'm wondering if it is true.
  그것이 사실일까?
- I was wondering if I could get some information.
  제가 정보를 좀 얻을 수 있을지 해서요.(더 완곡한 표현)
- I was wondering if there are any available rooms.
  빈 방이 있는지요.
- I was wondering if you could lend me some money.
  나한테 돈 좀 빌려줄 수 있는지 해서요.
- I was wondering if you could get me some coffee.
  나한테 커피 좀 갖다 줄 수 있겠어요?
- I'm wondering if you're free this Sunday.
  네가 이번주 토요일에 시간이 있을까?
- I'm wondering if you have some time for me.
- 네가 나를 위해 시간 좀 내줄 수 있는지 궁금해.

## 11) I'm (just) saying (that) – : 내 말은 –라는 거야.

## I'm not saying (that) – : 내 말은 –한다는 뜻이 아냐.

## Are you saying (that) – : –라는 말인가요?

- I'm saying (that) it's your fault.  내 말은 그게 네 잘못이라는 거야.
- I'm saying (that) it's not delicious.  내 말은 그게 맛이 없다는 거지.
- I'm saying (that) I'm not ready to do it.
  내 말은 나는 그걸 할 준비가 안 되어 있다는 거야.
- I'm saying (that) you should lose your weight.
  내 말은 네가 체중을 줄여야 한다는 거야.
- I'm saying (that) I'm sorry for leaving you.  내 말은 너를 떠나서 미안하다는 거야.
- Are you saying you don't believe me?  네가 나를 믿지 못하겠다는 거니?
- Are you saying that you will be leaving after lunch?  점심 먹고 떠나겠다는 거니?
- Are you saying you can't do this alone?  혼자서는 이것을 할 수 없다는 건가요?
- Are you saying she lied to me?  그녀가 나한테 거짓말을 했다는 건가요?
- I'm not saying (that) I will marry her soon.
  내가 그녀와 곧 결혼할 거라는 말은 아니에요.
- I'm not saying (that) this will happen to you.
  이것이 당신에게 일어날 거라는 뜻은 아니에요.

## 12) 기타 진행형

「What time are you planning to arrive?」가 「What time do you plan to arrive?」보다 더 완곡한 표현이고, 「I must go now.」보다는 「I must be going now.」가 더 완곡한 표현이며, 「I look forward to seeing you.」보다는 「I was looking forward to seeing you.」가 더 완곡한 표현이라는 것을 알아 두십시오. 이렇게 진행형 표현을 쓰게 되면, 부드럽거나 더 공손한 표현이 된다는 것을 꼭 기억하시기 바랍니다.

# UNIT 10 조동사

## 1) 조동사

조동사란 동사를 도와주는 품사입니다. 우리 국어에는 없고 영어에만 있는 품사입니다. 우리에게 너무도 낯익은 can, will, may, must, should, could, would, might 등이 조동사들입니다.

## 2) 아래 문장에 조동사를 넣어 봅시다.

| He learns English. 그는 영어를 배운다. |
|---|

| He | can | learn English. | 그는 영어를 배울 수 있다.(가능) |
|----|------|---------------|---------------------------|
| He | will | learn English. | 그는 영어를 배울 것이다.(의지 또는 미래) |
| He | may | learn English. | 그는 영어를 배울지도 모른다.(추측) |
| He | must | learn English. | 그는 영어를 배워야 한다.(강제) |
| He | should | learn English. | 그는 영어를 배우는 게 좋다.(부드러운 충고) |
| He | would | learn English. | 그는 영어를 배우곤 했다.(과거 불규칙적 습관) |

★ 위 예문들에서 중요한 사실이 발견됩니다. 조동사 뒤에 쓰인 일반동사 learn의 형태를 보십시오. 'learns'가 아닌 'learn'입니다. 즉, 주어가 3인칭 단수여도 조동사 뒤에서는 반드시 동사원형만 써야 합니다.

## 3) 조동사의 철칙과 그 쓰임

**(1) 조동사 다음에는 동사만 올 수 있고, 동사 중에서도 동사원형만 와야 합니다. 주어가 3인칭 단수이더라도 조동사 뒤에는 -s나 -es를 절대 붙이지 못합니다.**

- He may forget me.  그는 나를 잊었을지도 모른다.
  - ★ He mays forget me.(x)
  - ★ He may forgets me.(x)
- She can play the piano.  그녀는 피아노를 칠 수 있다.
  - ★ She cans play the piano.(x)
  - ★ She can plays the piano.(x)
- It will rain tomorrow.  내일 비가 올 것이다.
  - ★ It will rains tomorrow.(x)
- He must see a doctor.  그는 병원에 가야 한다.
  - ★ He musts see a doctor.(x)
  - ★ He must sees a doctor.(x)
- He will want to meet me.  그는 나를 만나고 싶어 할 것이다.
  - ★ He will wants to meet me.(x)

★ 무조건 동사원형만 써야 할 때

> 1. 조동사 뒤에서
> 2. don't/doesn't/didn't 뒤에서
> 3. Do/Does/Did로 시작되는 의문문
> 4. Can/May/Will 등 조동사로 시작되는 의문문
> 5. to다음에 동사를 쓸 때
> 6. 명령문의 맨 앞

## (2) 조동사끼리는 연이어서 쓰지 못합니다.

- You will must come here.(X)  넌 여기에 와야 할 것이다.
  - → You will have to come here.(○)

- He will can do it.(✕)  그는 그것을 할 수 있을 것이다.
  → He will be able to do it.(○)

(3) 조동사도 동사의 일종이지만 과거형만 있고 과거분사는 없습니다. must는 과거형마저 없습니다.

(4) 조동사 앞에 to를 붙일 수 없고 조동사 뒤에 -ing를 붙일 수 없습니다.

(5) could, might, would, should는 각각 can, may, will, shall의 과거형이지만 또 이와는 전혀 별개의 뜻을 가지고 있다는 것을 알아야 합니다.

(6) can= be able to, must= have to, will= be going to.

(7) will not의 줄임말은 won't이고 might not은 줄여서 쓰지 못합니다.
- I won't lie to you.  난 너에게 거짓말하지 않을 거야.
- It won't take long.  오래 걸리지는 않을 거예요.
- I won't let you go.  난 당신을 떠나보내지 않을 거예요.
- I won't give up.  난 포기하지 않을 거야.
- I won't forget you.  난 너를 잊지 않을 거야.
- That won't happen.  그런 일은 없을 거야.
- It won't be easy.  그게 쉽지 않을 겁니다.
- Julia says that she won't have children.  Julia는 아이를 낳지 않을 거라고 한다.
- I won't tell anyone your secret.  난 네 비밀을 누구한테도 말하지 않을 거야.
- Eat now, you won't be hungry later.  지금 먹어야 나중에 배고프지 않을 거야.
- I promise I will not tell anybody.  아무한테도 말하지 않겠다고 약속할게.

## 4) 강제(의무감)의 정도

「-해야 한다」「-하는 게 좋다」와 같은 것들을 강제 또는 의무, 충고라고 할 수 있습니다. 조동사에는 이런 것들이 많은데, 이러한 의무 등의 정도를 다음과 같이 나타낼 수 있습니다.

> must 〉 have to 〉 need to 〉 had better 〉 should

must는 주관적이고 급박할 경우에 쓰며, have to는 외부로부터 오는 객관적 필요성에 의해 뭔가를 해야 할 때 씁니다. 또 must는 공식적(formal)이고 문서에 많이 쓰이고, have to는 비공식적(informal)이고 구어체에서 많이 쓰입니다. must는 과거형이 없기 때문에 과거형을 쓰려면 have to의 과거인 had to를 써야 하며, 미래를 나타내고자 할 때에도 역시 have to를 이용해야 합니다.

- You must clean your room.  (네 방이니까) 너는 네 방을 청소해야 한다.
- You have to clean your room.  (누가 오니까) 너는 네 방을 청소해야 한다.
- I need to clean my room.(자신의 필요에 의해) 내 방을 치워야 해.
- We need to leave by 5.  우린 5시까지는 나서야 한다.
- I need to exercise more.  나는 운동을 더 해야 한다.
- You had better clean your room.(약한 위협) 네 방을 청소하는 게 좋을 거야.
- You should clean your room.(권유, 충고) 네 방을 청소하렴.
- I had to wait for an hour.  나는 한 시간 동안 기다려야 했다.(과거)
- You will have to finish it right now.
  너는 지금 당장 그것을 끝내야 할 것이다.(미래)
- You must not use your cell phone.  핸드폰을 사용해서는 안 됩니다.
- I must lose some weight.  난 살 좀 빼야겠어.
- Cars must not park here.  차는 여기에 주차하면 안 됩니다.
- We should be honest.  우리는 정직해야 한다.
- You should be more careful.  당신은 좀 더 조심해야 합니다.

- I think you should take a few days off.  네가 며칠 쉬는 게 좋겠어.
- Should I dress up?  내가 정장을 입어야 하나요?

아래 세 문장의 차이를 잘 알아 두십시오.

- I must go.  지금 당장 가봐야 한다.(당장 가봐야 함)
  I must be going.  곧 가봐야 한다. (아직은 여유가 있을 때 또는 공손하게 말하고자 할 때 씁니다.)
- I must get going.  지금 가봐야 한다.(아차! 깜빡했을 때 쓰는 표현. 구어체 표현임)

must not 말고도 영어에는 「–해서는 안 된다」라는 '금지'를 나타내는 표현들이 많이 있습니다.

- be not supposed to  : –해서는 안 된다.
- be not allowed to  : –해서는 안 된다.

- You're not supposed to do that here.  여기서 그러시면 안 됩니다.
- He's not supposed to drive.  그가 운전하면 안 돼.
- You are not supposed to wear a hat in my class.  내 수업에 모자를 써서는 안 돼.
- You are not allowed to smoke in this building.
  이 빌딩 안에서 담배를 피우시면 안 됩니다.
- You're not allowed to sit here.  여기에 앉으시면 안 됩니다.
- You're not allowed to take photographs.  사진을 찍는 것이 금지되어 있습니다.

이 외에 반드시 암기해야 할 중요한 표현들이 있습니다.

- can't help –ing  : –하지 않을 수 없다.
- don't have to : –할 필요가 없다.
- had better + 동사원형  : –하는 게 낫다.

- had better not + 동사원형 : ~하지 않는 게 낫다.


- I can't help thinking so.  나는 그렇게 생각할 수밖에 없다.
- I can't help accepting it.  나는 그것을 받아들일 수밖에 없어.
- I can't help smoking when I'm drinking.
  술을 마실 때 담배를 피우지 않을 수가 없어.
- I can't help biting my nails when I am nervous.
  내가 초조할 때 손톱을 꼭 물어뜯게 돼.
- You don't have to do that.  그러실 필요는 없는데.
- You don't have to say you love me.  나를 사랑한다고 말할 필요 없어요.
- You don't have to tell me twice.  나한테 두 번 말할 필요 없습니다.
- You don't have to be sorry for anything.
  어느 것에 대해서도 미안해하실 필요가 없습니다.
- You don't have to be strong for me.  나를 위해 강해질 필요는 없어요.
- You don't have to be perfect, just be real.
  완벽할 필요는 없어요. 다만 현실적이 되세요.
- You don't have to be thankful for these things.
  이것들 때문에 감사해 하실 필요 없습니다.
- Do you want me to wait for you?  No, you don't have to.
  제가 당신을 기다려 드릴까요? 아뇨. 그러실 필요 없습니다.
- You had better get ready for hospital.  병원에 갈 준비를 하는 게 좋아.
- You had better believe what I tell you.  너에게 말한 것을 믿는 게 좋을 거야.
- You had better tell her everything.  그녀에게 모든 것을 얘기하는 게 나을 거야.
- You had better apologize to her if you still want to be friends.
  네가 여전히 친구가 되고 싶다면 그녀에게 사과하는 게 좋을 거야.
- For your next job interview, you'd better read this.
- 다음 취직 면접을 위해서 이걸 읽어두는 게 좋아요.
- You had better be careful.  조심하는 게 좋을 거예요.
- You had better be silent.  입을 닫고 있는 게 좋아.

- You'd better not say anything.  아무것도 말하지 않는 게 나아요.
- You had better not tell her about this.
  이것에 관하여 그녀에게 말하지 않는 게 좋아.
- You had better not lose your weight.  살을 빼지 않는 게 좋습니다.
- We'd better not leave early.  우린 일찍 떠나지 않는 게 좋겠어.
- You had better not get married if you have little money.
  네가 돈이 거의 없다면 결혼하지 않는 게 좋아.
- You had better not get too excited.  너무 흥분하지 않는 게 좋겠어.


## 5) 조동사 do

do가 일반동사로 쓰이면 '~을 하다'의 뜻입니다. 조동사로 쓰이면 아무 뜻도 없습니다. 하지만 일반동사가 들어간 문장을 의문문으로 바꾸거나 부정문으로 만들 때 do는 반드시 필요합니다. 아마 조동사들 중에서 do만큼 많이 쓰이는 조동사도 없을 겁니다.

### (1) do가 일반동사로 쓰인 예
- I have done it for years.  나는 그것을 수년 동안 해 왔다.
- Do as I do.  내가 하는 대로 하세요.
- I have something to do right now.  지금 당장 해야 할 게 있어.
- My husband does the dishes everyday.  우리 남편은 매일 설거지를 한다.
- I did my homework before it got dark.  날이 어두워지기 전에 내 숙제를 했다.
- Doing something is better than doing nothing.
  무언가를 하는 것은 아무것도 안 하는 것보다 낫다.
- How about doing something good for the world?
  세상을 위해 뭔가 좋은 일을 하는 게 어떤가요?

## (2) do가 조동사로 쓰인 예

- Does he love you? 그 남자는 너를 사랑하니?
- Do you know why? 넌 이유를 아니?
- What did you learn today? 오늘 무엇을 배우셨습니까?
- He doesn't want to see her anymore. 그는 그녀를 더 이상 보고 싶어 하지 않는다.
- In the beginning, they didn't believe in God. 처음엔 그들은 신을 믿지 않았다.


## 6) 추측(확실성)의 정도 – 무척 중요함

거의 모든 조동사는 「–일지도 몰라」라는 추측의 뜻을 가지고 있습니다. 그 추측의 정도를 다음과 같이 나타낼 수 있습니다.

| will 〉 must 〉 should 〉 can 〉 may 〉 could 〉 might |
| --- |

- It will rain tomorrow. 내일 비가 올 것이다.(100% 확실함)
- It must rain tomorrow. 내일 틀림없이 비가 올 것이다.(95% 확실함)
- It should rain tomorrow. 내일 비가 올 거야.(90% 확실함)
- It can rain tomorrow. 내일 비가 올 수도 있다.(80% 정도의 가능성)
- It may rain tomorrow. 내일 비가 올지도 모른다.(50% 정도의 가능성)
- It could rain tomorrow. 내일 비가 올 수도 있다.(30% 정도의 가능성)
- It might rain tomorrow. 내일 비가 올지도 모른다.(10% 정도의 가능성)

★ 추측을 나타내는 다른 표현들
영어에는 조동사 외에도 추측을 나타내는 표현들이 많습니다. look/perhaps/I think 등이 그 예입니다.
- She looks like a Chinese. 그녀는 중국인인 것처럼 보인다.
- Perhaps she is a Chinese. 아마 그녀는 중국인일 거야.

- I think she is a Chinese. 그녀는 중국인인 것 같아.

## 7) 허락을 구할 때의 공손함의 정도 : 제가 –해도 될까요?

May I 〉 Could I 〉 Can I

- May I use your phone? 제가 당신의 전화를 써도 되겠습니까?(가장 공손/격식)
- May I ask your opinion on this? 이것에 관한 당신의 의견을 여쭤 봐도 될까요?
- May I have your name, please? 성함이 어떻게 되시죠?
- May I have the check(bill), please? 계산서 좀 주시겠어요?
- May I be excused? 실례 좀 해도 될까요?
- May I have some cookies, Mom, please? 쿠키 좀 먹게 해 주시면 안 돼요? 엄마?
- Could I use your phone? 제가 당신의 전화를 써도 될까요?
- Could I see you on Monday? 월요일에 뵐 수 있을까요?
- Could I ask you some questions? 제가 질문 좀 드려도 될까요?
- Could I look around your house? 당신 집 좀 둘러봐도 될까요?
- Could I stay a few more days? 제가 며칠 더 머물러도 될까요?
- Can I use your phone? 내가 네 전화를 써도 되니?
- Can I use your car? 내가 네 차를 써도 돼?
- Can I smoke here? 여기서 담배 피워도 되니?
- Can I park here? 여기에 주차해도 되나요?
- Can I get you a drink? 뭐 좀 마실래요?(배려, 제안)
- Can I get you something? 뭔가 갖다 드릴까요?
- Can I have some juice? 주스 좀 주실래요?
- Can I have some coffee? 커피 좀 주실래요?
- Can I have some water? 물 좀 주실래요?
- Can I have a little talk with you? 잠깐 이야기 좀 할까요?

- Excuse me, Can I interrupt you for a second?

  죄송합니다만, 제가 잠깐 (대화 도중에) 끼어들어도 되나요?

- Excuse me, Could I interrupt you for a second?(위 표현보다 더 공손한 표현)

- Can I have some cookies, Mom? 엄마, 나 쿠키 좀 먹어도 돼요?


## 8) 부탁할 때의 공손함의 정도 : −해 주시겠습니까?/제가 −해도 될까요?

Would you 〉 Will you 〉 Could you 〉 Can you

- Would you wait a minute? 잠깐 기다려 주시겠습니까?(가장 공손)

- Would you do me a favor? 부탁 하나 들어주시겠어요?

- Would you like to have a coffee? 커피 한 잔 드시겠습니까?

- Would you like some tea? 차 좀 드시겠습니까?

- Would you please close the window? 창문을 닫아 주시겠어요?

- Would you marry me? 저와 결혼해 주시겠습니까?

- Would you mind smoking here? 제가 여기서 담배를 피워도 되겠습니까?

- Would you like something to read while you wait?

  기다리시는 동안 읽을거리 좀 드릴까요?

- What would you do if you were rich? 당신이 부자라면 무엇을 할 겁니까?

- What would you do in that case? 그런 경우에 당신은 무엇을 하시겠습니까?

- Would you show me the ticket? 저에게 표를 보여 주시겠습니까?

- Would you come this way, please? 이쪽으로 오시겠어요?

- Would you like some tea? 차 좀 드시겠어요?

- Would you like some wine? 와인 좀 드시겠어요?

- Would you like some coffee? 커피 좀 드시겠어요?

- Would you like some sandwiches? 샌드위치 좀 드시겠어요?

- Would you like some noodles? 국수 좀 드시겠어요?

- What would you like for dessert? 후식으로 뭘 드시겠습니까?

- Will you wait a minute? 잠깐 기다려 주시겠어요?

- Will you call me back in five minutes? 5분 뒤에 다시 전화해 주시겠어요?

- Will you marry me? 저랑 결혼해 주시겠습니까?

- Will you leave me alone? 저 좀 혼자 있게 해 주시겠어요?

- Will you have some more cake? 케이크 좀 더 드시겠어요?

- Will you be here on time? 제시간에 여기에 오실 거지요?

- Will you do me a favor? 부탁 좀 들어주실래요?

- Will you close the door? 문 좀 닫아 주시겠어요?

- Will you e-mail me? 나에게 이메일을 보내 주시겠어요?

- Will you do the dishes? 설거지를 해 주시겠어요?

- Will you teach me Korean? 나에게 한국어를 가르쳐 주시겠어요?

- Could you wait a minute? 잠깐 기다려 주실래요?

- Could you explain that? 그것을 설명해 주실래요?

- Could you lend me some money? 저한테 돈 좀 빌려 주실래요?

- Could you close the door? 문을 닫아 주실래요?

- Could you copy these for me? 이것들 좀 복사해 주시겠어요?

- Could you tell me your name? 이름이 뭔지 알려 주시겠습니까?

- Could you email me? 저한테 이메일을 보내 주시겠습니까?

- Could you wait a moment? 잠깐만 기다려 주시겠습니까?

- Could you please give me some advice? 저한테 조언 좀 해 주시겠습니까?

- Could you show me another? 다른 것을 보여 주시겠어요?

- Could you speak up, please? 크게 말씀해 주시겠어요?

- Could you be more specific? 좀 더 자세히 말씀해 주시겠어요?

- Could you tell me where I am? 여기가 어딘지 말씀해 주시겠어요?

- Could you tell me where it is? 그것이 어디에 있는지 말씀 좀 해주시겠습니까?

- Can you get the phone? 전화 좀 받아줄래?

- Can you please speak slowly? 천천히 말해 주실래요?

## : : 공손한(정중한) 영어 표현 정리

영어에는 높임말은 없지만 공손한 또는 정중한 표현은 발달되어 있습니다. 공식적인 자리나 어려운 자리에서는 공손한 표현을 써야 합니다. 또 처음 보는 사람, 부모나 상사 앞에서도 역시 공손한 표현을 써야 합니다. 지금부터는 공손한 영어 표현을 공부해 보고, 그 다음으로는 가장 공손한 영어 표현을 공부해 보도록 하겠습니다. 참고로, if가 들어간 문장에서는 습관적으로 조동사의 과거형인 would나 could를 쓴다는 것을 알아두십시오.

### (1) 일반적으로 공손한 표현

① 'Please'를 붙이면 더 공손한 표현이 됩니다.

A coke.(콜라 한잔 줘요)보다는 A coke, please.가 더 정중한 표현입니다.

- A : Do you want pizza?(피자 먹을래?)

  B : Yes, please.(예, 주세요)
- Wait for a second, please.(잠깐만 기다려 주세요)
- Please give us some free time.  자유 시간 좀 주세요.
- Would you tell me ~?보다는 Would you please tell me ~?가 더 정중한 표현입니다.

② 문장 맨 앞에 'Excuse me'를 붙이면 더 공손한 표현이 됩니다.

- Excuse me, where is the Seoul station?  실례합니다만, 서울역이 어딘가요?
- Excuse me, would you do me a favor?  실례합니다만, 도와주시겠습니까?
- Excuse me, is this seat taken?  실례합니다만, 이 자리는 비어 있습니까?

③ 'sir'나 'madam'을 붙입니다. 'sir'는 남자에게, 'madam'은 여자에게 씁니다. 'Mr', 'Mrs', 'Ms', Doctor, Professor를 붙여도 예의바른 표현이 됩니다.

May I take your order? 보다는 May I take your plate, sir?가 더 정중합니다.

- Shall I take your coat, Madam? 코트를 받아 드릴까요, 부인?
- Here's your credit card, Mr Watts. 여기 신용카드 있습니다, 와츠 씨.
- Let me introduce Doctor. Kim to you. 김박사님을 소개하겠습니다.

④ 현재형이 아닌 과거형을 쓰면 정중한 표현이 됩니다.

- What was the name please? 성함이 어떻게 되십니까?
- Did you want another coffee? 커피 한잔 더 드릴까요?
- Did you need any help, madam? 부인, 도와드릴까요?

⑤ 진행형 문장을 쓰면 정중한 표현이 됩니다. 현재진행형보다는 과거진행형 문장이 더 공손합니다. 여기에 대해서는 뒤의 「진행형 문장」편에서 자세히 공부합니다.

- I ask you to park here. 여기에 주차해 주세요.
- I'm asking you to park here. 여기에 주차하시면 됩니다.
- I was asking you to park here. 여기에 주차하시면 되겠습니다.

⑥ 대화에서 상대방의 이름을 불러주면, 더 예의바른 표현이 됩니다.

- What's the time, John? John, 몇 시지요?
- I havn't seen you for a long time, Bob. Bob, 오랜만입니다.

⑦ 직접의문문보다는 간접의문문이 더 정중합니다.

What time is it now?보다는 Can you tell me what time it is now?가 더 정중한 표현입니다.

Is it your car?보다는 I wonder if it is your car.(그것이 당신의 차인지 궁금하군요)가 더 정중한 표현입니다.

What's your name?보다는 I want to know what your name is.(당신의 이름이 어떻게 되는지 알고 싶어요)가 공손한 표현입니다.

⑧ 문장에 In my opinion(제 의견으로는), In my view(제 생각에는), I think(제 생각은), I'm sorry, ~(죄송합니다만), I'm afraid ~('못할 것 같아', 또는 '안 될 거 같아'의 뜻으로, 안 좋은 소식을 듣거나 나쁜 소식을 전해야 할 때 또는 사과를 할 때 씁니다), I'm not sure ~(잘 모르겠어요) 등의 표현을 쓰면 공손한 표현이 됩니다.

- In my opinion, most Koreans are friendly.
  제 의견으로는, 대부분의 한국인들은 친절합니다.

- In my opinion, cell phones should not be allowed in class.
  제 의견으로는, 휴대폰은 수업시간에 허용되어서는 안 됩니다.

- In my opinion, a good leader is someone who has many others who are greater and smarter than him.
  제 생각엔, 좋은 리더란 자기 자신보다 더 뛰어난 사람들이 자신의 주위에 많이 있는 사람입니다.

- In my opinion, there are many things more important than money.
  내 생각엔, 돈보다 더 중요한 것들이 많이 있어.

- In my view, we need to start it again.
  제 생각에, 우리가 다시 시작해야 할 것 같아요.

- In my view, you have to call her first.
  제 생각엔, 당신이 먼저 그녀에게 전화를 해야 할 것 같습니다.

- I'm sorry, I have forgotten your name.  미안한데요, 당신 이름을 잊어먹었어요.

- I'm sorry, will you listen to my story?  미안합니다만, 제 얘기 좀 들어 주실래요?

- I'm afraid I don't follow.  미안합니다만, 당신 말을 이해 못했습니다.

- I'm afraid I can't help you.  너를 못 도와줄 거 같아.

- A : Do we really have to finish it by today?
  우리가 정말 오늘까지 그것을 끝내야 하는 거예요?
  B : I'm afraid so.  그래야 할 것 같아요.

- A : Is Geoffrey Parker there?  Geoffrey Parker씨 계신가요?
  B : I'm afraid he's not here right now.  지금은 여기 안 계신 거 같아요.

- I'm afraid I can't agree with you.  당신 의견에 동의를 못하겠는데요.

- I'm not sure if it is right.  그것이 옳은지는 잘 모르겠어요.

- I'm not sure if I can get there in time.
  제시간에 거기에 갈 수 있을지 모르겠어요.
- I'm not sure if I can handle it.  내가 그것을 다룰 수 있을지 모르겠네요.
- I'm not sure how to correct this error.  이 실수를 어떻게 고쳐야 할지 모르겠어요.

⑨ 문장 맨 끝에 'will you?'를 붙이면 더 공손한 표현이 됩니다.
- Give me a hand, will you? 도와 줄래요, 네?
- Wait for an hour, will you? 한 시간 기다려 주실래요, 네?

⑩ 「I want ~」 보다는 「I would like to ~」가 더 공손하고 격식을 갖춘 표현입니다.
- I want to meet you.  당신을 만나고 싶어요.
- I would like to meet you.  당신을 뵙고 싶습니다.

- I want to order pizza.  피자 주세요.
- I would like to order pizza. 피자를 주문하겠습니다.

- I want to learn about animals.  동물에 대해 배우고 싶어요.
- I would like to learn about animals. 동물에 대해 배워보고 싶습니다.

- I want to explain myself.  나 자신을 설명할게요.
- I would like to explain myself.  저 자신을 설명해 보겠습니다.

- I want to see you more often.  당신을 더 자주 보고 싶어요.
- I would like to see you more often.  당신을 더 자주 뵙고 싶습니다.

- I want to have it fixed.  그걸 고쳐 주세요.
- I would like to have it fixed.  그걸 고쳐 주셨으면 해요.

- Do you want to come with me? 나랑 가고 싶으세요?
- Would you like to come with me? 저랑 가고 싶으신가요?


- Do you want to leave a message? 메시지를 남겨 주세요.
- Would you like to leave a message? 메시지를 남기시겠습니까?


⑪ 문장 맨 끝에 'will you?'를 붙이면 더 공손한 표현이 됩니다.
- Give me a hand, will you? 도와줄래요, 네?
- Wait for an hour, will you? 한 시간 기다려 주실래요, 네?


## (2) 가장 공손한 표현

지금부터는 영어에서 가장 공손한 표현을 공부합니다. 아래 표현들은 가장 공손한 표현이라는 점에서 차이가 거의 없습니다.


- Could you please tell me why? 이유를 말씀해 주시겠습니까?
   = Would you please tell me why?
   (이 표현은 약간 비꼬거나 따지듯이 들릴 수 있음에 유의합니다)
   = Wouldn't you like to tell me why?
   = Do you think you could tell me why?
   = I wonder if you could tell me why.
   = I was wondering if you could tell me why.
   = Could you possibly tell me why?
   = Would(or Do) you mind telling me why?
   = I would like you to tell me why.
   = Could I know why, please?
   = Could I possibly know why?
   = Could I perhaps know why?
   = Couldn't you tell me why?

= Would it be all right if you tell me why?

= Would it be all right to tell me why?

= Is it all right if you tell me why?

= How would you like to tell me why?

= I would be grateful if you could tell me why.

= I would appreciate if you could tell me why.

'Would you please tell me your name?'라는 문장과 'May I have your name, please?' 문장 중 어느 문장이 더 공손한 문장일까요? 우리가 배운 대로라면, 전자(前者)가 더 공손한 표현이겠지만, 외국인들은 후자(後者)가 더 공손하게 들린다고 합니다. 후자가 상대방의 입장에서 표현한 문장인데 반하여, 전자는 말하는 사람 입장에서 표현한 문장이기 때문이랍니다. 같은 이치로, 'I would like to go to the Incheon international airport.'(저는 인천공항으로 가고 싶습니다)보다는 'Can you take me to the Incheon international airport?'(저를 인천공항으로 데려가 주실래요?)라는 문장이 더 공손한 것입니다.

## 9) Can

### (1) -할 수 있다.(가능)

- Money can't buy happiness.  돈은 행복을 살 수 없다.
- I can solve the problem.  나는 그 문제를 풀 수 있다.
- He can walk alone.  그는 혼자서 걸을 수 있다.
- Only I can change my life.  오직 나만이 내 인생을 바꿀 수 있다.
- Simple things can make a difference.  단순한 것이 차이를 만든다.
- Can you tell me about it?  그것에 대해 나에게 얘기해 줄 수 있니?
- Can you get that phone?  그 전화 좀 받아줄래?
- Can you do this?  이거 할 수 있겠어?

- Can you tell me when that work will be done?

  그 일이 언제 행해질 건지 얘기해 줄래?

- Where can I buy it?  내가 그것을 어디에서 살 수 있어요?

- Snow can make roads slippery.  눈은 도로를 미끄럽게 할 수 있다.

- I can't wait to see you.  네가 보고 싶어 죽겠다.

- The child can't walk yet.  그 아이는 아직 걸을 수 없다.

- Who can live without water?  누가 물 없이 살 수 있는가?

- Can you drive?  운전할 줄 알아?

  = Do you know how to drive?

  ★ Do you drive? 운전해요? 즉, 차를 가지고 다녀요?


## (2) -해도 된다.(허가)

- Can I ask you a question?  질문을 해도 될까요?

- Can I look around?  좀 둘러봐도 될까요?

- Can I see it?  그것을 봐도 되나요?

- Can I use your car today?  오늘 네 차를 써도 되니?

- Can I just say one thing?  한 가지만 말씀드려도 될까요?

- You can say that again.  너는 다시 그 말을 해도 된다.(네 말이 맞아)

- Everyone can use it for free.  모든 사람들은 그것을 공짜로 써도 된다.

- You can visit me whenever you want.  네가 원할 때마다 나를 방문해도 돼.

- You can park here.  여기에 주차해도 됩니다.

- You can stay here until I come back.  내가 돌아올 때까지 넌 여기에 있어도 돼.

- You can see for yourself if you want.  원한다면 눈으로 직접 확인해도 돼.

- If you are really sick, you can stay home from school today.

  네가 정말로 아프다면, 오늘 학교에서 집으로 가도 돼.

**(3) -일 수도 있다.(평서문-추측, 의문문-의심) - 50%의 가능성**

★ can't be : -일 리가 없다.(강한 부정)

- The rumor can be true. 그 소문은 사실일 수 있어.

- It can be hard. 그건 힘들 수도 있어.

- He can be a golfer. He plays golf well. 그는 골프선수일지도 몰라. 골프를 잘 치거든.

- Can he really a lawyer? 그가 정말 변호사일까?

- Can it be possible? 그것이 가능할까?

- It can be a problem. 그것이 문제가 될 수도 있어.

- Prices can be high in London. 물가가 런던에서는 높을 수도 있어.

- She can't be a teacher. 그녀가 선생님일 리 없어.(의심)

- I can't be wrong. 내가 잘못일 리 없어.

## 10) Could

**(1) -할 수 있다./-할 수 있었다.**

- He could not sleep quickly. 그는 빨리 잠들 수 없었다.

- She could not decide what to do. 그녀는 무엇을 해야 할지 정하지 못했다.

- He could kill me then. 그는 그때 나를 죽일 수도 있었어.

- She could write when she was two. 그녀는 2살이었을 때 글을 쓸 수 있었다.

**(2) -일 수도 있다.(추측)**

- It could rain in the afternoon. 오후에 비가 올 수도 있어.

- Tomorrow I could be late. 내일 나 늦을 거야.

- We could reach the airport on time. 우리는 정각에 공항에 도착할 거야.

- The phone is ringing. It could be Tom. 전화벨이 울리고 있네. Tom일 거야.

- You could be right. 네 말이 맞을지도 몰라.

- He could be at home. 그는 집에 있을지도 몰라.

- It could be a antique some day.  그게 언젠가 골동품이 될 수도 있어.

- I could sleep for two days.  이틀간 잠잘 수 있겠다.

- I could be there by seven.  7시까지는 거기에 갈 수 있을 거야.

- You could be a model.  너 모델해도 되겠다.

- Something could go wrong.  무언가가 잘못된 것 같다.

- How it could be possible?  그것이 어떻게 가능할까?

- I don't know how this could happen.
  어떻게 이런 일이 일어날 수 있었는지 모르겠어.

- Do you believe that could happen?  저런 일이 일어날 수 있다고 믿어요?

- What could be inside the box?  그 상자 안에 무엇이 있을까?

- What could be there?  거기에 무엇이 있을까?

- What could be better?  무엇이 더 나을까?

- If we don't hurry, we could be late.  서두르지 않으면 우린 늦을 수 있어.

- Of course, I could be mistaken.  물론 내가 잘못일 수도 있어.

- Such a thing could easily happen.  그런 일은 쉽게 일어날 수 있다.

- There could be several reasons for this.  이것에는 몇 가지 이유가 있을 거야.

- This could be a long day.  긴 하루가 될 거야.

- It could be all.  그것이 전부일 수도 있어.

- That should help.  그게 도움이 될 것입니다

- It could be difficult.  그게 어려울 거야.

- It could be real.  그게 진짜일 수도 있어.

- I could see.  난 알 수 있어요.

- She could be the one who stole the money.  그녀가 돈을 훔쳤던 사람일 수도 있어.

- He could be on the bus.  그가 버스 위에 있을지도 몰라.(버스를 타고 있을 수도 있어)

- What time could you be there?  몇 시에 거기에 갈 수 있습니까?

- What could be better than that?  그것보다 더 나은 것이 뭐가 있겠어?

- What could be better than love?  사랑보다 더 좋은 게 뭐가 있을까?

- What could be worse than cancer?  암보다 더 나쁜 게 뭐가 있을까?

## 11) May

### (1) −일지도 모른다, −일 수도 있어(약한 추측). might는 may보다 더 약한 추측

- He may be sick. 그는 아플지도 몰라.

- She may be in office. 그녀는 사무실에 있을 거야.

- They may leave Korea soon. 그들은 곧 한국을 떠날 수도 있어.

- She may want to be alone. 그녀는 혼자 있고 싶어하는지도 몰라.

- My father may not want to see me. 우리 아버지는 나를 안 보고 싶어 할 거야.

- I may need your help. 나는 네 도움이 필요할 수도 있어.

- Jack may be coming to see us tomorrow.
  잭이 내일 우리를 보러 올지도 몰라요.

- Three days might be enough. 3일이면 충분할 것 같아요.

- Your answer might be correct. 네 대답이 옳을 수도 있어.

- It might rain tonight. 오늘밤 비가 올지도 몰라.

- I thought it might be an ancient tomb.
  나는 그것이 고대 무덤일지도 모른다고 생각했다.

- I guess it might be about 7 pm. 오후 7시쯤 된 것 같아.

- The house might get sold. 그 집은 팔렸을지도 몰라.

- It looks nice, but it might be very expensive.
  그게 좋아 보이긴 하는데, 무척 비쌀지도 몰라.

### (2) −해도 좋다, −해도 된다.(허가)

- May I use the phone? 당신 폰을 써도 되겠습니까?

- May I take a break? 좀 쉬어도 될까요?

- You may use my car. 내 차를 써도 돼.

- May I take your order? 주문을 해 주시겠습니까?

- May I ask you a favor? 부탁을 드려도 될까요?

- May I smoke here? 여기서 담배를 피워도 될까요?

- May I have tomorrow off? 내일 쉬어도 될까요?

- Might I ask you a question? 질문을 드려도 될까요?(might를 쓰면 더 공손함)

- Might we just interrupt for a moment? 잠깐 방해 좀 해도 될까요?

- You may not see me. 너는 나를 못 볼지도 모른다.

- He may not remember us. 그는 우리를 기억 못할지도 모른다.

- You may not believe it, but that's true.
  너는 그것을 믿지 않을지도 모르지만, 그건 사실이야.

- A : May I have the cake? 케이크 먹어도 돼요?

  B : No, you may not. 아니, 안 돼.

- You may not go out alone. 너는 혼자 밖에 나가선 안 된다.


## 12) Must

### (1) −해야 한다.(강제)

- You must be quiet. 너는 조용히 해야 한다.

- You must go and take a rest. 너는 가서 쉬어야 한다.

- You must finish it before Friday. 너는 금요일 전에 그것을 끝내야 한다.

- You must take a bus number 38. 당신은 38번 버스를 타셔야 합니다.

- You must not swim in that river. 너는 저 강에서 수영해서는 안 된다.

- You must drive carefully at night. 너는 밤에 조심해서 운전해야 한다.

- We must not be enemies to each other. 우리는 서로에게 적이 되어서는 안 된다.

- You must not smoke if you want to be healthy.
  건강하고 싶다면 담배를 피우면 안 됩니다.

- You must not eat that. It is forbidden.
  그것을 먹으면 안 돼. 그것은 금지되어 있거든.

- You mustn't touch that, it's too hot.

  그것을 만지면 안 됩니다. 그게 너무 뜨겁거든요.

  미래나 과거를 나타내고 싶을 때에는 have to를 씁니다. must와 have to는 의미가 거의 비슷합니다.

- You will have to read the book if you want to understand the story.

  그 이야기를 이해하고 싶으면 그 책을 읽어야 할 것이다.

  → You will must read~.(✕)

- You will have to believe what he says.  그가 말한 것을 넌 믿어야 할 것이다.

- You will have to drive if he is ill.  그가 아프면 네가 운전을 해야 할 것이다.

- I had to break the window! I lost my key.

  나는 창문을 부숴야 했어. 열쇠를 잃었거든.


## (2) –임이 분명하다. –임이 틀림없다.(강한 추측)

- He must be a Korean.  그는 분명 한국인일 거야.

- That must be Jerry.  그 사람은 분명 Jerry일 거야.

- You must be kidding.  농담이지?

- You must be starving.  너 정말 배고프겠다.

- You must be tired.  너 피곤하겠다.

- You must be happy.  좋으시겠어요.

- You must be hungry.  당신 분명 배고프군요.

- He must be pretty popular.  그는 꽤 인기가 있나 봅니다.

- She must know it.  그녀가 분명 그것을 알고 있을 거예요.

- This must be the right address!  이것이 틀림없이 바른 주소일 겁니다.

- He must be over eighty, he was born in 1930.

  그는 분명 80살이 넘으셨을 겁니다. 1930년에 태어나셨거든요.

- I must be one of the winners.  내가 틀림없이 우승자들 중의 한 명일 겁니다.

## 13) Will

### (1) -하겠다.(의지)

- I really will stop smoking.  난 정말로 담배를 끊겠다.
- I will take you home.  내가 집에 데려다 줄게.
- I will tell you everything.  너에게 모든 걸 말할게.
- I will tell you what happened to me.  나에게 일어난 일을 너에게 말할게.
- I will never see you again.  다시는 너를 안 볼 거야.
- I will be right back.  바로 돌아올게.
- I will never do it again.  다시는 그것을 하지 않을 거야.
- One day I will be a singer.  언젠가 나는 가수가 될 것이다.
- I'll always love you.  나는 언제나 당신을 사랑할 거야.
- Call me when you get home. Yes, I will.  집에 도착하면 전화해. 네. 그리 할게요.
- Go to bed early. Yes, I will.  일찍 자라. 네. 그리 할게요.
- I'll wait till you are ready.  당신이 준비될 때까지 기다릴게요.

### (2) -할 것이다.(미래)

- I'll go first.  나 먼저 갈게.
- I'll show you how to fish.  낚시하는 법을 알려 줄게.
- I think it will snow tomorrow.  내일 눈이 올 것 같아.
- I will be twenty next year.  나는 내년에 스무 살이 될 것이다.
- Perhaps everybody will be invited at the party.
  아마 모든 사람들이 그 파티에 초대될 것입니다.
- When will you finish it?  너는 언제 그것을 끝낼 거니?
- When will it be ready?  언제 그게 준비될까요?
- I will leave Korea next year.  난 내년에 한국을 떠날 것이다.
- The party will be at my house.  파티는 우리 집에서 열릴 거야.
- He will be home in a few days.  그는 며칠 후면 집에 올 겁니다.
- Next year will be better.  내년에 더 좋아질 겁니다.

- What time will you be home? 너는 몇 시에 집에 올 거니?

- I don't know if that will happen. 그게 일어날지 난 모르겠어.

- Tomorrow will be a nice day. 내일은 좋은 날이 될 겁니다.

- Things will get better. 모든 일이 잘 될 거야.

- Good things will happen. 좋은 일들이 일어날 거야.

- It will last forever. 그것은 영원히 지속될 것이다.

- I'm sure that we won't be late for the meeting.
  나는 우리가 그 회의에 늦지 않을 거라 확신해.

- There will be a short discussion after lunch.
  점심 후에 간단한 토론이 있겠습니다.


## 14) should

### (1) –해야 한다.(부드러운 충고)

- Should I stay here? 내가 여기에 있어야 하니?

- Should I call her right now? 내가 지금 그녀에게 전화해야 할까?

- Should I leave now? 내가 지금 떠나야 할까?

- When should I call you? 언제 전화해야 합니까?

- What should I eat? 내가 무엇을 먹어야 할까?

- What should I say? 내가 뭐라고 말해야 할까?

- You should sleep more. 너 잠을 좀 더 자.

- You should buy me dinner. 너 나한테 저녁 사야 돼.

- You should not marry her. 넌 그녀랑 결혼하지 않는 게 좋아.

- Business letters should be brief. 업무용 서신(글)은 짧아야 한다.

- I think you should have a hobby. 나는 네가 취미를 가져야 한다고 생각해.

- I think you should leave now. 난 네가 지금 떠나야 한다고 생각해.

## (2) –할 수도 있다.(추측) – 80%의 가능성

- She should be here soon.  그녀는 곧 여기에 올 수도 있어.

- They should be there by now.  그들은 지금쯤 거기에 왔을 거야.

- It shouldn't take long to finish it.  그것을 끝내는데 오래 걸리지는 않을 거야.

- He should be home.  그는 집에 있을 거야.

- Everything should be fine.  다 괜찮을 거야.


## 15) would

### (1) –할 것이다(미래)

- He said that he would be late tonight.  그는 오늘밤 늦을 거라고 말했다.

- She promised that she would help me.  그녀는 나를 도와주겠다고 약속했다.

- I expected that he would pass the exam.
  나는 그가 그 시험에 합격할 거라고 예상했다.

- He asked if I would have a party.  그는 내가 파티를 열 것인지 물어 봤다.

- What would you do if I said no?  내가 싫다고 하면 어떻게 할 거야?

- What would you do without me?  내가 없으면 어떻게 할 거야?

- If you won the lottery, what would you do first?
  네가 복권에 당첨되면 너는 먼저 뭘 할 거니?

- What would you do if you died tomorrow?  네가 내일 죽는다면 뭘 할 거니?

- What would you do if you had a million dollars?
  너에게 백만 달러가 있다면 뭘 할 건데?

- What would you do if you could stop time?
  네가 시간을 멈추게 할 수 있다면 뭘 할 거니?

- What would you do if you lost your jobs?  네가 실직을 한다면 뭘 할 거니?

- They believed that he would soon get well.  그들은 그가 곧 나을 것이라고 믿었다.

- I thought he would do it.  나는 그가 그 일을 하리라고 생각했다.

- I dreamed that love would never die.

  나는 절대 끝나지 않을 사랑을 꿈꾸었습니다.


will의 과거형인 would도 해석은 '–할 것이다'로 합니다. 해석이 같다면 will을 놔두고 군이 왜 would를 쓰는 것일까요? 가장 큰 이유는 주어 다음에 나오는 동사가 과거이기 때문에 그에 맞추어서 과거형을 쓴 것뿐입니다. 이런 것을 영어에서는 '시제일치'라고 합니다. 또 If가 쓰인 가정법에서는 will을 쓰지 않고 would를 씁니다.

위 첫 번째 문장에서는 say의 과거인 said가 쓰였기 때문에 뒤에도 will이 아닌 would가 쓰인 것입니다. 두 번째 문장에서도 promise의 과거인 promised가, 세 번째 문장에서는 expect의 과거인 expected가, 네 번째 문장에서는 ask의 과거인 asked가 쓰였기 때문에 would가 쓰인 것입니다.

그리고 would는 계획성이 will보다 낮고 자신감도 will보다 떨어진다는 것을 기억하십시오.


지금부터는 will과 전혀 상관없는 would의 뜻이 전개됩니다. 따라서 will의 원래 뜻인 미래  의지 따위는 아예 잊고 전혀 다른 단어를 배우시는 겁니다. 다만, would는 그 뜻이 아무리 달라도 품사는 조동사이기 때문에 would 다음에는 반드시 동사원형만 와야 한다는 것을 기억해 주십시오.



### (2) –하면 좋겠다.–하고 싶다.(소망)

- It would be nice to buy a new car.  새 차를 사면 좋을 텐데.
- It would be nice to see you there.  당신을 거기서 보면 좋을 텐데.
- It would be nice to have a girlfriend.  여자 친구가 있으면 좋을 텐데.
- It would be nice to visit Cuba someday.  언젠가 쿠바를 방문한다면 좋을 텐데.
- It would be nice to do something for the country.

  나라를 위해 뭔가를 하면 좋을 텐데.
- I would phone him, but I don't have his number.

  난 그에게 전화하고 싶다. 하지만 그의 전화번호가 없다.

- She always did what she would do.  그녀는 늘 자신이 하고 싶은 것을 했다.
- I would talk with her, but I have to go.

  나는 그녀와 얘기하고 싶다. 하지만 가야 한다.
- I would do anything for you.  나는 너를 위해서 무엇이든지 하고 싶어.
- What would you do if you were in my shoes?

  네가 내 입장이라면 너는 무엇을 할래?
- What would you do when you retire?  네가 은퇴하면 무얼 할래?
- What would you do if I say no?  내가 거절하면 넌 뭘 할래?
- I would say the last 5 years were very unhappy.

  마지막 5년이 매우 불행했다고 난 말하고 싶다.
- Many people with serious illnesses would give anything.

  중병을 앓고 있는 많은 사람들은 무엇이든 하려 한다.


### (3) −하곤 했다.(과거의 불규칙적 습관)

「−하곤 했다.」를 나타내는 단어에는 would 외에 used to가 있습니다. 하지만 둘 사이에는 차이점이 있습니다.

| would | used to |
|---|---|
| ① 기간이 짧고 불규칙적 | ① 기간이 길고 규칙적 |
| ② 과거에 했는데, 지금은 하는지 안 하는지 모름. | ② 과거에 했는데, 지금은 안 함. |
| ③ 상태를 나타낼 수 없음. | ③ 상태를 나타낼 수 있음. 아래 ③, ④, ⑤번 예문 |

① I would call her everyday.  나는 매일 그녀에게 전화를 하곤 했지.(지금은 모름)

   I used to call her everyday.  해석은 위와 같음.(지금은 전화를 안 함)

② He would drink so much.  그는 술을 많이 마시곤 했다.

   He used to drink so much.  해석은 위와 같음.

③ I used to be a bus driver.  나는 한때 버스 운전사였다.

④ We used to be friends.  한때 우리는 친구였다.

⑤ She used to be a housewife for forty years.  그녀는 40년 동안 주부였다.

위 세 예문들은 모두 '상태'를 나타냅니다. '동작'을 나타내는 ①, ②번 예문들과는 다릅니다. 이렇게 상태를 나타낼 때에는 used to만 써야 하며, would를 쓸 수 없습니다.

- A : How do you know Tom?  Tom을 어떻게 아니?

  B : We used to go to high school together.  우리가 고등학교를 같이 다녔잖아.

- He used to get up at 5.30, but now he gets up at 8.00.

  그는 5시 30분에 일어나곤 했다. 하지만 지금은 8시에 일어난다.

- People used to think the world was square.

  사람들은 세상이 네모나다고 생각하곤 했지.

- I used to have a cat, but now I have a dog.

  나는 고양이를 기르곤 했지만, 지금은 개를 길러.


### (4) 뒤에 not이 붙어 '-하지 않으려 하다'(고집)

- He wouldn't listen to me.  그는 내 말을 들으려 하지 않는다.
- This door wouldn't open.  이 문은 열리지 않는다.
- My daughter wouldn't listen to me.  내 딸은 내 말을 들으려고 하지 않는다.
- No one would expect it.  그 누구도 그것을 기대하지 않는다.
- I wouldn't believe it so easily.  나는 그것을 그렇게 쉽게 믿지 않는다.
- I won't forget you.  나는 너를 잊지 못할 거야.
- I won't never lie to you.  나는 너에게 거짓말을 하지 않을 거야.
- This pen won't write.  이 펜은 써지지 않는다.
- He wouldn't answer my question.  그는 내 질문에 대답하려 하지 않았다.
- She would not take any money from me.

  그녀는 나한테 어떤 돈도 받으려 하지 않았다.

- Who wouldn't want money?  누가 돈을 원하지 않겠니?

## (5) -할 것이다.(추측) - should와 비슷한 가능성

- A new computer would be very expensive.  새 컴퓨터는 매우 비쌀 거야.

- This would be helpful to you.  이것이 너에게 도움이 될 거야.

- That would help solve the problem.  그것이 문제를 해결하는데 도움이 될 거야.

- That would help find a better way.  그게 더 나은 길을 찾는데 도움이 될 거야.

- It would be the best.  그게 최고일 거야.

- You would be a good lawyer.  넌 유능한 변호사가 될 거야.

- It would be better.  그게 더 나을 거야.

- That would be a little difficult.  그거는 좀 어렵겠는데요.

- It would be fun.  그거 재미있겠다.

- She would be right.  그녀가 맞을 거야.

- That would be my dog.  저거 우리 강아지일 거야.

- You would regret your decision.  너는 네 결정을 후회할 거야.

- You would not understand her.  너는 그녀를 이해 못할 거야.

- When is a good time for you?  Saturday would be good.
  언제가 당신에게 좋은 시간입니까? 토요일이 좋을 거 같습니다.

- It would be a big help.  큰 도움이 될 겁니다.

- Reading books would increase your knowledge.
  독서는 네 지식을 증가시켜 줄 거야.

- It wouldn't be possible.  그건 가능하지 않을 거야.

- A : Shall we meet at 4?  우리 4시에 만날까요?

  B : That would be good.  그게(또는 그때가) 좋겠네요.

- Who would have thought it?  누가 그걸 생각이나 했겠니?

- Who would win?  누가 이길까?

- Who would want to see me?  누가 나를 보고 싶어 하겠니?

- Who would refuse money?  누가 돈을 거부하겠니?

## 16) 조동사 + have + 과거분사

> must + have + 과거분사 : -했음에 틀림없다.(강한 추측)
> should + have + 과거분사 : -했어야 했는데.(후회)
> may(= might) + have + 과거분사 : -했을지도 몰라.
> could  + have + 과거분사 : ① -할 수도 있었다.(그런데 안 했다)
> ② -했을지도 몰라.(may, might보다는 높은 가능성)

- Erica must have gone out. I can't see her.
  에릭이 나갔음이 분명해. 그녀를 볼 수가 없거든.

- She must have been beautiful when she was young.
  그녀가 젊었을 때에는 분명 예뻤을 거야.

- The street is all wet. It must have rained last night.
  거리가 온통 젖어 있다. 지난밤에 비가 왔음에 틀림없어.

- The boy must have been rude to the old man.
  그 애가 그 노인에게 무례했음이 분명해.

- I wasn't feeling well. I must have eaten something bad.
  난 몸이 좋지 않아. 뭔가 안 좋은 걸 먹은 게 분명해.

- She must have done something bad to your car.
- 그녀가 네 차에 뭔가 나쁜 짓을 한 게 틀림없어.

- You should have locked the door before leaving the house.
- 너는 집을 떠나기 전에 문을 잠궜어야 했어.

- You should have thanked him.   당신은 그에게 고마워했어야 했어요.

- You should have helped her when she asked.
  당신은 그녀가 부탁했을 때 그녀를 도와주었어야 했는데.

- He should have asked you before borrowing your car.
  그가 네 차를 빌리기 전에 너한테 물어 보았어야 했는데.

- He should not have forgotten to bring his passport.
  그는 여권을 가져오는 것을 잊지 말았어야 했는데.

- He looks tired. He <u>might have been</u> awake all night.

  그는 피곤해 보여. 밤새도록 깨어 있었을 거야.

- She's late. She <u>may have taken</u> the wrong road.

  그녀가 늦었네. 잘못된 길로 갔었을 거야.

- My teacher <u>might have called</u> my parents about my bad grades.

  선생님께서 내 나쁜 성적에 대해 부모님께 전화를 하셨을지도 몰라.

- She <u>may have stolen</u> my lipstick.   그녀가 내 립스틱을 훔쳤을지도 몰라.

- They <u>might not have had</u> supper.   그들은 저녁을 먹지 않았을지도 몰라.

- They <u>might have got</u> lost. Nobody knows where they are.

  그들은 길을 잃었을지도 몰라. 어느 누구도 그들이 어디에 있는지 모르거든.

- They <u>may have arrived</u> hours ago.   그들은 몇 시간 전에 도착했을지도 몰라.

- I <u>could have saved</u>(= got) one more person.

  나는 한 사람이라도 더 살릴 수 있었어.

- We <u>could have done</u> it faster.   우리는 그것을 더 빨리 할 수도 있었어.

- You <u>could have died</u>.   넌 죽을 수도 있었어.

- He <u>could have broken</u> my car window.   그가 내 차 유리창을 깨뜨렸을 거야.

- My wife doesn't answer the phone. She <u>could have gone</u> shopping.

  내 아내가 전화를 안 받아. 아마 쇼핑하러 갔을 거야.

# UNIT 11 형용사

## 1) 뜻

형용사란 사람이나 사물의 상태나 성질 등을 나타내는 품사를 말합니다.

## 2) 영어 형용사의 예

busy(바쁜). rich(부유한). good(좋은). honest(정직한). high(높은). heavy(무거운). tired(피곤한). interesting(재미있는). excited(신난, 흥분한). cool(시원한),. spicy(매운). dead(죽은). rainy(비가 오는). snowy(눈 오는). fast(빠른, 빨리). wide(넓은). low(낮은). young(젊은). round(둥근). fresh(신선한). late(늦은). worried(걱정되는). married(결혼한). new(새로운). red(빨간). black(검은). angry(화난). possible(가능한). important(중요한). locked(잠긴). open(열린). quiet(조용한). salty(짠). careful(조심스러운). smart(똑똑한). convenient(편리한). long(긴). short(짧은). poor(가난한). full(가득한). enough(충분한). old(늙은). bad(나쁜). sad(슬픈). fun(재미있는). boring(지루한). fresh(신선한)

## 3) 우리말 형용사의 예

깨끗하다. 더럽다. 높다. 낮다. 아름답다. 귀엽다. 바쁘다. 피곤하다. 느리다. 빠르다. 행복하다. 뚱뚱하다. 날씬하다. 넓다. 좁다. 깊다. 얕다. 하얗다. 빨갛다. 검다. 성숙하다. 자유롭다. 복잡하다. 슬프다. 젊다. 새롭다. 부지런하다. 게으르다. 지혜롭다. 똑똑하다. 신나다. 흥미롭다. 가난하다. 부유하다. 강하다. 약하다. 부드럽다. 딱딱하다. 많다. 적다. 쉽다. 어렵다. 가능하다. 불가능하다. 완벽하다. 맛있다. 싸다. 비싸다. 귀하다. 두렵다. 걱정스럽다. 재미있다. 지루하다. 부끄럽다. 자랑스럽다. 혼란스럽다. 실망스럽다. 멍청하다.

## 4) 형용사의 특징

**(1) 형용사의 가장 큰 특징이자 역할은 <u>명사 앞에서 명사를 수식하는</u> 것입니다. 이것이 형용사의 본령(本領)이자 존재 이유입니다. 꼭 기억하십시오.**

- <u>beautiful</u> flowers.  아름다운 꽃들
- a <u>boring</u> movie.  지루한 영화
- a <u>high</u> mountain.  높은 산
- a <u>new</u> car.  새 차
- <u>many</u> cars  많은 차들
- <u>fast</u> food.  패스트 푸드(즉석 식품)
- a <u>rainy</u> day.  비오는 날
- an <u>honest</u> man.  정직한 사람
- a <u>noisy</u> street.  시끄러운 거리
- <u>fresh</u> air  신선한 공기

**(2) 기본적으로 형용사 앞에는 be동사가 쓰입니다. 즉, be동사와 운명을 같이 합니다.**

- His car <u>is</u> old.  그의 차는 낡았다.
- You <u>are</u> so busy.  너는 무척 바쁘구나.
- It <u>is</u> important.  그것은 중요하다.
- This coffee <u>is</u> hot.  이 커피는 뜨겁다.
- <u>Be</u> smart.  똑똑해라.(똑똑해져라)
- Don't <u>be</u> sick.  아프지 마세요.
- Don't <u>be</u> shocked.  충격 받지 마세요.
- I want to <u>be</u> smart.  나는 똑똑했으면 좋겠어.
- How to <u>be</u> happy.  행복해지는 법
- He must <u>be</u> angry.  그는 분명 화가 났을 거야.
- You should <u>be</u> proud.  너는 자부심이 있어야 해.
- She might <u>be</u> fat.  그녀는 뚱뚱할지도 몰라.(아주 약한 추측)
- It will <u>be</u> fine tomorrow.  내일은 날씨가 좋을 것이다.

- That could be impossible.  그건 불가능할 거야.

(3) 형용사는 동사처럼 현재 – 과거 – 과거분사라는 것이 없습니다.

(4) 하지만 형용사에는 동사에는 없는 원급 – 비교급 – 최상급이라는 것이 있습니다. 우리가 아는 모든 형용사들은 모두 원급입니다. 비교급과 최상급은 원급을 약간 변형시키거나 무엇을 추가시켜 만듭니다.

(5) 영어 형용사는 우리말 형용사와는 달리 어떠한 경우에도 변하지 않습니다. 그 대신 앞에 있는 be동사나 일반동사가 바뀝니다.

| 원래 문장 | 바뀐 문장 | 문장 | 해석 |
|---|---|---|---|
| She is sad.<br>그녀는 슬프다. | 부정문 | She isn't sad. | 그녀는 슬프지 않다. |
| | 의문문 | Is she sad? | 그녀는 슬프니? |
| | 과거 | She was sad. | 그녀는 슬펐다. |
| | 미래 | She will be sad. | 그녀는 슬플 것이다. |
| | 의문사가 들어간 문장 | Why is she sad? | 그녀는 왜 슬프니? |
| | 조동사가 들어간 문장 | She might be sad. | 그녀는 슬플지 몰라. |

| 원래 문장 | 바뀐 문장 | 문장 | 해석 |
|---|---|---|---|
| It is cold.<br>날씨가 춥다. | 부정문 | It isn't cold. | 날씨가 춥지 않다. |
| | 의문문 | Is it cold? | 날씨가 춥니? |
| | 과거 | It was cold. | 날씨가 추웠다. |
| | 미래 | It will be cold. | 날씨가 추워질 거야. |
| | 의문사가 들어간 문장 | When will it be cold? | 날씨가 언제 추울까? |
| | 조동사가 들어간 문장 | It could be cold. | 날씨가 추울지 몰라. |

(6) 아래 예문들을 보면 be동사가 없습니다. 왜 그럴까요? 항상 형용사 앞에 be동사가 쓰이는 것은 아닙니다. 일반동사가 있으면, be동사는 쓰일 필요가 없습니다.

- He likes a <u>pretty</u> woman. 그는 예쁜 여자를 좋아한다.
- She saw a <u>handsome</u> man. 그녀는 잘생긴 한 남자를 보았다.
- You look <u>busy</u>. 너는 바빠 보인다.

(7) 아래 예문들을 잘 보십시오.

| 원래 문장 | 조동사가 들어간 문장 | 해석 |
|---|---|---|
| He is rich.<br>그는 부유하다. | He must <u>be</u> rich. | 그는 분명 부유할 거야. |
| | He may <u>be</u> rich. | 그는 부유할지도 몰라. |
| This river is deep.<br>이 강은 깊다. | This river could <u>be</u> deep. | 이 강은 깊을 수도 있어. |
| | This river might <u>be</u> deep. | 이 강은 깊을지도 몰라. |
| It is rainy.<br>비가 온다. | It must <u>be</u> rainy. | 비가 분명 올 거야. |
| | It could <u>be</u> rainy. | 비가 올 수도 있어. |
| | It will <u>be</u> rainy. | 비가 올 것이다. |
| That's true.<br>그것은 사실이다. | That must <u>be</u> true. | 그것은 분명 사실일 거야. |
| | That can <u>be</u> true. | 그것은 사실일 수도 있어. |
| | That might <u>be</u> true. | 그것은 사실일지도 몰라. |
| This door is locked.<br>이 문은 잠겨 있다. | This door must <u>be</u> locked. | 이 문은 잠겨야 한다. |
| | This door will <u>be</u> locked. | 이 문은 잠길 것이다. |
| | This door may <u>be</u> locked. | 이 문은 잠길지도 모른다. |
| You are kind.<br>너는 친절하다. | You should <u>be</u> kind. | 넌 친절해야 한다. |

## : : 비교급과 최상급 만드는 법

### (1) 짧은 단어(모음이 2개 이하) : 비교급은 −er, 최상급은 the −est를 붙입니다.

| 원급 | 비교급 | 최상급 |
|---|---|---|
| small(작은) | smaller(더 작은) | the smallest(가장 작은) |
| kind(친절한) | kinder(더 친절한) | the kindest(가장 친절한) |
| long(긴) | longer(더 긴) | the longest(가장 큰) |
| young(젊은) | younger(더 젊은) | the youngest(가장 젊은) |
| easy(쉬운) | easier(더 쉬운) | the easiest(가장 쉬운) |
| big(큰) | bigger(더 큰) | the biggest(가장 큰) |
| strong(강한) | stronger(더 강한) | the strongest(가장 강한) |
| simple(간단한) | simpler(더 간단한) | the simplest(가장 간단한) |
| high(높은) | higher(더 높은) | the highest(가장 높은) |
| short(짧은) | shorter(더 짧은) | the shortest(가장 짧은) |
| hungry(배고픈) | hungrier(더 배고픈) | the hungriest(가장 배고픈) |
| wide(넓은) | wider(더 넓은) | the widest(가장 넓은) |
| hot(뜨거운) | hotter(더 뜨거운) | the hottest(가장 뜨거운) |
| happy(행복한) | happier(더 행복한) | the happiest(가장 행복한) |

### (2) 긴 단어(모음이 3개 이상) : 비교급은 more, 최상급은 the most를 앞에 씁니다.

| 원급 | 비교급 | 최상급 |
|---|---|---|
| beautiful | more beautiful(더 아름다운) | the most beautiful(가장 아름다운) |
| important | more important(더 중요한) | the most important(가장 중요한) |
| difficult | more difficult(더 어려운) | the most difficult(가장 어려운) |
| useful | more useful(더 쓸모 있는) | the most useful(가장 쓸모 있는) |
| comfortable | more comfortable(더 편안한) | the most comfortable(가장 편안한) |
| popular | more popular(더 인기 있는) | the most popular(가장 인기 있는) |
| convenient | more convenient(더 편리한) | the most convenient(가장 편리한) |

| 원급 | 비교급 | 최상급 |
|---|---|---|
| diligent | more diligent(더 부지런한) | the most diligent(가장 부지런한) |
| interesting | more interesting(더 재미있는) | the most interesting(가장 재미있는) |
| careful | more careful(더 신중한) | the most careful(가장 신중한) |
| international | more international(더 국제적인) | the most international(가장 국제적인) |

## (3) 형용사가 –ous/–able/–ful/–ive/–ing/–ed 등으로 끝나면 긴 단어 취급을 합니다.

| 원급 | 비교급 | 최상급 |
|---|---|---|
| useful | more useful(더 유용한) | the most useful(가장 유용한) |
| famous | more famous(더 유명한) | the most famous(가장 유명한) |
| boring | more boring(더 지루한) | the most boring(가장 지루한) |
| active | more active(더 적극적인) | the most active(가장 적극적인) |
| exciting | more exciting(더 신나는) | the most exciting(가장 신나는) |
| careful | more careful(더 신중한) | the most careful(가장 신중한) |
| harmful | more harmful(더 해로운) | the most harmful(가장 해로운) |
| tired | more tired(더 피곤한) | the most tired(가장 피곤한) |

## (4) 특이한 비교급과 최상급

| 원급 | 비교급 | 최상급 |
|---|---|---|
| many | more(더 많은, 더 많이) | the most(가장 많은) |
| much | | |
| good | better(더 나은, 더 잘) | the best(최고의) |
| well | | |
| bad | worse(더 나쁜, 더 나쁘게) | the worst(최악의) |
| ill | | |
| little | less(더 적은) | the least(가장 적은) |

- He has (the) most cars.  그가 가장 많은 차를 가지고 있다.

- He won (the) most prizes.  그가 제일 많은 상을 받았다.

- Tomorrow will be better.  내일은 더 나을 겁니다.

- The more, the better.  더 많을수록 더 좋습니다.

- The less, the better.  더 적을수록 더 좋습니다.

- You look better.  네가 더 나아 보인다.

- He drives better than I.  그는 나보다 운전을 더 잘한다.

- It couldn't be better.  더 나을 수 없다.(더할 나위 없이 좋다)

- He sings badly, but I sing worse.  그는 노래를 못한다. 하지만 나는 더 못 부른다.

- His silence was worse than his anger.  그의 침묵은 그의 분노보다 더 나빴다.

- Which is worse for your health, smoking or drinking?
  흡연 또는 음주 중에서 어느 것이 더 나쁜가요?

- Math is the worst of all my classes.  수학이 내 모든 수업 중에서 (성적이) 최악이다.

- Always prepare for the worst.  항상 최악에 대비하라.


## (5) 비교급이 쓰인 예문들

아래 공식을 꼭 외우셔야 합니다. 굉장히 중요합니다.

> The + 비교급 ~, the + 비교급 : −할수록 더 −하다
> 비교급 + and + 비교급 : 점점 더

- For better tomorrow.  더 나은 내일을 위해

- One more person  ① 한 사람이라도 더  ② 한 사람 더

- One more day  ① 하루라도 더  ② 하루 더

- just one more day  딱 하루 더

- just one more page  딱 한 페이지 더

- just one more time  딱 한 번만 더

- Just one more drink  딱 한 잔만 더 마시자. 딱 한 잔만 주세요.

- You look tired. 너는 피곤해 보여.(비교급이 아닌 원급이 쓰인 문장)
- You look more tired. 너는 더 피곤해 보여.
- You look less tired. 너는 덜 피곤해 보여.
- You look the most tired. 너는 가장 피곤해 보여.
- You look the least tired. 너는 가장 적게 피곤해 보여.
- She's looking happier today. 그녀는 오늘 더 행복해 보인다.
- There must be more beer. 맥주가 분명 더 있을 거야.
- Why don't you stay longer? 더 오래 계시지 그러세요?
- This sofa is more comfortable. 이 소파는 더 편하다.
- This sofa is less comfortable. 이 소파는 덜 편하다.
- Blood is thicker than water. 피는 물보다 더 진하다.
- You're my friend, nothing more. 당신은 내 친구일 뿐, 더는(그 이상은) 아니에요.
- We have just one more to go. 딱 하나만(한 페이지만, 한 번만 등) 더 하면 돼.
- Let's miss more, thank more and more. 더 많이 그리워하고, 더욱더 감사하자.
- Forgive more and love more. 더 많이 용서하고 더 많이 사랑하세요.
- simpler wedding 더 간편한(소박한) 결혼
- Buildings became wider and taller. 빌딩이 더 넓고 더 커졌다.
- There are more chickens than people in the world.
  이 세상엔 사람보다 닭이 더 많다.
- This would be simpler than I thought.
  이건 제가 생각했던 것보다 더 단순할지도 몰라요.
- It would be easier to update than to buy a new computer.
  새 컴퓨터를 사는 것보다 업데이트하는 것이 더 쉬울 거야.
- We're innovating for a better world. 우리는 더 나은 세상을 위해 혁신 중입니다.
- 7 daily exercises that will make you a better photographer.
  너를 더 훌륭한 사진가로 만들어줄 7일간의 연습
- No more questions. 더 이상의 질문은 안 받습니다.
- No more options. 더 이상 선택의 여지가 없어.
- I prefer the smaller one. 더 작은 것으로 할게요.(살게요)

- I need more time. 나는 시간이 더 필요해.
- There is no worse robber than a bad book.
  나쁜 책보다 더 나쁜 강도는 없다.(나쁜 책이 끼치는 해악이 심하다는 말)
- In the country, there are less pollution and traffic than in the city.
  시골에서는 도시에서보다 인구와 교통량이 더 적다.
- In the city people get more Job opportunities than in the country.
  도시에서 사람들은 시골보다 더 많은 취업의 기회를 얻는다.
- Today is better than yesterday. And tomorrow will be better than today.
  오늘은 어제보다 더 낫다. 그리고 내일은 오늘보다 너 나을 것이다.
- shorter working hours 더 짧은 근무 시간
- Is bigger really better? 더 큰 것이 정말 더 좋은가요?
- Ready to learn more? 더 배울 준비가 되어 있습니까?
- We have all heard the saying "Smaller is more beautiful"
  우리는 모두 "더 작은 것이 더 아름답다."라는 격언을 들어 왔다.
- higher education 더 높은 교육( → 고등 교육)
- Bigger isn't always better. 더 큰 것이 늘 더 좋은 것은 아니다.
- Do you have anything cheaper? 더 싼 거 있습니까?
- Do you have anything more to say? 뭔가 더 할 말이 있습니까?
- The more we saw, the less we could believe.
  우리가 더 볼수록, 우리는 덜 믿을지도 모른다.
- The older we get, the more we understand. 우리가 늙을수록 우리는 더 이해한다.
- The more you give, the more you receive. 네가 더 줄수록, 너는 더 많이 받는다.
- The more you give, the more you live. 많이 줄수록 오래 산다.
- The more you learn, the more your earn. 네가 더 배울수록, 너는 더 번다.
- The more you take, the more you lose. 네가 더 받을수록, 너는 더 잃는다.
- The more I think, the more I get angry. 내가 더 생각할수록, 나는 더 화가 난다.
- The less fuel we import, the better. 우리가 연료를 덜 수입할수록, 더 좋다.
- The stronger, the better. 강할수록, 더 좋다.(강한 것이 좋은 것이다)
- The bigger, the better. 클수록, 더 좋다.(큰 것이 더 좋은 것이다)

- Less is better.  더 적은 것이 더 좋다.(적은 것이 좋은 것이다)
- The better your education is, the greater your opportunities will be.
-  = The better the education, the greater the opportunity.
  네가 교육을 잘 받을수록, 너의 기회가 더 커질 것이다.
- The more the cars, the worse the traffic.  차가 많을수록, 교통은 더 나빠진다.
- The more I know, the better the job I will get.
  내가 더 알수록, 나는 더 나은 직업을 얻을 것이다.
- The more we talked, the more I realized that he was a good person.
  우리가 얘기를 하면 할수록, 나는 그가 좋은 사람이라는 것을 깨달았다.
- The more stressed you are, the worse it is for your health.
  네가 스트레스를 받을수록, 그것은 네 건강에 더 나쁘다.
- The more I learn, the more I know.  내가 배우면 배울수록, 나는 더 많이 안다.
- Click here for more information.  더 많은 정보를 위해서라면 여기를 클릭하시오.
- Visit us for more information.  더 많은 정보를 원하시면 우리를 방문하세요.
- He will have more money next year.  그는 내년에 더 많은 돈을 갖게 될 것이다.
- 15 Easy Ways to Be Healthier.  더 건강해지는 15가지의 쉬운 방법.
- I decided to become healthier to learn better.
  나는 더 잘 배우기 위해 더 건강해지기로 결심했다.
- Recently restaurants are cooking with less salt.
  최근에 식당들이 더 적은 소금으로 요리를 하고 있다.
- Doctors advise people to eat less meat and fewer dairy products.
  의사들은 사람들에게 더 적은 고기와 더 적은 유제품을 먹도록 충고한다. (meat는
  셀 수 없는 명사이기에 less를, products는 셀 수 있는 명사이기에 fewer를 썼습니다)
- If you get to know him better, you will like him more.
  네가 그를 더 잘 알게 되면, 너는 그를 더 좋아할 것이다.
- If we use disposal products less, the earth will become greener.
  만약 우리가 1회용 제품들을 덜 쓰면, 지구는 더 푸르러질 것이다.
- The sea was getting rougher and rougher.  바다가 점점 더 거칠어졌다.
- Her illness is becoming worse and worse.  그녀의 병이 점점 더 악화되고 있다.

## (6) 최상급 형용사가 쓰인 표현들

형용사의 최상급 앞에는 'the'를 붙이는 원칙이지만, 아래 세 가지 경우에는 the를 생략해도 되고 써도 됩니다.

① 비교할 대상이 없거나

② 최상급 뒤에 명사가 없거나

③ 구어체에서는 'the' 생략 가능

위 세 경우에는 'the'를 붙이지 않아도 됩니다. 아래에서는 ①, ②번의 경우만 보도록 하겠습니다. 그리고 다양한 최상급 표현들을 공부하겠습니다.

- I am the youngest in our class. 내가 우리 반에서 가장 어리다.
  → I am (the) youngest. 내가 가장 어리다.
- He is the tallest in the world. 그는 세계에서 가장 키가 크다.
- He is the tallest man. 그는 가장 키가 큰 남자다.
  → He is (the) tallest. 그가 가장 키가 크다.
- That is the longest river. 저것이 가장 긴 강이다.
- That is the longest river in the country. 저것이 우리나라에서 가장 긴 강이다.
  → That river is (the) longest. 저 강이 가장 길다.
- Summer is the hottest season. 여름은 가장 뜨거운 계절이다.
  → Summer is (the) hottest. 여름이 가장 뜨겁다.
- He is the oldest in the class. 그가 이 반에서 나이가 가장 많다.
- He is the oldest man. 그는 나이가 가장 많은 사람이다.
  → He is (the) oldest. 그가 나이가 가장 많다.
- This is second most coldest place on earth.
  이곳은 지구상에서 두 번째로 가장 추운 곳이다.
- Top 10 Best French Castles to Visit.
  방문해볼 만한 프랑스의 최고의 멋진 10개의 성들.
- She is the smartest girl in our class. 그녀가 우리 반에서 가장 똑똑한 여자다.
- This is the most interesting book I have ever read.
  이것이 내가 지금껏 읽은 책 중에 가장 재미있는 책이다.

- That was the best movie ever.  그것은 지금까지 가장 훌륭한 영화였다.
- Michael is the oldest boy at the party.
  마이클은 그 파티에서 가장 나이가 많은 애다.
- Who is the richest man in America?  미국에서 누가 가장 부유한 사람인가.
- February was the coldest month of the year.  2월은 일년 중 가장 추운 달이다.
- This iced tea is the sweetest I've ever tasted.
  이 냉차는 내가 맛본 것 중에 가장 달콤하다.
- It was the most painful experience.  그것은 가장 고통스러운 경험이었다.
- The worst men often gives the best advice.
  가장 못난 사람들이 가끔은 가장 좋은 충고를 한다.
- Education is the most powerful weapon which you can use to change the world.
  교육은 당신이 세상을 변화시키기 위해 사용할 수 있는 가장 강력한 무기다.
- The richest people are not always the happiest.
  가장 부유한 사람들이 항상 가장 행복한 사람은 아니다.
- There are 10 of The World's Coldest Places.  세상에서 가장 멋진 곳이 10개 있다.
- The lowest temperature recorded there, in February 1892, was  69.8°C.
  거기는 가장 낮은 온도가 1892년 2월에 영하 69.8°를 기록했다.
- the second most expensive dish.  두 번째로 가장 비싼 요리
- The highest form of vanity is love of fame.  가장 높은 형태의 허영은 명예욕이다.
- Mexico is the fattest country.  멕시코는 가장 비만한 국가이다.
- The greatest man in history was the poorest.
  역사에서 가장 위대한 사람은 가장 가난한 사람이었습니다.
- The last house is the largest.  마지막 집이 가장 크다.
- The cherry pie tastes the best.  그 체리 파이가 최고의 맛이 난다.
- Happiness in intelligent people is the rarest thing I know.
  지적인 사람들은 내가 알기로는 가장 드문 것이다.(지적인 사람들은 행복해 하는
  일이 드물다는 뜻)
- The greatest wealth is to live content with little.
  가장 위대한 재산은 적은 것으로 만족하며 사는 것이다.

**(7) 형용사는 명사처럼 뒤에 −s가 붙지 않고, 뒤에 −ing도 붙지 못합니다.**

**(8) 형용사 뒤에 −ly를 붙이면 대부분 부사가 됩니다.**

- slow(느린) → slowly(느리게)
- deep(깊은) → deeply(깊게)
- quiet(조용한) → quietly(조용히)
- probable(있을법한) → probably(아마)
- full(가득한, 완전한) → fully(완전히, 충분히)
- sudden(갑작스런) → suddenly(갑자기)
- new(새로운) → newly(새로이, 새롭게)
- absolute(절대적인) → absolutely(절대적으로, 완전히)
- common(흔한) → commonly(흔히)
- usual(평소의, 일반의) → usually(보통, 일반적으로)
- careful(신중한) → carefully(조심히)
- real(진짜의, 사실의) → really(정말로, 진실로)
- easy(쉬운) → easily(쉽게)
- clear(분명한) → clearly(분명히, 명확히)
- probable(그럴듯한) → probably(아마)
- warm(따뜻한) → warmly(따뜻하게)
- bad(나쁜) → badly(나쁘게, 몹시)
- kind(친절한) → kindly(친절하게)
- happy(행복한) → happily(행복하게)
- terrible(끔찍한) → terribly(정말, 매우)
- recent(최근의) → recently(최근에, 요즘)
- luck(운 좋은) → luckily(다행히)
- sure(확실한, 확신하는) → surely(확실히, 물론)
- certain(확실한, 확신하는) → certainly(확실히, 물론)
- extreme(극단적인, 극도의) → extremely(극도로, 지극히)
- calm(고요한, 침착한) → calmly(조용히, 침착하게)

- exact(정확한) → exactly(정확하게)
- angry(화난) → angrily(화나서)
- nice(다정한, 좋은) → nicely(잘, 멋지게)
- free(자유로운) → freely(자유롭게)

## (9) 한 단어에 형용사와 부사가 모두 들어 있는 형용사들도 있습니다.

- big(큰, 크게)
- small(작은, 작게)
- long(오랜, 오래)
- early(이른, 일찍)
- late(늦은, 늦게) ★ lately : 최근에(= recently)
- near(가까운, 가까이에) ★ nearly : 거의(= almost)
- fast(빠른, 빨리)
- slow(느린, 느리게) ★ slowly도 「느린, 천천히」의 뜻이 있음.
- hard(어려운, 열심히) ★ hardly : 거의 –않은
- close(가까운, 가까이)
- enough(충분한, 충분히)
- daily(매일의, 매일), weekly(매주의, 매주), monthly(매달의, 매달),
  yearly(매년의, 매년)
- much(많은, 많이)
- all(모든, 모두)
- short(짧은, 짧게) ★ shortly : 간단히, 곧.
- free(무료의, 무료로)
- well(건강한, 잘)
- high(높은, 높이)
- wrong(잘못된, 틀린, 잘못하여)
- loud(큰, 크게)
- enough(충분한, 충분히)

- small wedding  작은 결혼식(형용사)
- He said in a small voice.  그는 작은 목소리로 말했다.(형용사)
- Slice the cake small.  케이크를 작게 썰어라.(부사)
- The book is printed so small I can hardly read it.
  그 책은 너무 작게 인쇄되어서 거의 읽을 수가 없다.(부사)
- for a long time.  오랜 시간 동안(형용사)
- We have longer days in summer.  여름에는 낮이 더 길다.
  (→ 우리는 여름에 더 긴 낮을 갖고 있다) → 형용사
- the world's longest bridge  세상에서 가장 긴 다리(형용사)
- How long will you stay?  얼마나 오래 계실 겁니까?(부사)
- They have waited too long.  그들은 너무 오래 기다렸다.(부사)
- People want to live long.  사람들은 오래 살기를 원한다.(부사)
- Women live longer than men.  여자들은 남자들보다 더 오래 산다.(부사)
- It won't be(=take) long.  오래 걸리진 않을 겁니다.(부사)
- I'm sorry I'm late.  늦어서 미안해.(형용사)
- in the late afternoon  늦은 오후에(형용사)
- the late arrival of this train  늦은 기차의 도착(형용사)
- I'm not hungry because I had a late lunch.
  늦은 점심을 먹었기 때문에 배가 고프지 않다.(형용사)
- We had a late breakfast.  우리는 늦은 아침을 먹었다.(형용사)
- He slept late.  그는 늦게 잤다.(부사)
- I usually get up late.  나는 보통 늦게 일어난다.(부사)
- School started late.  수업이 늦게 시작했다.(부사)
- We arrived two hours late.  우리는 두 시간 늦게 도착했다.(부사)
- big government  큰 정부(형용사)
- It's too big for me.  그건 나에게 너무 크다.(형용사)
- She moved to a bigger city.  그녀는 더 큰 도시로 이사했다.(형용사)
- We need to think big.  우리는 크게 생각해야 한다.(부사)
- The song has hit big in the US.  그 노래는 미국에서 크게 히트를 쳤다.(부사)

- fast food  패스트푸드(형용사)

- She's a fast driver.  그는 빠른 운전자이다.(형용사)

- She drives fast.  그녀는 빨리 운전을 한다.(부사)

- Adam speaks fast.  Adam은 말을 빨리 한다.(부사)

- Admission is free.  입장은 무료입니다.(형용사)

- 100% Free!  100% 무료!(형용사)

- free delivery  공짜 배달(형용사)

- free school meals  무상 학교 급식(형용사)

- free health care  무료 건강 치료(형용사)

- I got some free cinema tickets.  나는 공짜 영화표를 몇 장 얻었다.(형용사)

- If something is free, you can have it or use it without paying for it.
  어떤 것이 공짜라면, 당신은 돈을 지불하지 않고 그것을 가지거나 사용할 수 있다.
  (형용사)

- Learn English free.  무료로 영어를 배우세요.(부사)

- Only ladies can be admitted free.  여성분만 공짜로 입장하실 수 있어요.(부사)

- Children can get into the museum free.
  아이들은 무료로 박물관에 들어갈 수 있다.(부사)

- I'm afraid he's not well.  그가 건강하지 못한 거 같아요.(형용사)

- You do not look well today.  너는 오늘 건강해 보이지 않아.(형용사)

- I feel well.  나는 기분이 좋다. 또는 나는 건강하다.(형용사)

- A: How are you today?  오늘 기분이 어때?

  B: I'm well, thanks.  나는 좋아. 고마워.(형용사)

- He sings well.  그는 노래를 잘 한다.(부사)

- I'm doing well.  저는 잘 지내고 있습니다.(부사)

- My dog is well trained.  우리 개는 잘 훈련되어 있다.(부사)

- The building is high.  그 건물은 높다.(형용사)

- shoes with high heels  높은 굽을 가진 신발(형용사)

- How high is Everest?  에베레스트 산은 얼마나 높습니까?(형용사)

- He can jump high.  그는 높이 뛸 수 있다.(부사)

- Eagles fly <u>high</u> in the sky.  독수리는 하늘 높이 난다.(부사)
- Rebecca is <u>highly</u> qualified.  Rebecca는 대단히 자격을 갖춘 사람입니다.(부사)
- <u>highly</u> skilled people  고도로 숙련된 사람들(부사)
- a <u>highly</u> paid job  고임금을 받는 직업(부사)
- <u>highly</u> educated  고도로 교육을 받은(고등교육을 받은) → 부사
- a <u>highly</u> successful businessman  매우 성공한 사업가(부사)
- This is the book I <u>highly</u> recommend.  이것은 내가 아주 추천하는 책이야.(부사)
- I <u>highly</u> recommend this brand of shampoo.
  저는 이 샴푸 브랜드를 강력 추천합니다.(부사)
- He was <u>highly</u> respected.  그는 매우 존경을 받았다.(부사)
- Everything went <u>wrong</u>.  모든 게 잘못 됐어.(형용사)
- You have the <u>wrong</u> number.  전화를 잘못 거셨습니다.(형용사)
- What's <u>wrong</u> with you?  너에게 무슨 일 있니?(형용사)
- He answered <u>wrong</u>.  그는 잘못 대답했다.(부사)
- My name is spelt <u>wrong</u>.  내 이름의 철자가 잘못 되었다.(부사)
- You should not translate the sentence <u>wrong</u>.
  그 문장을 틀리게 번역해서는 안 된다.(부사)
- a <u>daily</u> newspaper  일간지(형용사)
- I see my mother <u>daily</u>.  나는 날마다 우리 엄마를 본다.(부사)
- You should exercise <u>daily</u>.  너는 매일 운동해야 한다.(부사)
- The shop is open <u>daily</u>.  그 가게는 매일 열려 있다.(부사)
- a <u>monthly</u> magazine  월간지(형용사)
- a <u>monthly</u> salary  월급(형용사)
- My company pays me <u>monthly</u>.  우리 회사는 나에게 매달 월급을 지급한다.(부사)
- <u>yearly</u> payment(salary)  연봉(형용사)
- <u>yearly</u> rainfall  연간 강우량(형용사)
- <u>yearly</u> calendar  연간 달력(형용사)
- <u>yearly</u> business review  연간(1년) 사업 실적 검토(형용사)
- 2016 <u>yearly</u> box office results  2016년 연례 흥행 실적 결과(형용사)

- The festival is held yearly.  그 축제는 매년 열린다.(부사)

- We heard a loud noise.  우리는 큰 소음을 들었다.(형용사)

- That music's too loud.  저 음악이 너무 크다.(형용사)

- Would you speak a bit loud, please?  좀 크게 말해 주시겠습니까?(부사)

- He talked loud.  그는 크게 말했다.(부사)

- very close friend  매우 가까운 친구(형용사)

- The hotel is very close.  그 호텔은 매우 가깝다.(형용사)

- Stay close to me, children!  애들아, 나에게 붙어 있으렴.(형용사)

  ★ stay 뒤에는 부사는 못 오고 형용사만 옵니다. 이때 stay의 뜻은 「−해 있다」, 「−을 계속 유지하다」의 뜻입니다. 스티브 잡스가 말한 「Stay hungry.」는 '계속 갈망하라.' 는 뜻입니다.

- It's close to 7 o'clock – we'd better leave now.
  7시가 거의 되었다. 우리는 지금 나서야 해.(형용사)

- Baker is my closest friend.  Baker는 내 가장 가까운 친구다.(형용사)

- They sat close together.  그들은 같이 가까이 앉았다.(부사)

- Don't come too close!  너무 가까이 오지 마.(부사)

- Time isn't enough.  시간이 충분하지 않다.(형용사)

- They don't have enough food.  그들에게는 충분한 음식이 없다.(형용사)

- There's enough room for everyone in this meeting.
  이 회의에 참가한 모든 사람들이 들어갈 충분한 방이 있다.(형용사)

- I don't have enough information to make a decision.
  나에겐 결정을 할 수 있는 충분한 정보가 없다.(형용사)

- This box isn't big enough for all the books.
  이 상자는 모든 책들을 넣기에 충분히 크지가 않다.(부사)

- Is your coffee hot enough?  커피가 충분히 뜨겁니?(부사)

- The dress was big enough for me.  그 옷이 나에겐 충분히 크다.(부사)

- Are you old enough to see this movie?
  너는 이 영화를 볼 만큼 충분히 나이가 들었니?(부사)

- I didn't practice enough.  나는 충분히 연습을 못 했어.(부사)

- I think you've said enough.  네가 충분히 말한 거 같아.(부사)
- She is old enough to live on her own.

  그녀는 혼자 힘으로 살 만큼 충분히 나이가 들었다.(부사)
- These shoes are not big enough for me.

  이 신발은 나에게 충분히 크지 않다.(부사)
- all animals  모든 동물(형용사)
- All money I have  내가 가진 모든 돈(형용사)
- All my friends were there.  나의 모든 친구들이 거기에 왔다.(형용사)
- All were dead.  모두 죽었다.(부사)
- This money will be all yours when I die.

  이 돈은 내가 죽으면 다 네 것이 될 거야.(부사)
- They all enjoyed it.  그들 모두 즐거워했다.(부사)
- There's no cake left. They've eaten it all.

  남은 케이크가 없어. 그들이 그것을 다 먹었거든.(부사)


**(10) 형용사에 –ly를 붙이면 전혀 다른 뜻으로 바뀌는 단어들이 있습니다.**
- late(늦은, 늦게) → lately(최근에)
- large(큰, 크게) → largely(주로)
- short(짧은, 짧게) → shortly(곧)
- near(가까운, 가까이) → nearly(거의)
- hard(힘든, 열심히, 딱딱한) → hardly(거의 –않는)
- high(높은, 높이) → highly(매우, 대단히, 고도로)


- They live near the station.  그들은 역 가까이에 산다.
- Don't sit too near to the window.  창문에 너무 가까이 앉지 마라.
- Christmas is getting near.  크리스마스가 가까워지고 있다.
- It will take nearly three hours.  거의 세 시간이 걸릴 겁니다.
- I have nearly finished this essay.  나는 이 에세이를 거의 끝냈다.
- We're nearly ready now.  우리는 지금 준비가 거의 되어 있다.

- I spent <u>nearly</u> a month in China.  나는 중국에서 거의 한 달을 보냈다.

- I think we are <u>nearly</u> there.  우리가 거의 다 온 거 같아.

- She's <u>nearly</u> 40.  그녀는 거의 40살이다.

- Have you seen her <u>lately</u>?  최근에 그녀를 본 적 있니?

- The best book I have read <u>lately</u> is "Animal World".
  내가 최근에 읽은 최고의 책은 "동물의 세계"이다.

- There have been a few accidents <u>lately</u>.  최근에 사고가 좀 있었다.

- This book is too <u>hard</u> for me.  이 책은 나에게 너무 어렵다.

- She is a <u>hard</u> worker.  그녀는 부지런한 사람이다.

- It was a <u>hard</u> test.  그건 어려운 시험이었다.

- Diamonds are extremely <u>hard</u> stones.  다이아몬드는 매우 단단한 돌이다.

- Learning another language is <u>hard</u>.  다른 언어를 배우는 것은 힘들다.

- It's <u>hard</u> to know what to do.  무엇을 해야 할지 아는 것은 힘들다.

- I will learn anything <u>hard</u>.  무엇이든 열심히 배울 거야.

- You must try <u>harder</u>.  더 열심히 노력해야 해.

- It is raining <u>hard</u>.  비가 많이 오고 있다.

- She's working <u>hard</u> to finish the project by tomorrow.
  그녀는 내일까지 그 프로젝트를 끝내려고 열심히 일하고 있다.

- She ate <u>hardly</u> anything.  그녀는 어떤 것도 거의 먹지 못했다.

- Dave knew <u>hardly</u> anybody at the party.
  Dave는 그 파티에서 누구도 거의 알지 못했다.

- I can <u>hardly</u> breathe.  숨을 거의 못 쉬겠어.

- There was <u>hardly</u> anything to eat.  먹을 것이 거의 없었다.

- We <u>hardly</u> know each other.  우리는 서로를 거의 알지 못한다.


(11) 현재분사나 과거분사는 품사가 형용사라는 것을 꼭 기억하십시오. 따라서 이것들은 be동사와 아주 친하고, 명사 앞에서 명사를 수식합니다. 자세한 설명은 「과거분사」 편에서 보기로 하고, 몇 단어만 보겠습니다.

| 동사원형 | 현재분사 | 현재분사의 뜻 | 과거분사 | 과거분사의 뜻 |
|---|---|---|---|---|
| see(보다) | seeing | 보는, 보고 있는 | seen | 보여진 |
| make(만들다) | making | 만드는, 만들고 있는 | made | 만들어진 |
| use(사용하다) | using | 사용하는, 사용 중인 | used | 사용된 |
| do(하다) | doing | 하는, 하고 있는 | done | 행해진 |
| say(말하다) | saying | 말하는, 말하고 있는 | said | 말해진 |
| surprise(놀라게하다) | surprising | 놀라게 하는 | surprised | 놀란 |

1) the + 형용사 = 1) –한 사람들(복수명사) → 복수 취급, 2) –한 것(추상명사) → 단수 취급

- the young : 젊은이들
- the old : 노인들(= old people= the aged= the elderly)

   ① She always helps the old.  그녀는 항상 노인들을 돕는다.

   ② The young must have great dreams.  젊은이들은 큰 꿈을 가져야 한다.

- the living : 살아 있는 사람들
- the dead : 죽은 사람들
- the poor : 가난한 사람들
- the rich : 부유한 사람들

   ① The poor usually has not much money.  가난한 사람들은 대개 돈이 많지 않다.

   ② He likes the rich.  그는 부자들을 좋아한다.

- the brave : 용감한 사람들
- the weak : 약한 사람들
- the sick : 아픈 사람들
- the healthy : 건강한 사람들
- the disabled : 장애인들(= the handicapped)
- These seats are for the disabled.  이 자리들은 장애인들을 위한 것이다.
- the homeless : 집 없는 사람들
- the unemployed : 실업자들
- the injured : 부상자들
- the uninvited : 초대받지 못한 사람들(불청객들)

- the ideal : 이상
- the real : 현실

    The ideal is different from the real.  이상은 현실과는 다르다.
- the unknown : ① 미지의 사람들 ② 미지의 것

    The unknown is beautiful.  미지의 것은 아름답다.

    Why are people afraid of the unknown?  사람들은 왜 미지의 것을 두려워하는가?
- the beautiful : ① 미인들 ② 미(美)
- the good : ① 착한 사람들 ② 선(善)
- the evil : ① 악한 사람들 ② 악(惡)
- the unexpected : 기대치 않았던 것(일)
- the essential : 필수적인 것(핵심, 골자)
- the imaginable : 상상할 수 없는 것(일)

    Imagine the imaginable.  상상할 수 없는 것을 상상하라.
- the impossible : 불가능한 것

    Make the impossible possible.  불가능한 것을 가능하게 만들어라.
- The difference between the possible and the impossible.

    가능한 것과 불가능한 것의 차이
- the educated : 교육받은 사람들. 교양 있는 사람들
- the uneducated : 교육을 받지 못한 사람들. 교양이 없는 사람들
- the experienced : 경험 많은 사람들
- the learned : 학식 있는 사람들

    Ask the experienced rather than the learned.

    학식이 있는 사람들보다 경험 많은 사람들에게 물어라.
- the seen : 보이는 것
- the unseen : 보이지 않는 것

    The seen is temporary but the unseen is eternal.

    보이는 것은 순간이지만 보이지 않는 것은 영원합니다.

    We see the unseen  우리는 보이지 않는 것을 봅니다.

    Seeing the unseen is not good.  보이지 않는 것을 보는 것은 좋지 않다.

- the hungry-looking  배고파 보이는 사람들
- the great : 위대한 것

  What makes the great great.  무엇이 위대한 것을 위대하게 만드는가.


(2) -thing/-body로 끝나는 단어들은 형용사가 뒤에서 수식합니다.

- Do you need something new?  어떤 새로운 게 필요한가요?

  → Do you need new something?(✕)

- Please give me something hot.  뜨거운 것 좀 주세요.

  → Please give me hot something.(✕)

- Would you like something cold to drink?  마실 차가운 거라도 드릴까요?

  → Would you like cold something to drink?(✕)

- Does he want something special?  그는 특별한 그 뭔가를 원합니까?

  → Does he want special something?(✕)

- Do something good for society.  사회를 위해 뭔가 좋은 일을 해라.

- I would like something spicy.  난 매운 게 먹고 싶어.

- Something good is going to happen.  뭔가 좋은 일이 일어날 거예요.

- I would like something sweet.  난 달콤한 게 먹고 싶어.

- I'd like something sour and cold.  새콤하고 차가운 것을 먹고 싶어.

- Something good should be shared.  좋은 것은 나누어야 한다.

- Pick out something good.  뭔가 좋은 걸 골라 봐.

- I didn't see anything strange.  나는 이상한 것은 아무것도 보지 못했다.

  → I didn't see strange anything.(✕)

- It takes great passion and great energy to do anything creative.
  어떤 창조적인 것이라도 하려면 큰 열정과 에너지를 요한다.

- Is there anything good on TV?  TV에 재밌는 거라고 하니?

- Nothing great is easy.  위대한 일은 그 어떤 것도 쉽지 않다.

  → Great nothing is easy.(✕)

- There is something wrong.  잘못된 뭔가가 있다.(뭔가 잘못된 게 있다)

  → There is wrong something.(✕)

- It is <u>nothing important</u>.  중요한 것이 아무것도 없다.
  → It is <u>important nothing</u>.(×)
- There is <u>nothing new</u> under the sun.
  태양 아래 새로운 것은 없다.(인간은 창조하기 보다는 모방을 해 왔다는 의미)
- Many foreigners love <u>things Korean</u>.
  많은 외국인들은 한국적인 것들을 좋아한다.
- I have <u>something important</u> to tell you.  너한테 말할 뭔가 중요한 게 있다.
- There's <u>something spicy</u> in the salad.  샐러드에 뭔가 매운 게 있어.
- Did you meet <u>anybody interesting</u> at the party?
  너는 그 파티에서 재미있는 누구를 만났니?
- A lot of people want <u>something fun</u> and also <u>educational</u>.
  많은 사람들이 뭔가 재미있으면서 또한 교육적인 것을 원한다.


- something strange  낯선 그 무엇
- something impossible  뭔가 불가능한 것
- something interesting  재미있는 그 무엇
- something similar  뭔가 비슷한 것
- something wrong  뭔가 잘못된 것
- something right  올바른 그 무엇
- something beneficial  뭔가 유익한 것


(3) 부사 같은 형용사
아래 단어들은 뒤에 −ly가 붙어 있어서 언뜻 보면 부사 같지만, 엄연히 형용사입니다.

---

friendly(호의적인), lovely(사랑스러운), costly(비싼), orderly(질서 있는), cowardly(비겁한),
homely(못생긴), timely(시의적절한) stately(위엄 있는), lively(생생한), likely(가능성 있는), comely(예쁜), deadly(치명적인), manly(남자다운), womanly(여자다운), lonely(외로운), motherly(어머니 같은)

---

# UNIT
# 12 부사

## 1) 뜻

부사는 동사나 형용사나 같은 부사를 수식해 주는 품사입니다.

## 2) 다음은 우리말 부사입니다

매우. 아주. 빨리. 일찍. 너무. 항상. 늘. 솔직히. 결코. 깨끗이. 급히. 천천히. 가끔. 거의. 절대로. 많이. 만약. 잘. 분명히. 행복하게. 슬프게. 더. 덜. 낮게. 더럽게. 밝게. 여전히. 가까스로. 간신히. 즉시. 바로. 곧바로. 지금. 당장. 갑자기. 대체로. 일반적으로. 결국. 특히. 그대로. 외로이. 쓸쓸히. 아름답게. 정확히. 기꺼이. 때때로. 좀처럼. 꽤. 열심히. 언제. 어디서. 어떻게. 왜. 이렇게. 저렇게. 여기. 저기. 곧. 애절하게. 지긋이. 부드럽게. 간단히. 길게. 대담하게. 부끄럽게. 낯설게. 이상하게. 피곤하게. 혹시. 당당하게

## 3) 다음은 영어 부사입니다

always. nearly. still. usually. often. now. early. never. fast. kindly. clearly. accurately. slowly. suddenly. hard. well. already. yet. luckily. very. quickly. carefully. easily. simply. softly. especially. even. directly. only. just. however. commonly. rarely. here. there. finally. recently. soon. then. later. next. more. less. actually. really. briefly. deeply. certainly. surely. fully. heavily. naturally. rapidly. too. yearly. monthly. daily. weekly. wildly. deeply. truly. sadly. safely. happily. once. twice. three. times. openly. happily. lately. wisely. a lot. newly. usually. mainly.

## 4) 부사의 특징

(1) 형용사가 명사를 수식한다면, 부사는 동사·형용사·부사를 수식합니다. 이른바 '수식한다'는 것이 무슨 뜻일까요? 우리말 예문을 보기로 하지요.

① 그는 밥을 <u>많이</u> 먹는다.
② 한국은 <u>무척</u> 독특한 나라이다.
③ 그는 <u>일찍</u> 출발했다.
④ 나는 그를 <u>잘</u> 안다.
⑤ 그녀는 <u>매우</u> 빨리 말했다.
⑥ 그는 <u>자주</u> 영화를 본다.
⑦ 그녀는 <u>슬프게</u> 울었다.

①번 예문에서 「많이」라는 단어는 「먹는다」라는 단어와 어울립니다. 즉, 「많이」라는 단어가 「먹는다」라는 단어를 수식해 줍니다. 「많이 먹는다」라는 말이 조금도 어색하지 않습니다. 반면 「많이 밥을」이나 「많이 그는」이라는 어색하고 문법에도 맞지 않습니다. 「많이」라는 단어와 어울리는 단어는 「먹는다」라는 단어밖에 없습니다. 이것을 우리는 「수식한다」 또는 「꾸며준다」라고 말합니다. 「먹는다」는 동사입니다. 동사를 꾸며줄 수 있는 품사는 부사가 유일합니다. 「많이」라는 단어가 부사인 이유입니다.

②번 예문에서 「독특한」이라는 말과 어울리는 단어는 「무척」입니다. 「무척 독특하다」라는 말이 조금도 어색하지 않습니다. 독특하긴 한데 무척 독특한 것입니다. 「독특한」을 자세하게 부연 설명해 주고 있는 겁니다. 반면 「무척 나라이다」라는 말이 도대체 성립이나 됩니까. 「독특한」은 형용사입니다. 형용사를 꾸며주는 말은 부사밖에 없습니다. 「무척」이라는 말이 부사인 이유입니다.

③번 예문에서 동사는 「출발했다」입니다. 이 동사를 수식해주는 단어는 「일찍」입니다. 「일찍 출발했다」라는 말이 얼마나 어울립니까. 어떤 분은 「그는 출발했다」라는 말도 어울리지 않느냐고 말합니다. 맞습니다. 이 말도 문법에는 맞는 표현입니다. 하지만 「그는」이 「출발했다」를 꾸며주는 것은 아닙니다. 단지 주어 역할을 하는 것에 불

과합니다. 출발하긴 했는데 「일찍」 출발한 것입니다. 부사의 정의가 동사나 형용사를 더 구체적으로 또는 명확하게 또는 맛깔스럽게 표현해 주는 품사이지 않습니까. 이런 부사의 정의에 맞춰 본다면, 「그는」이 「출발했다」를 구체적으로 또는 맛깔스럽게 표현해주는 것은 아님이 분명합니다. 게다가 부사는 「-은/-는」이라는 말로는 끝나지 않습니다.

④번 예문에서 동사는 「안다」입니다. 이 「안다」와 어울리는 단어가 무엇입니까. 알긴 아는데 어떻게 안다는 겁니까. 잘 안다는 거 아닙니까. 「안다」를 구체적으로 표현해주고 있습니다. 「잘」이 부사가 되는 이유입니다.

⑤번 예문에서 동사는 「말했다」입니다. 이 「말했다」와 어울리는 단어는 「빨리」입니다. 그래서 「빨리」가 부사가 되는 것입니다. 그런데 이 「빨리」라는 부사와 어울리는 단어가 또 있습니다.

「매우」라는 단어입니다. 빨리는 빨리인데 「매우 빨리」입니다. 「빨리」를 구체적으로 표현해주고 있습니다. 따라서 같은 부사를 수식해주는 것은 부사밖에 없습니다. 즉, 부사가 같은 부사를 수식해주는 것입니다. 이러한 예를 또 볼까요. 「그는 상당히 슬프게 울었다.」「그녀는 방을 늘 깨끗이 청소한다.」「그들은 너무 당당하게 말한다.」「그녀는 정말 아름답게 보인다.」라는 예문들에서 밑줄 그은 부분들이 모두 부사입니다. 즉, 한 문장 안에 부사는 2개 또는 3개도 있을 수 있습니다.

⑥번 예문에서는 「자주」라는 단어와 「본다」라는 단어가 어울립니다. 「본다」라는 단어는 동사이고, 이 단어를 수식해 주기 때문에 「자주」는 부사가 됩니다.

⑦번 예문에서는 「슬프게」라는 부사가 「울었다」라는 동사를 꾸며주고 있습니다.


**(2) 우리말 부사는 대체로 「-하게」나 「-이/-히」로 끝나지만, 영어에서는 「-ly」끝나는 것이 많습니다. 부사는 형용사 뒤에 -ly를 붙여서 만드는 것이 무척 많습니다.**

(3) 영어의 to부정사 용법에「부사적 용법」이 있는데, 이는 to부정사가 마치 부사나 부사어처럼 쓰이는 것을 말합니다. 부사어는 부사와 다릅니다.「집에서」「호수처럼」「하려고」「한다면」「하니까」「그에게」「너때문에」「바다로」「산에」「회사에」 등이 부사어입니다. 부사어는 대체로「-에서」,「-에」,「-에게」,「-한다면」,「-할 때」,「-으로」라는 말 등이 붙습니다.

(4) 부사는 보통 문장의 맨 끝에 위치합니다.(아래 ①, ②, ③, ④번 문장) 하지만 예외가 있습니다. always, already, really, still, very, just, only, even, never, often, sometimes 등의 부사는 문장 중간에 온다는 특색이 있습니다.(아래 ⑤, ⑥, ⑦, ⑧, ⑨번 예문)

가장 중요한 것은 빈도부사입니다. 빈도부사란 횟수를 나타내는 부사를 말합니다. always, generally, usually, regularly, frequently, often, sometimes, seldom, hardly, never와 같은 부사들이 빈도부사입니다. 빈도부사는 be동사 뒤, 일반동사 앞에 위치한다는 사실이 정말 중요합니다.(아래 ⑩~⑳번 예문) 그리고 부사가 한 문장 전체를 수식할 때에는 문장 맨 앞에 옵니다.(아래 ㉑, ㉒, ㉓, ㉔, ㉕, ㉖번 예문)

① He left Seoul suddenly.  그는 갑자기 서울을 떠났다.
② I finished my work quickly.  나는 내 일을 빨리 끝냈다.
③ I saw her on the street lately.  나는 최근에 길에서 그녀를 보았다.
④ She drives carefully.  그녀는 조심스럽게 운전을 한다.
⑤ I'm still loving you.  나는 여전히 그녀를 사랑한다.(강조하는 표현)
⑥ They really want your help.  그들은 정말 네 도움을 원한다.
⑦ This is just what I want.  이것은 딱 내가 원하는 거야.
⑧ I'm just tired.  난 그냥 피곤해.
⑨ I don't even know his name.  난 그의 이름조차 모른다.
⑩ I often fall asleep watching TV.  난 가끔 TV를 보다 잠들곤 해.
⑪ He always forgets my birthday.  그는 늘 내 생일을 잊는다.

⑫ You never listen to me.  너는 내 말에 절대 귀 기울이지 않는구나.

⑬ She is always busy.  그녀는 늘 바쁘다.

⑭ She always has breakfast.  그녀는 늘 아침을 먹는다.

⑮ We usually listen to music in the car.  우리는 대개 차에서 음악을 듣는다.

⑯ America and China are often called G2.  미국과 중국은 가끔 G2라 불린다.

⑰ I often help my mother.  나는 가끔 우리 엄마를 돕는다.

⑱ He sometimes visits the museum.  그는 때때로 박물관을 방문한다.

⑲ He never reads a book.  그는 결코 책을 읽지 않는다.

⑳ She never tells a lie.  그녀는 결코 거짓말을 하지 않는다.

㉑ Frankly, I don't love her.  솔직히, 난 그녀를 사랑하지 않는다.

㉒ Unfortunately, she died of cancer.  불행히도, 그녀는 암으로 죽었다.

㉓ Fortunately, the weather is good.  운 좋게도, 날씨가 좋다.

㉔ Clearly, that cannot be true.  분명히, 그것은 사실일 리가 없다.

㉕ Really, I don't understand you.  실제로, 나는 너를 이해 못하겠어.

㉖ Sometimes, I go to sleep with the radio on.  때로 난 라디오를 켜놓고 잠을 자곤 해.

## 5) 부사의 비교급과 최상급

| 원급 | 비교급 | 최상급 |
| --- | --- | --- |
| fast(빨리) | faster(더 빨리, 더 빠른) | the fastest(가장 빨리) |
| hard(열심히) | harder(더 열심히) | the hardest(가장 열심히) |
| easily(쉽게) | more easily(더 쉽게) | the most easily(가장 쉽게) |
| big(크게) | bigger(더 크게, 더 큰) | the biggest(가장 크게) |
| small(작게) | smaller(더 작게, 더 작은) | the smallest(가장 작게) |
| high(높이) | higher(더 높이, 더 높은) | the highest(가장 높이) |
| long(길게) | longer(더 길게, 더 긴) | the longest(가장 길게) |
| sadly(슬프게) | more sadly(더 슬프게) | most sadly(가장 슬프게) |
| quickly(빠르게) | more quickly(더 빠르게) | most quickly(가장 빠르게) |

| 원급 | 비교급 | 최상급 |
|---|---|---|
| early(일찍) | more early(더 일찍) | most early(가장 일찍) |
| wisely(지혜롭게) | more wisely(더 지혜롭게) | most wisely(가장 지혜롭게) |
| softly(부드럽게) | more softly(더 부드럽게) | most softly(가장 부드럽게) |
| freely(자유롭게) | more freely(더 자유롭게) | most freely(가장 자유롭게) |
| recently(최근에) | more recently(더 최근에) | most recently(가장 최근에) |
| frequently(빈번히) | more frequently(더 빈번히) | most frequently(가장 빈번히) |
| carefully(조심히) | more carefully(더 조심히) | most carefully(가장 조심히) |
| slowly(느리게) | more slowly(더 느리게) | most slowly(가장 느리게) |
| often(자주) | more often(더 자주) | most often(가장 자주) |
| simply(간단히) | more simply(더 간단히) | most simply(가장 단순하게) |
| commonly(흔하게) | more commonly(더 흔하게) | most commonly(가장 흔하게) |
| well(잘) | better(더 잘, 더 낫게) | best(최고로, 가장 잘) |
| much(많이) | more(더 많이, 더 많은) | most(가장 많이) |

- Jill ran the fastest. Jill이 가장 빨리 뛰었다.
- How to live most simply. 가장 단순하게 사는 법
- Bob and Sam laughed loudest at Mary's joke.
  Bob와 Sam이 Mary의 농담에 가장 크게 웃었다.
- Love without reason lasts the longest. 이유 없는 사랑이 가장 오래 지속된다.
- He worked the hardest. 그가 가장 열심히 일했다.
- She gets up earliest in her family. 그녀는 가족 중에서 가장 일찍 일어난다.
- She danced the best. 그녀가 춤을 가장 잘 추었다.
- Jack jumped the highest. Jack이 가장 높이 점프했다.
- My rock flew the highest. 내가 던진 돌이 가장 높이 날았다.
- Stars shine most brightly on a clear night. 별들은 맑은 밤에 가장 밝게 빛난다.
- Lisa drives most carefully of them. Lisa가 그들 중에서 가장 조심히 운전한다.
- It rains most often at the beginning of July. 7월 초반에 비가 가장 자주 온다.
- Jerry is the least worried about the game.
  Jerry는 그 게임에 대해 걱정을 가장 안 한다.

# UNIT 13 to부정사

## 1) to부정사의 뜻

to부정사(不定詞)란 「to+동사원형」을 말합니다. 즉 to뒤에 <u>동사원형</u>이 온 것을 말합니다. 따라서 to 뒤에 명사가 오거나, to 뒤에 동사+ing가 오는 것은 to부정사가 아닙니다. <u>to 뒤에 동사원형만 오는 것을 to부정사라 합니다.</u>

| to부정사인 것들 | to be, to have, to go, to do, to see, to take… |
|---|---|
| to부정사 아닌 것들 | to school, to you, to me, to my answer, to going… |

to부정사는 다양하게 해석이 됩니다. 해석이 하나로 정해져 있지 않다는 뜻입니다. 동명사의 해석이 딱 하나로 정해져 있는 것과 비교가 됩니다. 동명사는 「–하기/–하는 것」아닙니까. 하지만 to부정사는 다릅니다. to go는 문장에 따라 「가는 것」「가려고」「갈」「가니까」「간다면」 등으로 해석이 됩니다. 그래서 어떻게 해석이 될지는 문장을 보기 전까지는 모릅니다. 그래서 「(해석을) 미리 정할 수 없다」는 뜻에서 '부정사'라 한 것입니다. to부정사는 동명사 분사와 함께 「준동사(準動詞)」라 불립니다. 준동사란 동사에서 나왔지만 다른 품사로 그 성질이 바뀐 것을 말합니다.

준동사를 정리하면 이렇습니다.

| to부정사 | 「to+동사원형」이 명사/형용사/부사어처럼 쓰이는 것 |
|---|---|
| 동명사 | 「동사원형+ -ing」가 명사처럼 쓰이는 것 |
| 분사 | 현재분사/과거분사 모두 형용사처럼 쓰이는 것 |

to부정사는 영어에서 굉장히 중요합니다. to부정사를 모르면 영어 문장을 제대로 해석하지 못할 뿐만 아니라 영작도 할 수 없습니다. to부정사뿐만 아니라 동명사와 분사도 무척 중요합니다. 이들을 정확히 알아야 영어를 제대로 아는 것입니다.

| 동사를 연속하여 쓰고자 할 때 | to부정사나 동명사를 써서 연결한다. |
|---|---|
| 명사를 연속하여 쓰고자 할 때 | 전치사를 쓴다. 특히 of를 많이 쓴다. |
| 형용사를 연속하여 쓰고자 할 때 | and를 써서 연결한다. |
| 부사를 연속하여 쓰고자 할 때 | 역시 and를 써서 연결한다. |

• my car color(✕) → the color of my car(○)  내 차의 색깔

• love power(✕) → the power of love(○)  사랑의 힘

• the moon gravity(✕) → The gravity of the moon(○)  달의 중력

• religion freedom(✕) → freedom of religion(○)  종교의 자유

• Korea spring(✕) → spring in Korea(○)  한국의 봄

• 1929 New York(✕) → New York in 1929(○)  1929년의 뉴욕

• life hope(✕) → hope for life(○)  생명에 대한 희망

• He likes study English.(✕) →  He likes to study English.(○)

• I enjoyed listen pop songs.(✕) → I enjoyed listening pop songs.(○)

• I want marry her.(✕) → I want to marry her.(○)

• Plants are beautiful and useful. 식물은 예쁘고 유용하다.

• He is very kind and gentle. 그는 매우 친절하고 온화하다.

• How to write easily and effectively. 쉽게 그리고 효과적으로 글을 쓰는 법

## 2) to부정사의 특징

(1) 문장 맨 앞에 to부정사가 있고, 뒤에 is가 나오면 그 to부정사는 거의 명사적 용법입니다. 이런 경우에는 to부정사를 뒤로 돌리고, 가짜 주어인 It를 문장 맨 앞에 써도 됩니다. 아래 예문들을 잘 보시기 바랍니다. 이때의 It를 소위 가주어라 하는데, 해석은 안 하지만 반드시 써줘야 합니다.

- To exercise everyday is important.  매일 운동하는 것은 중요하다.
  = It is important to exercise everyday.
- To learn about other cultures is useful.
  다른 문화들에 대해 배우는 것은 유용하다.
  = It is useful to learn about other cultures.
- To swim in this river is dangerous.  이 강에서 수영하는 것은 위험하다.
  = It is dangerous to swim in this river.


(2) want, decide, hope, like, plan, expect, seem 등의 뒤에 오는 to부정사는 100%「-하는 것/-하기」로 해석됩니다.
- He wanted to know about it.  그는 그것에 대해 알기를 원했다.
- She decided to marry him.  그녀는 그와 결혼하기로 결정했다.
- I like to write a letter.  나는 편지 쓰는 것을 좋아한다.


(3) to부정사가 맨 앞에서 주어로 쓰일 때에는 무조건 단수 취급합니다.
- To read books is my hobby.  책을 읽는 것이 내 취미다.
  → To read books are my hobby.(✕)
- To learn about other culture is useful.  다른 문화를 배우는 것은 유용하다.
  → To learn about other cultures are useful.(✕)

⑷ to부정사가 형용사처럼 쓰일 때에는 to부정사 앞에 반드시 명사가 오는데, 그 명사들은 way(방법), plan(계획), time(시간), something(어떤 것), opportunity(기회), ability(능력), right(권리), money(돈), water(물), chance(기회), friends(친구) 등의 단어들이 많이 옵니다.

- The best way to learn English is repeat frequently.

  영어를 배우는 최고의 방법은 자주 반복하는 것이다.

- Please give me something to drink. 저에게 마실 것을 주세요.

- We have the right to speak our opinions. 우리는 우리 의견을 말할 권리가 있다.

- I really want a friend to talk with. 나는 같이 얘기할 친구를 정말 원한다.

## 3) to부정사의 해석

「be a doctor(의사가 되다)」라는 구절 앞에 to를 붙여 세 문장을 만들어 보겠습니다.

- I want to be a doctor. 난 의사가 되기를 원해.

- Ways to be a doctor. 의사가 되는 방법들

- You were born to be a doctor. 여러분은 의사가 되기 위해 태어났습니다.

위 세 문장을 보면 「be a doctor」가 각기 다른 용법으로 쓰인 것을 알 수 있습니다. 첫 번째 문장은 「be a doctor」가 마치 명사처럼 쓰였습니다. '명사처럼 쓰였다'는 것은 to부정사가 주어/목적어/보어로 쓰였다는 것을 의미합니다. 따라서 '-은/는/이/가'가 붙을 수 있고, '-을/를'이 붙을 수도 있다는 뜻입니다. 이것이 바로 명사적 용법입니다. 두 번째 문장은 「be a doctor」가 형용사처럼 쓰였습니다. 형용사처럼 쓰였다는 것은 to부정사가 명사를 수식해준다는 뜻입니다. 다만 앞이 아닌 뒤에서 명사를 수식해준다는 점이 다를 뿐입니다. 명사 ways를 「be a doctor」가 뒤에서 수식해 주고 있다는 것을 볼 수 있습니다. 이처럼 to부정사가 형용사처럼 쓰이는 것을 형용사적 용법이라고 합니다. 세 번째 문장은 「be a doctor」가 부사어처럼 쓰였습니다. 부사어는 동사나 형용사나

같은 부사를 수식해주는 것이 특징입니다. 이 문장에서 「be a doctor」는 앞의 'were born(태어났다)'라는 동사를 수식해 주고 있습니다. 부사어는 '-에서/-으로/-하려고/-하다니/-해서/-한다면/-하니까/-를 위해' 등의 말이 붙는 단어를 말합니다.

이와 같이 to부정사는 문장에 따라 다르게 해석이 됩니다. to부정사가 나오면 이 to부정사를 어떻게 해석을 해야 할지 빨리 알아내야 합니다. 그런데 영어를 조금만 공부하시다 보면 빨리 알아내는 능력이 저절로 생깁니다.

### (1) 명사처럼 해석하기(-하기, -하는 것) → 명사적 용법

명사적 용법은 to부정사를 마치 명사처럼 해석하는 것을 말합니다. 명사처럼 해석한다는 것이 무슨 뜻일까요? 명사는 다른 품사와는 달리 유일하게 뒤에 「-은/-는」이나 「-을/-를」이 붙을 수 있습니다. 게다가 뒤에 「-이다」도 붙을 수 있지요.

어떤 단어 뒤에 「-은/-는」이 붙으면 그 단어는 대부분이 주어이고, 어떤 단어 뒤에 「-을/-를」이 붙으면 그 단어는 목적어이며, 어떤 단어 뒤에 「-이다」가 붙으면 그 단어는 보어가 됩니다. 명사는 이렇게 주어, 목적어, 보어 세 역할을 합니다.

to부정사가 명사처럼 해석된다는 것은 to부정사가 주어/목적어/보어로 쓰인다는 것을 뜻합니다.

- My dream is to be a lawyer.  내 꿈은 변호사가 되는 것이다.
- He wants to see you.  그는 너를 보기를 원한다.
- Everyone wants to live long.  모든 사람들이 오래 사는 것을 원한다.
- To study alone is boring.  혼자 공부하는 것은 지루하다.
  = It is boring to study alone.
- I like to read newspapers every morning.  나는 매일 아침 신문 읽는 것을 좋아한다.
- To play the guitar is difficult.  기타를 치는 것은 어렵다.
  = It is difficult to play guitar.
- To park a car here is illegal.  차를 여기에 주차하는 것은 불법입니다.
  = It is illegal to park a car here.

- To help poor people is good.  가난한 사람들을 돕는 것은 좋은 일이다.

  = It is good to help poor people.

- To take your passport is necessary.  네 여권을 가져가는 것이 필요하다.

- She decided to buy that car.  그녀는 그 차를 사기로 결정했다.

- To make children happy is easy.  아이들을 행복하게 하는 것은 쉽다.

- To tell the truth is sometimes dangerous.  진실을 말하는 것은 때로 위험하다.

- He started to draw pictures.  그는 그림 그리는 것을 시작했다.

- I hope to travel around the world.  나는 전 세계를 여행하는 것을 희망한다.

- It is not easy to teach them how to read and write.

  어떻게 읽고 어떻게 쓰는지를 가르치는 것은 쉽지 않다.

- The most important thing is to learn something.

  가장 중요한 일은 무엇인가를 배우는 것이다.

- To use a smart phone in Korea is very common.

  한국에서 스마트 폰을 쓰는 것은 매우 흔하다.

- I expect to pass my exams.  나는 내 시험에 합격하기를 기대한다.

- It is not possible for humans to control nature.

  인간이 자연을 통제한다는 것은 불가능하다.

- It is a good idea to know greeting customs before you visit other countries.

  다른 나라를 방문하기 전에 인사하는 관습들을 아는 것은 좋은 생각이다.

- It often helps to hear other people's experiences.

  다른 사람들의 경험을 듣는 것은 가끔 도움이 된다.

- It is important to know the value of money.

  돈의 가치를 아는 것은 중요하다.

- It is important to get enough sleep.

  충분한 잠을 자는 것은 중요하다.

- The first duty of love is to listen.

  사랑의 첫 번째 의무는 (상대방에게) 귀 기울이는 것이다.

- It is easer to make money than to keep it.

  돈을 지키는 것보다 돈을 버는 것이 더 쉽다.

- It is very important to respect other people's privacy.

  다른 사람들의 사생활을 존중하는 것은 매우 중요하다.

- Why is it important to use fewer plastic bags?

  비닐 봉투를 덜 쓰는 것이 왜 중요한가?

- To be needed and to be wanted is certainly near to happiness.

  필요해지는 것 그리고 (남에게) 원해지는 것은 확실히 행복에 가까워지는 일이다.

- The best way to destroy an enemy is to make him a friend.

  적을 제거하는 가장 훌륭한 방법은 그를 친구로 만드는 것이다.

- My goal is to write a book.  내 목표는 책을 쓰는 것이다.

- To know me is to love me.  나를 아는 것은 나를 사랑하는 것이다.

- To be trusted is a greater compliment than to be loved.

  신뢰받는 것은 사랑받는 것보다 더 큰 칭찬이다.

### (2) 형용사처럼 해석하기(–할, –하는) → 형용사적 용법

형용사적 용법은 to부정사가 형용사처럼 쓰이는 것입니다. 형용사의 가장 중요한 특징이 명사를 수식해 주는 것 아닙니까. 다만 명사 앞이 아닌 명사 뒤에서 명사를 수식해 준다는 점이 다를 뿐입니다. 그래서 to부정사 앞에 반드시 명사가 옵니다.(아래 예문의 굵은 글씨들이 바로 명사입니다.)

- I have no **food** to eat.  나는 먹을 음식이 하나도 없다.

- I want **something** to drink.  나는 마실 뭔가를 원한다.

- Will you give me **a chance** to explain?  나에게 설명할 기회를 줄래?

- She had **nothing** to eat.  그녀는 먹을 것이 아무것도 없다.

- I have no **house** to live.  나는 살 집이 없다.

- Here are **some ideas** to help you study English.

  여기에 네가 영어를 공부하는 것을 도와줄 몇 가지 아이디어가 있다.

- Everyone has **right** to love.  모든 사람은 사랑할 권리가 있다.

- Everyone has **right** to be loved.  모든 사람은 사랑받을 권리가 있다.

- We have **a few minutes** to talk.

  우리는 얘기할 몇 분을 갖고 있다.( → 우리 잠깐 얘기 좀 하자)

- People have **the ability** to think.  사람들은 생각할 능력이 있다.

- It is **time** to say goodbye.  이별을 할 시간이다.

- It is **time** to sleep.  잘 시간이다.

- It is **time** to study.  공부할 시간이다.

- **ways** to be rich.  부유해지는 법

- **10 ways** to be happier.  더 행복해지는 10가지 방법

- We have **many reasons** to be happy.  우리에겐 행복해야 할 많은 이유들이 있다.

- **16 ways** to lose weight fast.  빨리 살을 빼는 16가지 방법

- There is **a better way** to learn English.  영어를 배우는 더 나은 길이 있다.

- There are **many ways** to find happiness.  행복을 찾는 많은 방법들이 있습니다.

- **Things** to avoid.  피해야 할 것들

- I don't have **friends** to talk with.  나는 같이 이야기할 친구들이 없다.

- Take **time** to work.  일할 시간을 가져라.

- Take **time** to think.  생각할 시간을 가져라.

- Take **time** to play.  놀 시간을 가져라.

- Take **time** to laugh.  웃을 시간을 가져라.

- Take **time** to read.  독서할 시간을 가져라.

- Take **time** to share.  (남과) 나누는 시간을 가져라.

- **The only way** to do great work is to love what you do.
  위대한 일을 하는 유일한 길은 네가 하는 일을 사랑하는 것이다.

- Now is **the time** to do.  바로 지금이 해야 할 때다.

- I have **a lot of works** to do.  나는 할 일들이 많다.

- Can you bring me **a pen** to write with?  가지고 쓸 펜을 갖다 줄 수 있니?

- I have **the right** to know about it.  나는 그것에 대해 알 권리가 있다.

- Everyone has **the right** to be happy.  모든 사람들은 행복할 권리가 있다.

- I need **a chair** to sit on.  나는 앉을 의자가 필요하다.

- They had no **money** to buy the necessary foods and tools.
  그들은 필요한 식량과 도구를 살 돈이 없었다.

- There's **nothing** to see.  볼 것이 아무것도 없다.

- **Things** to think about. 생각할 것들
- **Five factors** to consider when choosing a career.
  직업을 고를 때 고려해야 할 5가지 요소들
- Everybody needs **someone** to love. 사람은 모두 사랑할 누군가를 필요로 한다.
- I can't go to the party. I don't have **anything** to wear.
  나는 파티에 못 가. 나는 입을 그 어떤 것도 없단 말야.
- What's **the best way** to learn English? 영어를 배우는 가장 좋은 방법은 뭐죠?
- What's **the best way** to reduce stress?
  스트레스를 줄이는 가장 좋은 방법은 뭡니까?
- When is **the best time** to call you? 당신한테 전화할 가장 좋은 때는 언제입니까?
- Where's **a good place** to eat? 식사할 좋은 곳은 어디죠?
- Where is **the best country** to visit? 방문할 가장 좋은 나라는 어딥니까?
- Where's **a good place** to take pictures? 사진 찍을 좋은 장소가 어디예요?
- Is there **a more efficient way** to learn vocabulary?
  어휘를 배우는 더 효과적인 방법이 있습니까?
- **40 ways** to live life without regrets. 후회 없이 인생을 사는 마흔 가지 방법
- There is no **need** to worry. 걱정할 필요 없어.
- There's no **need** to thank me. 나한테 고마워할 필요는 없어.
- There's **nothing** to do. 할 일이 아무것도 없다.
- There's **nothing** to be afraid of. 아무것도 무서워할 것 없다.
- There's **nothing** to be sorry about. 미안해할 것까지는 없어.
- There's **nothing** to worry about. 걱정할 것이 아무것도 없다.
- There's **nothing** to drink. 마실 것이 아무것도 없다.
- **Solar power and wind energy** to replace fossil fuels.
  화석 연료를 대신할 태양력과 풍력

- Movies have **the power** to shape our view of the world.

  영화는 우리의 세계관을 형성할 힘을 갖고 있다.

- It is **an organization** to help handicapped people.

  그것은 장애자들을 도울 조직이다.

- We need **people** to teach children.

  우리는 아이들을 가르쳐줄 사람들이 필요하다.

- We're going to talk about **ways** to preserve the environment.

  우리는 환경을 보존할 방법에 대해 얘기할 예정입니다.

- I want to be **a singer** to inspire people with my voice.

  나는 내 목소리로 사람들에게 영감을 줄 가수가 되고 싶다.

- Education is **the key** to unlock the golden door of freedom.

  교육은 자유라는 황금의 문을 여는 열쇠다.

- My mom taught me **the right way** to live.

  우리 엄마는 나에게 살아가는 올바른 길을 가르쳐 주셨다.

- Here are **some tips** to help you make the best decision.

  여기 당신이 최고의 결정을 내리도록 도와줄 몇 가지 정보(힌트)가 있습니다.


### (3) 부사처럼 해석하기(–하려고/–해서/–하기에/–한다면) → 부사적 용법

부사적 용법은 to부정사를 부사어처럼 쓰이는 것을 말합니다. 부사가 아니라 부사어입니다. 부사와 부사어는 다릅니다. 부사는 한 단어로 되어 있지만, 영어에서 부사어는 거의가 「전치사+명사」 또는 「전치사+형용사+명사」로 되어 있습니다. 부사어는 –에서/–으로/–하니까/–하려고/–에게/–한다면 등과 같은 말이 붙은 단어를 말합니다.

- We eat to live.  우리는 살기 위해서 먹는다.

- She went to Italy to study music.  그녀는 음악을 공부하기 위해 이태리에 갔다.

- He worked hard to pass the test.  그는 그 시험에 합격하려고 열심히 일했다.

- Use this button to turn on the computer.

  컴퓨터를 켜려면 이 버튼을 사용하세요.

- I telephoned my friend to say sorry.

  미안하다고 말하기 위해 내 친구에게 전화했다.

- I went to the library to borrow some books.

  나는 책을 좀 빌리려고 도서관에 갔다.

- She ran to catch the bus.  그녀는 버스를 잡기 위해 뛰었다.

- A : Why did you come here?  왜 여기에 왔니?

  B : To see him.  그를 보려고.

- A : Why do you go overseas?  왜 해외로 가니?

  B : To study economics.  경제학을 공부하려고.

- Companies use advertisements to inform the public about their products.

  회사들은 그들의 제품을 대중에게 알리기 위해 광고를 이용한다.

- I made this cake to surprise my mother.

  나는 우리 엄마를 놀라게 하기 위해 이 케이크를 만들었다.

- We must work hard to earn money.  우리는 돈을 벌기 위해 열심히 일해야 한다.

- I'm sorry to trouble you.  너에게 폐를 끼쳐서 미안해.

- Face problems from different angles to find solutions.

  해결책을 찾기 위해서 다른 각도에서 문제를 직면하라.

- We should use public transportation to stop air pollution.

  우리는 대기오염을 막기 위해 대중교통을 이용해야 한다.

- I'm pleased to hear the news.  그 소식을 들으니 기쁘네요.

- He must be crazy to do so.  그렇게 하다니 그는 분명 미쳤다.

- I'm sorry to hear that.  그걸 들으니 유감입니다.(기분이 안 좋습니다)

- I'm so happy to see you.  너를 보니 정말 기분이 좋다.

- She was surprised to hear his failure.  그녀는 그의 실패 소식을 들고서 놀랐다.


① This water is good to drink.  이 물은 마시기에 좋다.

② English is too hard to learn.  영어는 배우기에 너무 힘들다.

③ English is difficult to learn.  영어는 배우기가 어렵다.

④ Some students are difficult to handle.  어떤 학생들은 다루기가 어렵다.

⑤ This book is impossible to read.  이 책은 읽기가 불가능하다.

⑥ Love is difficult to define.  사랑은 정의하기에 어렵다.

⑦ It is hard to be humble.  겸손하기가 어렵다.

⑧ These are difficult questions to answer.  이것들은 대답하기에 어려운 질문들이다.

바로 위의 8개 예문은 약간의 설명이 필요합니다. 위 8개 예문의 to부정사들이 모두 「–하기」로 해석되기 때문에 명사적 용법이 아닌가 하는 의문을 가질 수도 있습니다. 즉 「English is too hard to learn.」예문의 경우, 「영어는 배우기가 너무 힘들다.」로 해석되기 때문에 명사적 용법이 아니냐는 겁니다. 하지만, 100% 부사적 용법임을 아셔야 합니다. 왜 그럴까요? 그것은 to부정사 앞에 형용사가 있기 때문입니다. to learn이라는 부정사 앞에 hard라는 형용사가 있지 않습니까? 문법에서 형용사를 수식해 주는 것은 오직 부사밖에 없습니다. 위 예문에서 to learn이 hard를 분명히 수식해 주고 있습니다. 그러므로 to learn은 분명히 부사적 용법에 속합니다.

- To pass the exam, I'll buy you a computer.
  그 시험에 합격하면, 내가 컴퓨터를 사줄게.
- I will thank you to turn off the TV.  네가 TV를 끄면 나는 너한테 고마울 거야.
- He is a good person to know.  그는 알면(알아두면) 좋은 사람이다.
- Use a dictionary to learn new words.  새 단어들을 배우려면 사전을 이용해라.
- Use your head to solve the problem.  그 문제를 풀려면 네 머리를 이용해라.
- You would be surprised to hear that.  너는 그걸 들으면 놀랄 거다.
- They would be happy to see the result.  그들은 그 결과를 알면 행복할 것이다.
- There is someone waiting to see you.  너를 보려고 기다리는 누군가가 있다.
- We must take positive steps to protect wetlands.
  우리는 습지를 보호하기 위하여 적극적인 조치를 취해야 한다.
- I'm going to do everything to be famous.
  나는 유명해지기 위해 모든 일을 다 할 것이다.
- Spend money to make money.  돈을 벌려면 돈을 써라.

- What can you do to achieve your goals?

  네 목표를 달성하기 위해 너는 무엇을 할 수 있니?

지금까지 to부정사의 세 가지 용법을 살펴보았습니다. to부정사는 이 세 가지로 해석이 됩니다. 다음에 배우게 될 동명사는 위 to부정사의 세 용법 중 명사적 용법과 똑같습니다. 즉 동명사는 「–하기/–하는 것」으로만 해석이 됩니다. to부정사처럼 형용사나 부사어처럼 쓰이지 않는다는 뜻입니다. 동명사가 to부정사보다 쉬운 이유입니다.

## 4) to부정사를 바로 뒤에 달고 다니는 동사들

> want, decide, ask, plan, promise, hope, learn, need, seem.

위 네모 안에 있는 동사들 뒤에는 명사도 더러 오지만(특히 want,hope,need), 대부분은 동사가 뒤에 붙습니다. 동사가 뒤에 따라올 때에는 반드시 앞에 to를 써 주어야 하며, 이때 to부정사는 100% 명사적 용법, 즉 「–하는 것/–하기」로 해석합니다.

- I want to master English. 나는 영어를 정복하는 것을 원한다.
- I want to talk with you. 나는 너랑 얘기하는 것을 원한다.
- I want to be famous. 나는 유명하기를 원한다.
- I want to help you. 나는 너를 도와주는 것을 원한다.
- I want to be your friend. 나는 네 친구가 되는 것을 원한다.
- I don't want to change the plan. 나는 그 계획을 바꾸는 것을 원치 않아
- She decided to go overseas. 그녀는 해외에 가기로 결정했다.
- He asked to forgive him. 그는 그를 용서해 주기를 부탁했다.
- When are you planning to come here? 너는 여기에 언제 오기로 계획하고 있니?
- I promised to call her often. 나는 가끔 그녀와 전화하기를 약속했다.

- Many foreigners are learning to read Korean.
  많은 외국인들이 한국어 읽는 것을 배우고 있다.
- I hope to see you again.  너를 다시 만나기를 바란다.
- We need to talk.  우리 얘기하는 것이 필요해.


:: seem

seem은 「–처럼 보이다」의 뜻입니다. look도 같은 뜻을 가지고 있습니다. 하지만 약간 다릅니다. look은 seem보다 그럴 가능성이 더 클 때 씁니다. seem은 look에 비해 확실성이 덜하고 말하는 사람의 주관적 판단이 더 들어가 있습니다.

| seem + 명사<br>= seem like + 명사<br>= seem + to부정사<br>= seem + 형용사/과거분사<br>= seem like + 주어 + 동사<br>= It seems (that) +주어 + 동사 | –인 것처럼 보이다 |
| --- | --- |

- He seems to be happy.  그는 행복한 것처럼 보인다.
  = He seems happy.  ★ seem 바로 뒤에 형용사가 오면 to be는 생략이 가능합니다.
  = He seems like a happy man.
  = He seems like he is happy.
  = It seems that he is happy.
- They seemed (to be) rich.  그들은 부유해 보였다.
- He seems (to be) rich.  그는 부유해 보인다.
- She seems (to be) busy.  그녀는 바빠 보인다.
- This world seems (to be) small.  이 세상은 작아 보인다.
- You seem (to be) very interested.  너는 매우 관심 있어 보인다.
- It seems (to be) strange.  그거 이상해 보인다.

- You seem a little stressed. 너 스트레스를 약간 받은 것 같아.

- This seems to be broken. 이것은 고장난 거 같아.

- He seemed (to be) unemployed. 그는 실업자인 것처럼 보였다.

- He seems honest. 그 사람은 정직해 보여.

- She seemed (to be) homeless. 그녀는 집이 없어 보였다.

- It seemed too difficult. 그것은 너무 어려워 보였다.

- You seem (to be) really nervous. 무척 초조해 보이는군.

- I seem (to be) lost. 내가 길을 잃은 거 같아요.

- He seems (to be) happy. 그는 행복해 보인다.(격식을 차린 표현)

  = He seems like he is happy.(비격식)

- It seems (to be) unfair. 불공평한 거 같아.

- The weather seems (to be) hot. 날씨가 뜨거울 것 같다.

- He seems to be worried about something.
  그는 무엇인가를 걱정하고 있는 것 같다

- It doesn't seem so easy. 그다지 쉬워 보이진 않는데요.

- You seem to like Korean food. 너는 한국 음식을 좋아하는 것 같아.

- He seems to like classical music. 그는 클래식 음악을 좋아하는 것 같다.

- He seems to love you. 그는 너를 사랑하고 있는 것 같아.

- He seems to know me. 그는 나를 아는 것 같아.

- She seems to need help. 그녀는 도움이 필요한 것처럼 보인다.

- You seem to eat too much. 너는 너무 많이 먹는 것 같아.

- You don't seem to understand. 이해를 못하는 것 같군요.

- He seems a nice man. 그는 좋은 사람 같아.

- It seems like yesterday. 어제 일 같아.

- It seems like the only solution. 그게 유일한 해결책인 것 같아.

- It seems like a waste of time. 그건 시간 낭비인 거 같아요.

- He seems like a doctor. 그는 의사인 것 같아.

- This seems like a good solution. 이것은 좋은 해결책인 것 같다.

  = This seems to be a good solution.

- He seems like a doctor.  그는 의사인 것처럼 보인다.

  = He seems to be a doctor.

- It seemed like a good idea.  그거 좋은 생각인 것처럼 보였다.

  = It seemed to be a good idea.

- The plan seems like a good one.  그 계획은 좋은 계획인 것 같다.

- He seems like an intelligent man.  그는 지적인 남자인 것 같아.

- There seem to be a problem.  문제가 있는 거 같아.

- There seem to be some misunderstanding.  약간의 오해가 있는 것 같아.

- She can't seem to remember.  그녀는 기억을 못하는 것 같아.

- She seems to be a very good teacher.  그녀는 매우 훌륭한 선생인 것처럼 보인다.

- Everybody seemed (to be) ready.  모든 사람이 준비가 되어 있어 보였다.

- It seems (that) she can't come.  그녀가 못 올 것 같아.

- It is easier than it seems.  그게 보기보다 더 쉬워요.

- What seems to be the matter?  무엇이 문제인 것 같아요?

- She seems to want to leave early.  그녀는 일찍 떠나기를 원하는 것 같다.

- It seems like it will rain today.  오늘은 비가 올 것 같아요.

- What seems to be the trouble?  문제가 무엇인 것 같아요?

- It seems to me they are very similar.  그것들은 제게 매우 비슷한 것처럼 보여요.

| want + 사람 + to부정사 | –가 –하기를 원하다. |
| --- | --- |
| want + 사물 + 과거분사 | –가 –해지기를 원하다 |
| tell + 사람 + to부정사 | –에게 –하라고 말하다. |
| ask + 사람 + to부정사 | –에게 –하라고 부탁하다. |
| advise + 사람 + to부정사 | –에게 –하라고 충고하다. |
| expect + 사람 + to부정사 | –가 –하기를 기대하다. |
| order + 사람 + to부정사 | –에게 –하라고 명령하다. |

- He wants me to stay longer.  그는 내가 더 오래 머무르기를 원한다.

- I want you to be happy.  나는 네가 행복하기를 원한다.

- I really want my speech to be perfect.  나는 정말로 내 강의가 완벽하길 원해.

- They usually do not want their mother to cook dinner.

  그들은 보통 그들의 엄마가 저녁을 요리해 주기를 원치 않는다.

- Do you want me to do this? 내가 이걸 하기를 원하니?

- How do you want it changed?

  그것이 어떻게 바뀌어지기를 원하세요?(그것을 어떻게 바꾸고 싶으신가요?)

- I want it updated.

  난 그것이 업데이트 되기를 원해.(난 그것을 업데이트 하고 싶어.)

- When do you want your name cards printed?

  당신은 명함이 언제 인쇄되기를 원하십니까?(명함을 언제 인쇄해 드릴까요?)

- She told him to leave here. 그녀는 그에게 여기를 떠나라고 말했다.

- They told me to be quiet. 그들은 나에게 조용하라고 말했다.

- He asked me to do it at once. 그는 나에게 그것을 즉시 하라고 요구했다.

- I asked her to solve the problems. 나는 그녀에게 그 문제를 풀어달라고 요구했다.

- My friend advised me to take a rest a little. 내 친구는 나에게 좀 쉬라고 충고했다.

- I advise you to cook something simple such as spaghetti.

  나는 네가 스파게티처럼 간단한 것을 요리할 것을 충고한다.

- We expect him to come back quickly. 우리는 그가 빨리 돌아올 것을 기대한다.

- Do you expect me to call you first? 넌 내가 먼저 너에게 전화하기를 기대하니?

- What do you expect me to say? 내가 무슨 말을 해주길 바라세요?

- I expected breakfast to be prepared. 나는 아침이 준비되었을 거라고 기대했어.

- Wow, Lily! I didn't expect you to see here!

  와! 릴리! 너를 여기서 볼 거라고는 기대 못했어!

- He ordered me to take off my clothes

  그는 나에게 옷을 벗으라고 명령했다.

- They ordered us to stop smoking.

  그들은 우리에게 금연을 하라고 명령했다.

## 5) to부정사의 부정

to부정사를 부정하고자 할 때에는 not이나 never를 to부정사 앞에 씁니다.

① He studied hard to disappoint his mother.

   그는 엄마를 실망시키기 위해 열심히 공부했다.

   → He studied hard not to disappoint his mother.

   그는 엄마를 실망시키지 않기 위해 열심히 공부했다.

② I decided to buy the car this year.

   나는 올해 그 차를 사기로 결정했다.

   → I decided not to buy the car this year.

   나는 올해 그 차를 사지 않기로 결정했다.

③ She promised to call him.

   그녀는 그에게 전화하겠다고 약속했다.

   → She promised not to call him.

   그녀는 그에게 전화하지 않기로 결정했다.

④ He wants to see you.

   그는 너를 보고 싶어 한다.

   → He wants not to see you.

   그는 너를 보고 싶어 하지 않는다.

⑤ I hope to see you again.

   나는 너를 다시 보기를 바란다.

   → I hope never to see you again.

   나는 너를 다시 보지 않기를 바란다.

⑥ The most important thing is not to give up.

   가장 중요한 것은 포기하지 않는 것이다.

## 6) 사역동사 + 사람 + 동사원형

사역동사에 대해서는 앞의 「일반동사」 편에서 자세히 공부한 적이 있습니다.

| | |
|---|---|
| make + 사람 + 동사원형<br>let + 사람 + 동사원형 | have + 사람 + 동사원형<br>get + 사람 + to부정사 |

- She makes me feel tired.  그녀는 나를 피곤하게 한다.
- Slow music makes shoppers move more slowly.
  느린 음악은 쇼핑객들을 더 느리게 움직이게 한다.
- I made him clean the room.  나는 그에게 방을 청소하게 시켰다.
- Shops make people feel pressed for time.
  가게들은 사람들을 시간에 쫓기도록 느끼게 한다.
- He made me pay the money.  그는 나에게 그 돈을 지불하도록 했다.
- The doctor made him stop smoking.  그 의사는 그가 담배를 끊도록 했다.
- I had him cut my hair.  나는 그에게 내 머리를 자르도록 했다.
- Let me help you.  내가 당신을 돕도록 허락해줘.( → 내가 당신을 도와줄게)
- Let me know your address.  나에게 네 주소를 알려줘
- Let me introduce myself to you.  여러분들에게 나를 소개하겠습니다.
- Let me get you home.  집에 데려다 줄게.
- Let me think about it.  그것에 대해 생각해볼게.
- Let me explain it.  내가 설명할게.
- Let me be there.  거기에 가게 해줘. 너한테 가게 해줘.
- Let me be free.  나를 자유롭게 해줘. 나를 혼자 있게 해줘.
- Let me drive your car.  내가 네 차 운전할게.
- Let me take care of it.  내가 처리할게.
- Let me try again.  다시 한번 해 볼게.
- Let me call you in 10 minutes.  10분 지나서 전화할게.
- Let me take you there.  거기에 데려다 줄게.

- Let me ask you something.  뭐 하나 물어볼게.

  ★ Let me : 「나를 -하게 해줘.」 「내가 -할게」라는 뜻으로, 상대방이 괜찮다고 하면 무엇인가를 하겠다

  는 의미입니다.

- He let Betty use his dictionary.  그는 Betty가 그의 사전을 사용하도록 허락했다.

- My father let me drive his car.

  우리 아버지는 내가 그의 차를 운전하도록 허락했다

- She gets her kids to clean their rooms.

  그녀는 그녀의 아이들을 (설득해서) 그들의 방을 청소하도록 했다.

- I'll get him to invest in my company.

  나는 그를 (설득해서) 우리 회사에 투자하게끔 하겠어.

- How can parents get their children to read more?

  부모는 어떻게 해야 아이들에게 독서를 더 하게 할 수 있을까?


## 7) 지각동사 + 사람 + 동사원형(= 현재분사)

① I heard her call my name.  나는 그녀가 내 이름을 부르는 것을 들었다.

② They saw her walk.  그들은 그녀가 걷는 것을 보았다.

③ I saw Cindy waiting for a bus.  나는 Cindy가 버스를 기다는 것을 보았다.

④ They heard her cry sadly.  그들은 그녀가 슬피 우는 소리를 들었다.


## 8) Let's + 동사원형 : -하자/-합시다.

= Why don't you + 동사원형

= How about -ing?

= What about -ing?

① Let's go on foot.  걸어서 가자.

= Why don't you go on foot?

= How about going on foot?

= What about going on foot?


② Let's dance with me.  나랑 춤을 추자.

= Why don't you dance with me?

= How about dancing with me?

= What about dancing with me?


③ Let's talk over coffee.  커피를 마시면서 얘기하자.

= Why don't you talk over coffee?

= How about talking over coffee?

= What about talking over coffee?


④ Let's finish it until tonight.  오늘밤까지 그것을 끝냅시다.

= Why don't you finish it until tonight?

= How about finish it until today?

= What about finish it until tonight?


How(What) about 다음에 명사나 부사가 올 수도 있습니다.


• How about at six?  6시 어때요?

• How about you?  넌 어때?

• How about this weekend?  이번 주말 어때?

• How about a drink?  술 한잔 어때?

• How about a coffee?  커피 한잔 어때요?

• How about Chinese food for lunch?  점심으로 중국음식 어때?

• How about a hamburger?  햄버거 어때요?

- How about channel 6? 채널 6번 어때?(채널 6번 보자)
- How about today? 오늘 어때?
- How about soccer? 축구 어때?

## 9) too – to : –하기에는 너무 –하다. 너무 –해서 –할 수 없다.

- You are too young to watch this movie.
  너는 너무 어려서 이 영화를 보면 안 돼.
- I was too young to understand my mother then.
  전 그때 너무 어려서 어머니를 이해하지 못했어요.
- It's too heavy for me to lift. 그것은 너무 무거워서 내가 들어올릴 수가 없다.
- He is too tired to wake up. 그는 너무 피곤해서 일어날 수가 없다.
- The thief ran too fast for the police to catch.
  그 도둑은 너무 빨라서 경찰이 잡을 수가 없었다.
- This tea is too hot to drink.
  이 차는 너무 뜨거워서 마실 수가 없다.
- The weather was too hot to go out.
  날씨가 너무 뜨거워서 나갈 수가 없다.
- She is too fat to wear her old clothes.
  그녀는 너무 뚱뚱해서 옛날 옷을 입을 수가 없다.
- It is too late to apologize.
  너무 늦어서 사과할 수가 없다.(사과를 하기에는 너무 늦다)
- I'm too sleepy to drive. 나는 너무 졸려서 운전을 할 수가 없다.
- Helen is too ill to work. Helen은 너무 아파서 일할 수가 없다.
- I'm too bored to listen any longer.
  나는 너무 지루해서 더 이상 들을 수가 없다.

- My dog is <u>too</u> fat <u>to</u> run.  우리 개는 너무 뚱뚱해서 뛸 수가 없다.

- The news is <u>too</u> good <u>to</u> be true.  그 소식은 너무 좋아서 사실일 리가 없다.

- He spoke <u>too</u> fast <u>to</u> be understood.  그는 너무 빨리 말해서 이해가 되지 않는다.

- The happiest people are those who are <u>too</u> busy <u>to</u> notice whether they are or not. 가장 행복한 사람들은 너무 바빠서 자신이 행복한지 아닌지 알아차리지 못하는 사람들이다.

# UNIT 14 동명사

## 1) 뜻

동명사란 동사원형 뒤에 –ing가 붙은 것 중에, 「–하기/–하는 것」으로 해석되는 것을 말합니다. to부정사의 명사적 용법과 해석이 같습니다. 그렇다면 to부정사가 있음에도 왜 굳이 동명사를 쓰는 것일까요? 몇 가지 이유가 있습니다.

첫째, to부정사를 쓰는 것보다 동명사를 쓰는 것이 쉽고 간단하며 발음도 부드럽습니다.

To learn English is very difficult.(○)  영어를 배우는 것은 매우 어렵다.
= Learning English is very difficult.(○)

위 두 문장을 비교해 보면 그 뜻은 같습니다. 하지만 To learn보다 Learning이 보기에 더 좋고 발음하기에도 편하며 더 자연스럽습니다. 그래서 동명사를 선호합니다.

둘째, 전치사 다음에 동사가 올 때에는 반드시 동명사만 써야 합니다. 이때 이 동명사의 해석은 무조건 「–하기/–하는 것」입니다. 그렇다면 이 경우에 to부정사를 써도 될까요? 다음 예문을 보겠습니다.

He is interested in playing the guitar.(○)  그는 기타를 치는 것에 관심이 있다.
 → He is interested in to play the guitar.(×)

위 예문의 playing은 모두 「치는 것」 또는 「치기」로 해석이 됩니다. 그런데 아래 예문처럼 전치사 in 다음에 전치사 to를 쓰면 ①문법에도 안 맞을 뿐만 아니라 ②보기에도 안 좋고 ③발음하기에도 불편합니다. 그래서 동명사만 쓰는 것입니다.

셋째, 동사원형 뒤에 -ing가 붙었다고 하여 무조건 「-하는 것/-하기」로만 해석되지 않습니다. 「-하는/-하는 중」으로 해석될 수도 있습니다.

넷째, 동명사로 문장을 시작하는 경우, 일상적이고 평범한 의미가 담겨 있는데 비해, 철학적이거나 추상적이거나 무거운 뜻을 나타내고자 할 때에는 to부정사를 주어로 하여 문장을 시작합니다.

우리는 위에서 「-하는 것/-하기」로 해석된다고 하여 to부정사가 쓰인 문장을 동명사로, 동명사가 쓰인 문장을 to부정사로 교체하는 것이 무조건 가능하지 않다는 것을 알았습니다. 특히, want나 decide와 같은 동사는 뒤에 반드시 to부정사가 와야 하고, 반대로 enjoy나 finish같은 동사는 뒤에 무조건 동명사만 올 수 있습니다.

사실, 우리는 생활에서 동명사들을 많이 쓰고 있습니다. 예를 들어 볼까요?

- healing(치유하기)
- hunting(사냥하기)
- Internet banking(인터넷으로 은행업무 보기)
- well-being(잘 존재하기, 잘 살아가기)
- well-dying(잘 죽기)
- walking(걷기)
- running(뛰기)
- talking(말하기)
- wedding dress(결혼하기 위한 옷)
- consulting(상담하기)
- warming up(준비운동하기)

- heading(헤딩)
- parking(주차하기)
- meeting(회의)
- keeping(보관하기)
- shopping(장보기)
- booting(부팅)
- packing(짐 싸기)
- opening(개회,시작)
- talking(얘기하기)
- driving(운전하기)
- bottling(병에 채워 넣기)
- caring(돌보기, 보살핌)

## 2) 동명사의 특징

(1) 동명사는 동사에서 나왔지만 그 성질은 명사임을 알아야 합니다.

(2) 전치사 다음에 동사를 쓸 때에는 반드시 그 동사 뒤에 −ing를 붙여야 하는데, 이 때 이 −ing의 정체는 100% 동명사입니다. 따라서 해석은 「−하는 것/−하기」로 해석해야 합니다.

(3) enjoy, finish, stop, mind 등의 뒤에 나오는 동사+−ing는 100% 동명사입니다. 역시 「−하는 것/−하기」로 해석해야 합니다.
- He enjoys listening to radio.  그는 라디오 듣는 것을 즐겨한다.
- I finished reading this book.  나는 이 책을 읽는 것을 끝냈다.
- He stopped working.  그는 일하기를 멈췄다.

⑷ 동사 뒤에 -ing가 붙어 있을 때에는, 그것이 동명사인지 현재분사인지를 빨리 가려낼 줄 알아야 합니다.

⑸ 우리말에도 동명사가 정말 많습니다. 밑줄 친 부분이 바로 동명사들입니다.

- 공부하는 것은 지루하다. ←「공부하다」라는 동사에서 나온(만들어진) 명사
- 보는 것이 듣는 것보다 재미있다. ← 각각「보다」와「듣다」에서 나온 명사
- 집에 가기가 귀찮다. ←「가다」라는 동사에서 나온(파생된) 명사
- 내 꿈은 대통령이 되는 것이다. ←「되다」라는 동사에서 나온 명사
- 많은 젊은이들이 결혼하는 것을 기피하고 있다. ←「결혼하다」에서 나온 명사

⑹ 동명사가 문장 맨 앞에 쓰였을 때에는, 무조건 단수취급 합니다. 이것은 to부정사와 똑같습니다. to부정사나 동명사도 3인칭 단수이기 때문입니다.

- Reading books is important.  책을 읽는 것은 중요하다.
  → Reading books are important.(×)
- Helping others helps you.  다른 사람들을 돕는 것은 너를 돕는 것이다.
  → Helping others help you.(×)
- Eating with fingers is common in Indonesia.
  손가락으로 먹는 것은 인도네시아에서 흔하다.
  → Eating with fingers are common in Indonesia.(×)

위 예문들에서 첫 번째의 books, 두 번째의 others, 세 번째의 fingers가 복수라고 하여 be동사 are를 쓰거나, 일반동사 뒤에 -s나 -es를 안 붙여서는 안 됩니다. 첫 번째의 주어는 books가 아닌 Reading이고, 두 번째의 주어는 others가 아닌 Helping이며, 세 번째의 주어는 fingers가 아닌 Eating이기 때문입니다.

## 3) 다음은 동명사인가, 현재분사인가.

(1) He is teaching English.  그는 영어를 가르치는 중이다.(현재분사)

(2) His job is teaching English.  그의 직업은 영어를 가르치는 것이다.(동명사)

위 (1)번 예문의 teaching은 바로 앞의 be동사와 함께 현재진행형을 이룹니다. 따라서 현재분사입니다. 만약 (1)번의 teaching을 동명사로 보아 '가르치는 것'으로 해석하면 「그는 영어를 가르치는 것이다.」라는 이상한 뜻이 되고 맙니다.

(2)번 예문의 teaching은 '가르치는 것'으로 해석이 되는데, 이것을 만약 현재분사로 보아 '가르치는 중인'으로 해석하면, 「그의 직업은 영어를 가르치는 중이다.」라는 이상한 해석이 되어버리고 맙니다.

(3) a sleeping bag  침낭(잠자기 위한 봉지) → 동명사

(4) a sleeping child  잠자고 있는 아이 → 현재분사

(5) a waiting room  대합실(기다리기 위한 방) → 동명사

(6) a waiting lady  기다리고 있는 부인 → 현재분사

(7) a dancing room  무도실(춤을 추기 위한 방) → 동명사

(8) a dancing girl  춤추고 있는 소녀 → 현재분사

(9) a smoking room  흡연실(흡연하기 위한 방) → 동명사

(10) a smoking man  담배를 피우고 있는 사람 → 현재분사

(11) a swimming pool  수영장(수영을 하기 위한 풀장) → 동명사

(12) a swimming boy  수영중인 아이 → 현재분사

## 4) 다음 밑줄 그은 단어들은 모두 동명사입니다

- No smoking (is allowed)  어떠한 담배 피우기도 허용되지 않습니다.(금연)
- No parking (is allowed)  어떠한 주차하기도 허용되지 않습니다.(주차금지)
- No fishing (is allowed)  어떠한 물고기 잡기도 허용되지 않습니다.(낚시금지)
- No photographing (is allowed)
  어떠한 사진촬영하기도 허용되지 않습니다.(촬영금지)
- No swimming. (is allowed)  어떠한 수영도 허용되지 않습니다.(수영금지)
- No camping. (is allowed)  어떠한 야영도 허용되지 않습니다.(야영금지)

위 예문들은 하나같이 'is allowed'가 생략되어 있는 문장들임을 기억하셔야 합니다.

- Saving Private Ryan  라이언 일병 구하기(미국 영화 제목)
- Talking To The Moon  달에게 말 걸기
- Parking lot  주차장(주차하기 위한 장소)
- Answering Machine  자동응답기(대답해주기 위한 기계)
- singing room  노래방(노래부르기 위한 방)
- driving test  운전 시험(운전하는 것을 평가하는 시험)
- recycling paper  종이를 재활용하기
- delivering customer service  배달고객회사(고객들에게 배달해 주기 위한 회사)
- reading glasses  돋보기(읽기 위한 안경)
- washing machine  세탁기(세척하기 위한 기계)
- diving equipment  다이빙 장비(다이빙하기 위한 장비)
- training center  훈련센터(훈련하기 위한 센터)
- operating system  운영시스템(운영하기 위한 시스템)
- opening ceremony  개막식(개막하기 위한 의식)
- Learning about economy.  경제에 대해 배우기
- online banking/Internet banking/phone banking
  온라인으로 은행 거래하기/ 인터넷으로 은행 거래하기/전화로 은행 거래하기

- marketing  홍보하기
- Ticketing  표 끊기
- Eating with fingers  손가락으로 먹기
- winning habits  (남을) 이기기 위한 습관(남을 이기는 습관)
- eating habits  먹기 습관(먹는 습관)
- newspaper printing machine  신문인쇄기(신문을 인쇄하기 위한 기계)
- Biting nails when nervous  초조할 때 손톱 물어뜯기
- bowing When greeting  인사할 때 고개 숙이기
- Learning Korean with a smile  미소를 지으며 한국어 배우기
- Waiting in line  줄을 서서 기다리기
- Interacting with children  아이들과 소통하기
- stealing other people's ideas  다른 사람들의 생각 훔치기
- drinking water  식수(마시기 위한 물)
- publishing companies/publishing industries
  발행하는 것을 하는 회사(출판사)/발행하는 것을 하는 산업들(출판업)
- Visiting Gyeongju  경주 방문하기
- heating equipment  뜨거워지게 하는 장치(난방 장치)
- Living with nature  자연과 더불어 살기
- problem-solving skills.  문제해결 기술(문제를 풀기 위한 기술)
- decision-making process.  의사 결정 과정(의사를 결정하기 위한 과정)
- filtering process  여과 과정(여과하기 위한 과정)
- turning point.  돌기 위한 점(반환점)
- relaxing music.  명상음악(마음을 풀어주기 위한 음악)
- writing styles  글쓰기 스타일(문체)
- writing skills  글쓰기 재능(文才)
- boarding time  탑승 시간
- boarding pass  탑승권

## 5) 다음 밑줄 그은 단어들은 모두 현재분사입니다

- Never ending story.  절대 끝나지 않는 이야기
- Balancing yoga poses  균형을 잡아주는 요가 자세들
- leading group/leading company/leading Industries/leading bank.
  선도하는 그룹/선도하는 회사/선도하는 산업/선도하는 은행
- We live in fast changing world.  우리는 빠르게 변해가는 세상에서 산다.
- He finally made a thinking machine.  그는 마침내 생각하는 기계를 만들었다.
- lasting peace/long-lasting Restaurant.  지속되는 평화/오래 지속되는 식당
- following day/following year/following questions
  뒤따르는 날(다음 날)/뒤따르는 해(다음 해)/뒤따르는 질문(다음 질문)
- falling rain  떨어지는 비
- Answer the following questions.  다음에 오는 질문에 답해라.
- house-warming party  집을 따뜻하게 하는 파티(집들이)
- The keys to Satisfying Clients(customers)  고객을 만족시키는 비결
- working mom  일하는 엄마
- raining day/raining night  비오는 날/비오는 밤
- A crying child.  울고 있는 아이
- walking dictionary  걷고 있는 사전(박식한 사람)
- The healing power of tea.  차(茶)의 치유력(고치는 힘)
- falling leaves  떨어지고 있는 잎사귀
  - ★ a fallen leaf : 떨어진 잎사귀(낙엽). fallen은 과거분사.
- boiling water  끓고 있는 물
  - ★ boiled water : (이미) 끓인 물. boiled는 과거분사.
- the rising sun : 떠오르고 있는 태양
  - ★ the risen sun  (이미) 떠오른 태양  risen은 과거분사
- growing tree  자라고 있는 나무
  - ★ grown tree  다 자란 나무  grown은 과거분사
- the people using the Internet  인터넷을 사용하는 사람들

- the teacher teaching us Engilsh  우리에게 영어를 가르치는 선생님
- a man reading a paper  신문을 읽고 있는 남자
- The rising sun gives hope.  떠오르는 태양은 희망을 준다.
- The boring teacher always makes me sleep.
  (나를) 지루하게 하는 그 선생은 항상 나를 잠들게 한다.

## 6) 동명사가 쓰인 예문들 공부하기

- I like meeting people.  나는 사람들을 만나는 것을 좋아한다.
- I like being with kids.  나는 아이들과 있는 것을 좋아한다
- Studying English is very important.  영어를 공부하는 것은 매우 중요하다.
  = To Study English is very important.
- His hobby is reading books.  그의 취미는 책을 읽는 것이다.
  = His hobby is to read books.
- Reading good books helps your mind.  좋은 책을 읽는 것은 정신에 도움이 된다.
  = To Read good books helps your mind.
- Keeping a pet is hard.  애완동물을 키우는 것은 힘들어요.
- I'm proud of becoming a doctor.  나는 의사가 된 것이 자랑스럽다.
- My job is teaching English.  내 직업은 영어를 가르치는 것이다.
  = My job is to teach English.
- Learning something is important.  무언가를 배우는 것은 중요하다.
  = To learn something is important.
- Learning English is not that easy.  영어를 배우는 것이 그렇게 쉽지 않다.
- Learning something new can be difficult.
  새로운 뭔가를 배우는 것은 어려울 수도 있다.
- I don't like playing baseball.  나는 야구하는 것을 좋아하지 않는다.
- I enjoy watching movies.  나는 영화 보는 것을 즐긴다.

- Thank you for calling me.  나에게 전화를 해준 것에 대해 고마워.

- Thank you for visiting us.  우리를 방문해 준 것에 대해 고마워.

- Do you mind closing the window?  창문을 닫는 것이 싫으신가요?

- Cooking is my favorite thing.  요리하는 것은 내가 가장 좋아하는 것이다.

- Smoking is bad for health.  흡연하는 것은 건강에 나쁘다.

- Did you finish watching TV?  너는 TV 보는 것을 끝냈니?

- How about talking with me?  나랑 얘기하는 것이 어떠니?

- How about having dinner with me?  나랑 저녁 먹는 것 어때?

- Stop talking!  얘기하는 것을 중단하세요.

- I want you to give up smoking.  나는 네가 흡연하는 것을 포기하기를 원한다.

- Living 100 years is a blessing.  100년을 사는 것은 축복이다.

- What I like best is traveling.  내가 가장 좋아하는 것은 여행하는 것이다.

- Asking for help is sometimes necessary.  도움을 요청하는 것이 때론 필요하다.

- We use water for drinking.  우리는 마시기 위한 물(식수)을 사용한다.

- Drinking water much is good for our health.
  물을 많이 마시는 것은 우리 건강에 좋다.

- Banking is changing – are you ready for it?
  은행업무처리가 변하고 있습니다. 그것에 대한 준비는 되어 있습니까?

- My wish is eating ice cream on a windy day.
  내 소망은 바람 부는 날에 아이스크림을 먹는 것이다.

- Working is easier than studying.  일하는 것은 공부하는 것보다 더 쉽다.

- Hunting tigers is dangerous.  호랑이를 사냥하는 것은 위험하다.

- Speaking much is not good.  많이 말하는 것은 좋지 않다.

- Drunk driving is against the law.  음주 운전하기는 법을 어기는 것이다.

- Using mobiles while driving is dangerous.
  운전하는 동안 핸드폰을 사용하는 것은 위험하다.

- Sharing is caring.  나누는 것이 돌보는 것이다.(보살피는 것이다)

- Teaching is learning.  가르치는 것이 배우는 것이다.

- Learning languages takes time and effort.
  언어를 배우는 것은 시간과 노력을 요한다.
- Communicating includes listening as well as speaking and writing.
  의사소통하는 것은 말하기와 쓰기뿐만 아니라 듣기도 포함한다.
- Just seeing is not enough.  보는 것만으로는 충분하지 않다.
- Driving is very dangerous.  운전하는 것은 매우 위험하다.
- Wearing school uniforms has many merits.
  교복을 입는 것은 많은 장점을 가지고 있다.
- Knowing is better than not knowing.  아는 것은 모르는 것보다 낫다.
- Being friends with myself.  나 자신과 친구 되기
- Speaking is easier than writing.  말하기는 쓰기보다 더 쉽다.
- Teaching writing and speaking is not easy.
  쓰기와 말하기를 가르치는 것은 쉽지 않다.
- Naming helps children to establish identity.
  이름 짓기(부여하기)는 아이들이 정체성을 세우는데 도움을 준다.
- Listening is hard than understanding.  듣는 것은 이해하는 것보다 어렵다.
- Smoking is more dangerous than driving.
  흡연하는 것은 운전하는 것보다 위험하다.
- Speaking English may be compared to driving a car.
  영어를 말하는 것은 차를 운전하는 것에 비유할 수 있다.
- Agriculture means planting, raising, and harvesting from the land.
  농사란 땅에서 씨를 심기, 기르기 그리고 수확하기를 의미한다.
- Teaching others what you know is exciting.
  네가 아는 것을 다른 사람들에게 가르치는 것은 신나는 일이다.
- Worrying is a waste of your intelligence.  걱정하는 것은 네 지성의 낭비다.
- Spending time in nature is good for you.  자연 속에서 시간을 보내는 것은 너에게 좋다.
- Walking with a friend in the dark is better than walking alone in the light.
  어둠 속에서 친구와 걷는 것은 밝음 속에서 홀로 걷는 것보다 더 나아요.
- Worrying is a total waste of time.  걱정하는 것은 완전히 시간 낭비에요.

- Window shopping is a waste of energy.  윈도 쇼핑하는 것은 에너지 낭비야.
- Spending time around trees and looking at trees reduces stress.
  나무 주변에서 시간을 보내는 것 그리고 나무를 바라보는 것은 스트레스를 줄여 준다.
- Loving yourself is the foundation for finding inner peace, happiness, and the ability to love others.
  너 자신을 사랑하는 것은 내적인 평화, 행복 그리고 남을 사랑할 능력을 발견하기 위한 토대이다.
- Reading is necessary for living, learning, working and so much more.
  책을 읽는 것은 살기, 배우기, 일하기 그리고 더 많은 것들을 하는데 있어 필요하다.
- Being polite is important in all languages especially if you are asking someone to help you.
  예의바르게 하는 것은 모든 언어에서 중요한데, 특히 당신이 누군가에게 당신을 도와달라고 부탁할 때 중요하다.
- Success is getting what you want and happiness is wanting what you get.
  성공은 원하는 것을 얻는 것이고 행복은 얻는 것을 원하는 것이다.

## 7) 동명사를 달고 다니는 동사들

> enjoy, finish, give up, mind keep.

즉, 이들 단어 뒤에 따라오는 동사+ing는 무조건 동명사입니다.

- He enjoys taking care of his pet.  그는 그의 애완동물을 돌보는 것을 즐긴다.
- She enjoys meeting new people.  그녀는 새로운 사람들을 만나는 것을 즐긴다.
- I finished reading the newspaper.  나는 신문 읽는 것을 끝냈다.
- They finished cleaning their room.  그들은 그들의 방을 치우는 것을 끝냈다.
- She gave up learning English.  그녀는 영어 배우는 것을 포기했다.

- I gave up traveling to China.  나는 중국에 여행 가는 것을 포기했다.
- Would you mind waiting for a few minutes?  잠깐 기다려 주시겠습니까?
- Would you mind keeping the door open?  제가 문을 열어둬도 될까요?
- If you don't mind my asking, how old are you?
  제가 이렇게 물어봐도 되는지 모르겠습니다만, 나이가 어떻게 되세요?
- Would you mind helping me?  좀 도와주시겠습니까?
- Would you mind sitting here?  여기에 앉아도 될까요?
- Do you mind if I ask your age?  당신의 나이를 물어봐도 될까요?
- Do you mind if I ask why?  제가 이유를 물어봐도 될까요?
- Do you mind if I try it on?  제가 한번 입어봐도 될까요?
- Would you mind if I borrow this chair?  이 의자 좀 빌려도 될까요?
  ★ mind 뒤에 바로 동명사가 와도 되고, if+주어+동사가 와도 됩니다.
- She kept watching TV.  그녀는 계속 TV를 봤다.  ★ keep -ing : 계속 -하다.
- I will keep waiting here.  여기서 계속 기다릴게요.
- Keep going!  (하던 일을) 계속 해!
- I won't tell you if you keep laughing.  네가 계속 웃으면 말 안해.
- As long as you live, keep learning how to live.  살아 있는 한, 사는 법을 계속 배워라.
- Let's keep talking about it.  그것에 대해 계속 얘기해 보자.
- Keep reading until you understand it.  네가 그것을 이해할 때까지 계속 읽어라.
- Keep driving until we see the sign.  표지판이 보일 때까지 계속 운전해.

## 8) 동명사와 to부정사 모두 올 수 있는 동사들

begin, like, love, start

- The children like to go to the zoo.  그 아이들은 동물원에 가는 것을 좋아한다.
  = The children like going to the zoo.

- I love to eat hamburgers. 나는 햄버거 먹는 것을 무척 좋아한다.
  = I love eating hamburgers.
- It started to rain. 비가 내리기 시작했다.
  = It started raining.

## 9) to부정사와 동명사가 모두 올 수 있으나, 그 의미 차이가 큰 경우

forget, remember, try, stop

| | | |
|---|---|---|
| **forget** | 뒤에 to부정사 올 때 | -할 것을 잊다. |
| | 뒤에 동명사가 올 때 | -했던 것을 잊다. |

- I forgot to lock the door. 나는 문 잠그는 것을 잊었다.(안 잠갔다)
- I forgot locking the door. 나는 문 잠근 것을 잊었다.(잠갔다)
- Don't forget to lock the door when you leave.
  네가 떠날 때 문 잠그는 것을 잊지 마라.
- I forgot to bring an umbrella. 나는 우산 가져오는 것을 잊었다.
- I forgot bringing an umbrella. 나는 우산 가져온 것을 잊었다.

| | | |
|---|---|---|
| **stop** | 뒤에 to부정사 올 때 | -을 하려고 멈추다. |
| | 뒤에 동명사가 올 때 | -하던 것을 멈추다. |

- I stopped to buy flowers. 나는 꽃을 사기 위해 (하던 일을) 중단했다.
- I stopped buying flowers. 나는 꽃을 사던 것을 중단했다.
- They stopped to fight. 그들은 싸우기 위해 걸음을 멈추었다.
- They stopped fighting. 그들은 싸우는 것을 중단했다.
- The bus stopped to pick up the children. 그 버스는 아이들을 태우기 위해 멈췄다.

- It's stopped raining.  비오는 것이 멈췄다.
- I stopped to watch movies.  나는 영화를 보기 위해 (하던 일을) 멈췄다.
- I stopped watching movies.  나는 영화 보는 것을 중단했다.
- I stopped to have lunch.  나는 점심을 먹기 위해 (하던 일을) 멈췄다.
- I stopped having lunch.  나는 점심을 먹던 것을 멈췄다.
- I can't stop loving you.  나는 당신을 사랑하는 것을 멈출 수 없다.
- Stop worrying.  걱정하는 것을 멈춰.
- Stop talking.  얘기하는 것을 멈춰.
- Never stop learning something.  무언가를 배우는 것을 절대 중단하지 마.

| remember | 뒤에 to부정사 올 때 | –할 것을 기억하다. |
| | 뒤에 동명사가 올 때 | –했던 것을 기억하다. |

- I remember to meet you tomorrow.  나는 내일 너를 만날 것을 기억하고 있다.
- I remember meeting you last year.  나는 작년에 너 만난 것을 기억하고 있다.
- Remember to turn the lights out.  불을 끄는 것을 기억해.

| try | 뒤에 to부정사 올 때 | –하려고 노력하다. |
| | 뒤에 동명사가 올 때 | 시험 삼아 –하다. |

- I tried to move the table.  나는 탁자를 옮기려고 노력했다.
- I tried moving the table.  나는 탁자를 시험 삼아 옮겨보았다.
- I'm trying to learn Japanese but it's very difficult.
  나는 일본어를 배우려고 노력 중이다. 하지만 매우 어렵다.
- I tried to repair the car.  나는 그 차를 고치려고 노력했다.
- I tried repairing the car.  나는 시험 삼아 그 차를 고쳐 보았다.
- Have you tried using butter instead of oil?
  시험 삼아 기름대신에 버터를 사용해 본 적 있니?
- I tried to apologize to my wife.  나는 내 아내에게 사과하려고 노력했다.

- I tried apologizing to my wife.  나는 내 아내에게 사과해 보았다.


## 10) 동명사의 부정 : 동명사 앞에 not을 쓰면 됩니다.

- I enjoy not working.
  나는 일하지 않는 것을 즐긴다.
- The best thing for your health is not smoking.
  네 건강에 가장 좋은 것은 담배 피우지 않는 것이다.
- His problem is not coming to class on time.
  그의 문제는 제 시간에 수업에 오지 않는 것이다.
- I'm worried about not passing the test.
  나는 그 시험에 합격하지 못할까봐 걱정이 된다.
- Not exercising regularly is dangerous for your health.
  규칙적으로 운동하지 않는 것은 네 건강에 위험하다.
- Not driving fast is important.
  빨리 운전하지 않는 것이 중요하다.

| go fishing | 낚시하러 가다. |
|---|---|
| go shopping | 쇼핑하러 가다. |
| go swimming | 수영하러 가다 |
| go skating | 스케이트 타러 가다. |
| go skiing. | 스키 타러 가다. |

# UNIT 15 과거분사

## 1) 뜻

분사란 동사에서 나왔지만 형용사 역할을 하는 품사를 말합니다. 즉, 분사는 동사와는 관련이 없고 형용사로 그 성질이 바뀐 품사입니다. 분사에는 현재분사와 과거분사가 있습니다. 현재분사는 「-하는/-하고 있는」으로 해석하고, 과거분사는 「-된/-당한」의 뜻으로 해석합니다. 즉, 현재분사는 능동이나 진행의 뜻으로 해석하고, 과거분사는 피동(被動)의 뜻으로 해석합니다. 현재분사는 현재와는 아무런 관련이 없고, 과거분사도 과거와는 아무런 상관이 없다는 것을 꼭 기억하십시오.

먼저 우리말을 봅시다. 왼쪽이 능동이고 오른쪽이 수동(즉, 피동)입니다.

| | | |
|---|---|---|
| 잡다. → 잡히다. | 사랑하다. → 사랑받다. | 초대하다. → 초대받다. |
| 지우다. → 지워지다. | 만들다. → 만들어지다. | 부르다. → 불러지다. |
| 죽이다. → 죽임 당하다. | 하다. → 행해지다. | 안다. → 안기다. |
| 먹다. → 먹히다. | 쓰다. → 쓰이다. | 금지하다. → 금지되다. |
| 수출하다. → 수출되다. | 휩쓸다. → 휩쓸리다. | 듣다. → 들리다. |
| 잊다. → 잊히다. | 숨기다. → 숨다. | 꺾다. → 꺾이다. |
| 훔치다. → 도난당하다. | 시도하다. → 시도되다. | 놀라게 하다. → 놀라다. |
| 설명하다. → 설명되다. | 보다. → 보이다. | 흥분시키다. → 흥분하다. |
| 주다. → 주어지다. | 바꾸다. → 바뀌다. | 실망시키다. → 실망하다. |

위 예에서 보듯 우리말에서는 기본형 동사를 피동형 동사로 바꿀 때, 「-히/-리/-기/-이」 등을 사이에 넣거나 「-되다/-당하다/-받다」 등을 덧붙입니다. 영어에서는 과거분사가 이러한 기능을 대신합니다. 즉, 과거분사는 우리말의 피동형과 같은 역할을 합니다.

## 2) 과거분사의 정체

- I like used books.  나는 사용된 책을 좋아한다.
    ★ used book : 중고책을 말함.
- He bought a imported car.  그는 수입된 차를 샀다.
- Don't miss the given opportunity.  주어진 기회를 놓치지 마라.
- my stolen smart phone.  도난당한 내 스마트폰

하지만 과거분사가 100% 수동의 뜻으로 해석되는 것은 아닙니다. 자동사의 경우에는 수동이 아닌 능동의 뜻으로 해석합니다.

### (1) retire(은퇴하다) → retired(은퇴한)
- a retired soldier  은퇴한 군인
- About retired life  은퇴한 삶에 관하여
- He is retired now.  그는 이제 퇴직했다.

### (2) advance(나아가다, 전진시키다) → advanced(고급의, 선진의)
- advanced students  상급 수준의 학생들
- advanced course  고급 과정
- advanced mathematics  고등 수학
- advanced technology  고급 기술
- advanced civilization  선진 문명

### (3) go(가다, 떠나다) → gone(떠난, 가버린, 죽은)
- She's gone.  그녀가 떠나갔어요.
- Those happy times are gone forever.  그런 행복한 시절은 영원히 지나갔어요.
- That happened while I was gone.  내가 없는 사이에 그 일이 일어났다.
- His anger was gone.  그의 분노가 사라졌다.
- Gone with the wind.  바람과 함께 사라지다.(영화 제목)

**(4) lose(물건을 잃다, 길을 잃다) → lost(길을 잃은)**

- I'm lost.  나는 길을 잃었어.

- Lost memories  잃어버린 기억들

- a lost dog  잃어버린 개

- lost sheep  길 잃은 양

# 3) 과거분사가 들어간 문장들

**(1) I want to love.  나는 사랑하고 싶다.**

- I want to be loved.  나는 사랑받고 싶다. ★ I want to loved.(×)

**(2) We use a computer everyday.  우리는 매일 컴퓨터를 쓴다.**

- Computers are used in many countries.  컴퓨터는 많은 나라들에서 사용된다.

- She bought a used computer.  그녀는 사용된 컴퓨터(= 헌 컴퓨터)를 샀다.

- He gave me used clothes.  그는 사용된 옷(= 헌 옷)을 나에게 주었다.

**(3) They respect him.  그들은 그를 존경한다.**

- I like the respected president.  나는 그 존경받는 대통령(회장)을 좋아한다.

- He is a respected leader.  그는 존경받는 지도자이다.

- I wanted to be a respected teacher.  나는 존경받는 선생님이 되고 싶다.

- She is respected from all over the world.  그녀는 전 세계에서 존경받는다.

**(4) She imports watches from Switzerland.  그녀는 스위스로부터 시계를 수입한다.**

- They want to buy imported toys.  그들은 수입된 장난감들을 사고 싶어 한다.

- Much rice is imported from America.  많은 쌀이 미국에서 수입된다.

- It is an imported beer.  그것은 수입된 맥주이다.

- Imported cars are expensive.  수입된 차들은 비싸다.

- This shop sells imported books.  이 가게는 수입된 책들을 판다.


**(5) He invited me at the party.  그는 그 파티에 나를 초대했다.**

- He is invited at the party.  그는 그 파티에 초대받았다.
- He is a invited guest.  그는 초대된(초대받은) 손님이다.
- They are uninvited at the party.  그들은 그 파티에 초대받지 않았다.
    = They are not invited at the party.



## 4) 자주 쓰이는 과거분사들의 예

영어를 잘 몰라도 우리는 일상생활에서 과거분사를 자주 쓰고 듣고 보고 있습니다. 박지성 선수가 활약했던 잉글랜드의 축구명문 Manchester United에서 united라는 단어, 미국을 뜻하는 USA의 'U'의 줄임말인 united, 전자악기를 전혀 쓰지 않고 연주한다는 뜻의 unplugged(언플러그드), 수영 종목의 하나인 Synchronized(싱크로나이즈드), 한국에서 만든 제품이라는 뜻의 made in Korea에서의 made, 문이 닫혀 있다는 뜻으로 흔히 문에 달려 있는 closed, 매진되었다는 뜻으로 매표소 앞에 걸리는 sold out의 sold, 공항 전광판의 cancelled라는 단어, 마트에 가면 냉동식품 위에 걸려 있는 frozen이라는 단어, fried chicken의 fried 등이 모두 과거분사들입니다.

그런가 하면 외국 영화의 마지막 장면에서도 과거분사는 많이 등장합니다. 영화의 맨 마지막에 다음과 같이 영어로 된 자막들이 올라가는 것을 볼 수 있습니다. 밑줄 그은 것들이 모두 과거분사입니다.


**directed by James Cameron.**

- 원래 문장 : The film was directed by James Cameron.
- 직역 → 이 영화는 James Cameron에 의해 감독되었다.
- 의역 → 감독 : James Cameron

## written by Stephen Low

- 원래 문장 : The film was written by Stephen Low.
- 직역 → 이 영화는 Stephen Low에 의해 (대본이) 쓰였다.
- 의역 → 극본 : Stephen Low

## produced by Moritz Emons

- 원래 문장 : The film was produced by Moritz Emons.
- 직역 → 이 영화는 Moritz Emons에 의해 제작되었다.
- 의역 → 제작 : Moritz Emons

## photographed by Andy Steinmann

- 원래 문장 : The film was photographed by Andy Steinmann.
- 직역 → 이 영화는 Andy Steinmann에 의해 촬영되었다.
- 의역 → 촬영 : Andy Steinmann

## distributed by the ABC Maltar companies

- 원래 문장 : The film was distributed by the ABC Maltar companies.
- 직역 → 이 영화는 ABC Maltar companies에 의해 배급되었습니다.
- 의역 → 배급사 : ABC Maltar companies

## Recycled glass. 재활용된 유리

- All rights reserved. 모든 권리는 (우리 회사에) 보류되어 있음.
  - ★ 위 문장은 원래 「All rights are reserved by~」입니다. be동사 are가 생략된 것이지요. 그리고 by 뒤에는 회사 이름이 들어갑니다.

## Reserved seating 예약된 좌석(reserve: 예약하다)

- Reserved tables 예약된 테이블
- Reserved for the disabled/the elderly. 장애자/노인들을 위해 예약되어 있음
- The meeting room is occupied. 회의실이 사용 중입니다.(occupy: 차지하다)

- The restroom is occupied. 화장실이 (다른 사람에 의해) 사용 중입니다.

- learned  학식 있는, 유식한(learn: 배우다)

- talented  재능 있는
  (talent: 재능. 'talent'라는 명사에 −ed가 붙어 형용사가 된 특이한 경우임)

- canned food  통조림(can: 깡통에 넣다) ★ can food(✕)

- canned meat  통조림 고기(깡통에 넣은 고기)

- canned coffee  캔 커피(캔에 넣은 커피) ★ can coffee(✕)

- canned cola 캔 콜라  ★ can cola(✕)

- iced coffee  얼린 커피(ice: 얼리다) ★ ice coffee(✕)

- high−skilled  숙련된 기술을 가진
  (skill: 재능. 'skill'이라는 명사에 −ed가 붙어 형용사가 된 경우임)

- skilled brains  숙련된 두뇌들(숙련된 인력)

- skilled labor  숙련된 노동자(또는 숙련된 노동력)

- untouched nature  손대지 않은 자연(touch: 만지다. 손대다)

- untouched cave  손대지 않은 동굴

- developed countries  개발된 나라들(← 선진국) ★ develop: 발전(발달)시키다

- developing countries  개발도상국(← 개발 중인 나라들)

- left−handed  왼손잡이의(hand: 손. 'hand'라는 명사에 −ed가 붙은 경우임)

- right−handed  오른손잡이의

- broad−minded  마음이 넓은(mind: 마음. 위 'hand'의 경우와 같음)

- open−minded  열린 마음의

- narrow−minded  마음이 좁은

- long−legged  다리가 긴(leg: 다리. 위 'hand'의 경우와 같음)

- short−legged  다리가 짧은

- an updated edition  업데이트판(최신판) ★ update: 최신식으로 하다

- updated news  업데이트된 뉴스

- an revised edition  개정된 판. 개정판(revise: 개정하다)

- well−known  잘 알려진(유명한) ★ know: 알다

- well−trained  잘 훈련된(숙련된) ★ train: 훈련시키다

- well-educated  잘 교육받은(교양있는)  ★ educate: 교육하다. 가르치다
- globalized  세계화된(globalize: 세계화하다)
- globalized Korean food  세계화된 한국 음식
- globalized medical service  세계화된 의료 기술
- armed robbery  무장 강도(arm: 무장하다. 무기를 갖추다)
- armed forces  무장된 군사력(→ 군대. 국방력)
- armed conflict  무력 충돌(분쟁)
- crowded  혼잡한(crowd: 꽉 들어차다. 꽉 채우다)
- a crowded theater  만원을 이룬 극장.
- crowded traffic  혼잡한 교통
- refreshed  재충전된(상쾌한)  ★ refresh:상쾌하게 하다
- forbidden food  금지된 음식(forbid: 금지하다)
- forbidden love  금지된 사랑
- forbidden books  금지된 책들(금서)
- memorized words  외운 단어들(memorize: 암기하다. 기억하다)
- memorized poem  외운 시
- bottled  병에 담긴(bottle: 병에 담다)
- bottled water(beer)  병에 든 물(맥주)
- needed  필요되는(need: 필요하다)
- What's needed?  무엇이 필요되나요?(필요한가요)
- What's needed now is leadership.  지금 필요되는(필요한) 것은 지도력이다.
- titled  이름이 있는(title: 제목을 붙이다)
- untitled  제목이 없는, 이름이 없는
- I bought the book, titled 'Before Dawn'.
  나는 '여명(黎明)'이라는 이름이 붙은 책을 샀다.
- The National Museum of Korea will host an exhibition titled "Neolithic Culture".
  한국중앙박물관은 신석기 시대의 문화라는 이름의 전시를 열 예정이다.
- untitled poem  제목이 없는 시
- specialized  특화된(전문화된)  ★ specialize:전문화하다

- specialized bicycle  전문 자전거
- specialized high schools  특화된 고등학교들
- specialized knowledge(technical)  전문 지식(기술)
- required  요구되는, 필수적인(require: 요구하다)
- required subjects  필수 과목들
- required documents  요구되는(필수적인) 서류들
- required skills for a lawyer  변호사가 되기 위해 요구되는 재능들
- Required High School Courses  필수적인 고교 과정들
- stolen car  도난당한 차(steal: 훔치다)
- stolen purse  도난당한 지갑
- prepared  준비된(prepare: 준비하다)
- prepared education  준비된 교육
- prepared foods  준비된 식량
- A: I have a job interview tomorrow.  나 내일 면접 있어.

  B: Are you prepared for that?  너 그거에 준비돼 있니?
- Well, I'm not prepared for that.  글쎄요, 저는 그럴 준비가 되어 있지 않아요.
- Soldiers are prepared to fight.  군인들은 싸울 준비가 되어 있지.
- aged  나이든, 나이를 먹은(age: 나이를 먹다)
- the aged(= aged people)  노인들
- aged 17  열일곱 살 된/(술 등이) 17년 된
- school-aged children  학교에 들어갈 나이가 된 아이들(취학연령의 아이들)
- children aged between three and five  3살과 5살 사이의 나이를 먹은 아이들
- students aged under 18  18세 미만의 학생들
- aged society  고령 사회(65세 이상의 인구가 전체 인구의 14%를 넘는 사회)
- middle-aged  중년의
- written test  필기시험(write: 쓰다)
- written interview  서면(서류) 면접
- licensed driver  면허받은(면허를 가진) 운전자(license: 면허를 주다. 인가하다)
- licensed gun  (소지, 판매 등을) 허가받은 총

- curved  굽은(curve: 구부리다)
- curved line  곡선
- curved monitor  곡면 모니터
- limited  한정된, 한계 있는(limit: 한정하다. 제한하다)
- unlimited  무한의, 한계가 없는
- limited ability  한정된 능력
- limited edition  한정판
- unlimited desires  끝없는 욕망
- an adopted child  입양된 아이(adopt: 입양하다)
- mixed  혼합된(mix: 섞다)
- a child of mixed blood  혼혈아
- mixed economy  혼합경제(자본주의 요소와 계획경제 요소가 섞인 경제)
- applied  응용된(apply: 응용하다)
- applied science  응용 과학
- applied mathematics  응용 수학
- applied art  응용 미술
- handicapped(= disabled)  장애가 있는(handicap: 불리하게 만들다)
- handicapped people(= disabled people)  장애인들
- handicapped parking  장애인용 주차장(= disabled parking)
- handicapped welfare  장애인 복지
- mentally challenged children  정신질환으로 도전받는 아이들(challenge: 도전하다)
- restricted  제한된, 금지된(restrict: 제한하다)
- restricted area  제한구역
- restricted parking area  주차 금지 구역
- restricted items on airplane  비행기에서의 금지 품목(물품)
- included  포함된(include: 포함하다)
- Lunch included  점심이 포함되어 있음.
    - ★ 원래 문장은 「Lunch is included.」임. 'is'가 생략되었음.
- All included  모든 것이 포함되어 있음.(가운데 is가 생략되었음)

- All charges included  모든 요금이 포함되어 있음.(included 앞에 are가 생략되었음)
- broken window  깨진 창문(break: 깨뜨리다. 부수다)
- broken heart  부서진 마음
- forgotten man  잊힌 사람(forget: 잊다)
- forgotten memories  잊힌 기억들
- given time  주어진 시간(give: 주다)
- given name  주어진 이름(→ 이름)

   ★ 2016년 현재 미국 대통령인 Barack Obama(버락 오바마)는 Barack이 이름(given name 또는 first name)이고, Obama는 성(姓, last name 또는 family name)입니다. Mr, Mrs, Miss, Ms는 성 앞에 쓰는 것이지 이름 앞에는 쓰지 않는다는 것을 꼭 기억하십시오. Mr. Obama라고 불러야지 Mr. Barack라고 불러서는 안 됩니다.

- hidden talents  숨겨진 재능(hide: 숨기다)
- hidden card  숨겨진 카드(남에게 보여주지 않은 카드)
- hidden treasure  숨겨진 보물
- known name  알려진(유명한) 이름(know: 알다)
- known singer  알려진(유명한) 가수
- Tomb of the unknown soldier  무명 군인의 무덤
- invited people  초대된 사람들(invite: 초대하다)
- uninvited people  초대받지 못한 사람들
- used car  사용된 차(중고차)  ★ use: 사용하다
- used products  사용된 제품(중고품)
- used textbooks  헌 교과서
- cooked rice  요리된 쌀(→ 밥)  ★ cook: 요리하다
- finished products  완제품(finish: 끝내다)
- unfinished song  미완성곡
- an attached file  첨부 파일(attach: 붙이다)
- recycled paper  재활용된 종이(recycle: 재활용하다)
- recycled products  재활용된 제품
- heated seat  가열된 좌석(열선 좌석)  ★ heat: (뜨겁게 하다)

- heated controversy  뜨거운 논란
- prejudiced adults  편견을 가진 어른들(prejudice: 편견을 갖게 하다)
- prejudiced attitude  편견을 가진 태도
- Everybody is prejudiced.  모든 사람들은 편견이 있다.
- How to be less prejudiced  편견에 덜 사로잡히는 방법
- Does religion make people prejudiced?
  종교가 사람들로 하여금 편견을 가지게끔 하나요?
- Religious people really more prejudiced.
  종교를 가진 사람들이 실제로 더 편견에 사로잡혀 있다.
- a recently published book  최근에 발행된 책
- well-balanced  균형 잡힌(balance: 균형을 잡다)
- balanced opinions  균형 있는 의견들
- balanced body  균형 잡힌 몸
- balanced growth  균형 있는 성장
- government-sponsored organization
  정부로부터 후원받는 조직(sponsor: 후원하다)
- long-haired  긴 머리를 한('hair'라는 명사에 -ed가 붙어서 형용사가 된 경우임)
- asked  요구받는, 물음을 당하는(ask: 요구하다, 묻다)
- frequently asked questions  자주 물어지는 질문들(자주 묻는 질문들)
- the question not asked  물어지지 않는 질문(묻지 않는 질문)
- students asked to wear school uniform  교복을 입을 것을 요구받는 학생들
- printed paper  인쇄된 종이(print: 인쇄하다, 출력하다)
- 3D-printed car  3D프린터로 출력된 차
- locked door  잠긴 문(lock: 잠그다)
- locked account  잠긴(쓰지 못하는) 계좌
- How to unlock a locked cell phone  잠긴 휴대폰을 푸는 법
- revised version  개정된 판(개정판) ★ revise: 개정하다
- endangered animals  위험에 처한 동물들(endanger: 위험에 빠뜨리다)

- All ages admitted 모든 연령대가 입장 가능합니다.(admit: 허락하다)
  → 「All ages are admitted.」에서 be동사 are가 생략된 것입니다.

## 5) 현재분사와 과거분사의 차이

현재분사는 알다시피 동사원형에 -ing가 붙은 것을 말합니다. 겉으로 볼 때 동명사와 모양이 똑같습니다. 하지만 해석이 다릅니다. 앞의 「동명사」 편에서도 공부했지만, 현재분사는 「-하는/-하고 있는」으로 해석합니다. 즉, 현재분사는 능동이나 진행의 의미를 갖습니다. 그리고 현재분사는 따로 외울 필요가 없습니다. 동사원형 뒤에 -ing만 붙이면 되니까요. 하지만 과거분사는 별도로 외워야 합니다. 영어사전에 보면 모든 동사에는 과거분사형이 따로 있음을 알 수 있습니다. 과거분사는 「-된/-당한」으로 해석을 합니다. 즉, 수동(受動)이나 완료의 의미를 갖습니다. 수동이라는 말은 일본말인데, 우리말의 피동(被動)이라는 말과 같습니다. 현재분사는 쉽지만 과거분사는 어렵습니다. 현재분사는 과거분사보다 덜 쓰입니다. 과거분사는 영어에서 정말 많이 쓰입니다. 현재분사는 단순하지만 과거분사는 복잡합니다. 현재분사 앞에 be동사가 있으면 이것을 우리는 진행형이라 부르고, 과거분사 앞에 be동사가 있으면 이것을 우리는 수동태라 부릅니다. 이렇게 현재분사와 과거분사는 그 모양새나 해석이 다르지만 공통점도 있습니다. 하나는 둘 다 동사에서 나왔다는(파생되었다는) 점이고, 다른 하나는 그 성질이나 품사가 모두 형용사라는 점입니다. 형용사이니까 당연히 명사를 앞이나 뒤에서 수식해 줄 수 있고, 또 be동사와 친하겠지요.

## 6) 과거분사의 구체적인 예

| 원형 | close | 닫다 |
|---|---|---|
| 동명사 | closing | 닫기 |
| 현재분사 | closing | 닫는, 닫고 있는 |
| 과거분사 | closed | 닫힌 |

- He closed the door.  그는 그 문을 닫았다.

- He saw the closed door.  그는 닫힌 문을 보았다.

- The door is closed.  문이 닫혀 있다.(수동태)

- The door was closed.  문이 닫혔다.(수동태)

- The door will be closed.  문이 닫힐 것이다.(수동태)

  → The door will closed.(×)

- closed economy  폐쇄경제(자급자족 경제)

- closed mind  닫힌 마음

- closed society  닫힌 사회(폐쇄사회)

- closing remarks  맺는 말

- closing hour  닫는 시간

- closing ceremony  폐회식

- closed window  닫힌 창문

- closed road  폐쇄된 도로

- This door is closed.  이 문은 닫혀 있다.(수동태)

- Leave the window closed.  창문을 닫힌 채 놔두어라.

- I saw the door closed.  나는 문이 닫혀있는 것을 보았다

- I want the window to be closed.  나는 그 창문이 닫히기를 원한다.(수동태)

- The windows must be closed.  그 창문들은 닫혀야 한다.(수동태)

- He knocked on the closed door.  그는 그 닫힌 문을 두드렸다.

| 원형 | break | 깨다, 부수다 |
|------|-------|-------------|
| 동명사 | breaking | 깨기, 부수기 |
| 현재분사 | breaking | 깨는, 부수는 |
| 과거분사 | broken | 깨진, 부서진 |

- I want to break all the records. 나는 모든 기록들을 깨고 싶다.
- Who broke the window? 누가 그 유리창을 깼니?
- She saw them breaking the car.
  그녀는 그들이 그 차를 부수는 것을 보았다.(현재분사)
- Breaking bottles is dangerous. 병을 깨뜨리는 것은 위험하다.(동명사)
- Please forgive me for breaking the promise.(동명사)
  약속을 깬 것에 대해 저를 용서하세요.
- Ice breaking. 어색함 깨뜨리기(동명사)
- breaking point 한계점(현재분사)
- record-breaking ①기록 깨기 ②기록을 깨는
- Look at that broken window. 깨진 창문을 봐라.
- This cup is broken. 이 컵은 깨졌다.(수동태)
- broken arm 부러진 팔
- broken mirror 부서진 거울
- broken English 부서진 영어( → 엉터리 영어)

| 원형 | kill | 죽이다 |
|------|------|--------|
| 동명사 | killing | 죽이기 |
| 현재분사 | killing | 죽이는, 죽이고 있는 |
| 과거분사 | killed | 죽은, 죽임당한 |

- He killed many birds. 그는 많은 새들을 죽였다.(과거형 동사)
- Killing animals is very cruel. 동물을 죽이는 것은 매우 잔인하다.(동명사)
- Killing drug. 고통을 죽이기 위한 약( → 진통제) ★ killing은 동명사임.

- I saw them killing many people.

  나는 그들이 많은 사람을 죽이는 것을 보았다.(현재분사)

- She was killed in the traffic accident.  그녀는 그 교통사고에서 죽었다.(수동태)

- Many soldiers killed in the war.  그 전쟁에서 죽임을 당한 많은 군인들(과거분사)

- Women killed for family honor.  가족의 명예 때문에 죽임 당한 여성들(과거분사)

- Killing animals for sport, for pleasure, for adventures.

  스포츠를 위해, 재미를 위해, 모험을 위해 동물 죽이기(동명사)

| 원형 | lock | 잠그다 |
|------|------|--------|
| 동명사 | locking | 잠그기 |
| 현재분사 | locking | 잠그는 |
| 과거분사 | locked | 잠긴 |

- Don't forget to lock the door.  문을 잠그는 것을 잊지 마.
- locking key  잠금 키(잠그기 위한 키) ★ locking은 동명사임
- My car is locked.  내 차가 잠겼다.(수동태)
- My password is locked.  내 비밀번호는 잠겨 있다.(수동태)
- locked door/locked room/locked Website.  잠긴 문/잠긴 방/잠긴 웹사이트
- how to open the locked door.  잠긴 문을 여는 방법(과거분사)

| 원형 | love | 사랑하다 |
|------|------|----------|
| 동명사 | loving | 사랑하기 |
| 현재분사 | loving | 사랑하는 |
| 과거분사 | loved | 사랑받는 |

- I want to love her.  나는 그녀를 사랑하고 싶다.
- I want to be loved.  나는 사랑받고 싶다.(수동태)
- Tell me how to love.  사랑하는 방법을 말해 줘.
- Tell me how to be loved.  사랑받는 방법을 말해 줘.(수동태)
- She is loved from many people.  그녀는 많은 사람들로부터 사랑받는다.(수동태)

- She will be loved. 그녀는 사랑받을 거예요.(수동태)

- Can I be loved? 내가 사랑받을 수 있을까?(수동태)

- The reasons why I am loved. 내가 사랑받는 이유들(수동태)

- Love and will be loved. 사랑하라. 그러면 사랑받을 것이다.(수동태)

- Ways to be loved. 사랑받는 방법들(수동태)

- A loved child has many names.
  사랑받는 아이는 많은 이름들을 갖고 있다.(과거분사)

| 단어 | know | 알다 |
|------|------|------|
| 동명사 | knowing | 알기 |
| know는 진행형으로 쓰이지 않음. | | |
| 과거분사 | known | 알려진, 유명한 |
| 반대말 | unknown | 알려지지 않은 |

- Do you know why? 너는 이유를 아니?

- I didn't know what to answer. 나는 무슨 대답을 해야 할지 몰랐다.

- Knowing is power. 아는 것이 힘이다.(동명사)

- Only Knowing is not enough. 아는 것만으로는 충분치 않다.(동명사)

- Knowing yourself is very important. 너 자신을 아는 것이 매우 중요하다.(동명사)

- Knowing a language can help us in many ways.
  한 언어를 아는 것은 많은 면에서 우리를 도울 수 있다.(동명사)

- He is known to everyone. 그는 모든 사람들에게 알려져 있다.(수동태)

- She is known singer in Korea. 그녀는 한국에서 유명한 가수이다.(수동태)

- I know a known restaurant in this city. 나는 이 도시에서 유명한 식당을 안다.

- Busan is a widely known port city. 부산은 널리 알려진 항구 도시이다.(수동태)

- There are so much unknown stars in universe.(수동태)
  우주에는 알려지지 않은 별들이 너무 많다.

- The Tomb of the Unknown Soldiers.
  알려지지 않은 군인들의 무덤(무명 군인들의 무덤)

- The cause of death is unknown. 죽음의 원인은 알려져 있지 않다.(수동태)
- This book is written by an unknown author. 이 책은 무명 작가에 의해 쓰여졌다.
- the unknown : 미지의 것(추상명사)

| 단어 | do | 하다 |
|---|---|---|
| 동명사 | doing | 하기, 행위 |
| 현재분사 | doing | 하는, 하고 있는 |
| 과거분사 | done | 행해진 |

- Well begun is half done. 시작이 좋으면 절반은 한 것이다.(수동태)
- I want the work done by today. 나는 오늘까지 그 일이 행해지기를 원한다.
- Something must be done quickly. 무언가가 빨리 행해져야 한다.(수동태)
- Get it done quickly. 그거 빨리 끝내.
- Well done. 잘했어요. 잘 됐네요.
- Nicely done! 참 잘했어요!
- Well-done (고기 등이) 푹 익은, 바싹 구운
- It always seems impossible until it is done.
  일이 행해지기까지는 항상 불가능한 것처럼 보인다.(수동태)
- It's almost done. 거의 끝나간다.(수동태)
- When is it done? 그건 언제 해요?(수동태)
- Are you done with work? 너는 일 다 했니?(수동태)
- things to be done 행해져야 할 것들(수동태)
- Do first what needs to be done. 해야 할 것을 먼저 해라.(수동태)
- I was done with that newspaper. 나는 그 신문을 다 봤다.(수동태)
- I'm done(= I'm finished.) 다 했다. 나는 끝났다.(수동태)
- Are you done?(= Are you finished?) 다 했니?(수동태)

| 단어 | leave | 남기다 |
|---|---|---|
| 동명사 | leaving | 남기기 |
| 현재분사 | leaving | 남기는 |
| 과거분사 | left | 남은, 남겨진 |

- left time  남은 시간
- How much time is left?  시간이 얼마나 남겨져 있니?(수동태)
- How much time is left for the interview?
  인터뷰하려면 시간이 얼마나 남았어?(수동태)
- What is left for me?  나에게 무엇이 남겨져 있지?(수동태)
- I really want to be left alone.  난 정말로 혼자 남겨져 있고 싶어.(수동태)
- people left in the room.  방에 남겨진 사람들
- There are no tickets left.  남은 표가 없다.(수동태)
- I still have one day left.  나에겐 아직도 하루가 남아 있다.
- How many days are left until Christmas this year?
  올해 크리스마스까지 얼마나 남아 있지?(수동태)
- the death of children left in cars.  차에 남겨진 아이들의 죽음
- There are no more seats left in the bus.  버스에 남은 좌석이 더는 없다.

| 단어 | forget | 잊다 |
|---|---|---|
| 동명사 | forgetting | 잊기, 잊는 것 |
| 현재분사 | forgetting | 잊는 |
| 과거분사 | forgotten | 잊혀진 |

- Don't forget to email me.  나에게 이메일 보내는 것을 잊지 마.
- 3 ways to stop forgetting things.  일을 잊는 것을 멈추는 3가지 방법(동명사)
- Forgetting is a key to a healthy mind.  잊는 것은 건강한 정신으로 가는 열쇠다.
- memory and forgetting  기억과 망각

- His name will be not forgotten forever.

  그의 이름은 영원히 잊히지 않을 것이다.(수동태)

- Being forgotten is sad.  잊히는 것은 슬프다.(수동태)

- forgotten war  잊혀진 전쟁

- The forgotten  잊혀진 사람들(the+형용사= 복수명사)

- forgotten memories  잊혀진 기억들

- the right to be forgotten  잊혀질 권리(수동태)

- He studies the forgotten Korean history.  그는 잊혀진 한국 역사를 공부한다.

| 단어 | choose | 선택하다 |
|------|--------|---------|
| 동명사 | choosing | 선택하기 |
| 현재분사 | choosing | 선택하는 |
| 과거분사 | chosen | 선택된 |

- He was chosen for the job.  그는 그 직업의 적임자로 선택되었다.(수동태)

- I was chosen to play on the soccer team.  내가 축구 선수로 뽑혔다.(수동태)

- Who will be chosen?  누가 선택될까?(수동태)

- Which language should be chosen as the international language?

  국제 언어로 어느 언어가 선정되어야 합니까?(수동태)

- chosen people  선택된 민족

- a chosen book  선정된 도서

| 단어 | steal | 훔치다 |
|------|-------|--------|
| 동명사 | stealing | 훔치기 |
| 현재분사 | stealing | 훔치는 |
| 과거분사 | stolen | 도난당한 |

- Good artists copy, great artists steal.

  훌륭한 예술가는 모방하고, 위대한 예술가는 훔친다.(격언)

- Don't even think of stealing.  훔치는 것을 생각조차 하지 마라.(동명사)

- Stealing is a crime.  훔치는 것은 죄다.(동명사)
- Many cars are stolen every year.  많은 차들이 해마다 도난당한다.(수동태)
- My diamond ring was stolen last night.
  내 다이아 반지가 지난 밤 도둑맞았다.(수동태)
- He found his stolen bike.  그는 그의 도난당한 자전거를 찾았다.
- The police found the stolen money in the car.
  경찰이 차에서 도난당한 돈을 찾았다.

| 단어 | pay | 지불하다 |
|---|---|---|
| 동명사 | paying | 지불하기 |
| 현재분사 | paying | 지불하는 |
| 과거분사 | paid | 지급된,유료의, 월급받는 |
| 반대말 | unpaid | 미지급된, 미납의, 무보수의 |

- Are you looking for paid work or voluntary work?
  너는 월급을 받는 일을 찾니? 아니면 자원봉사 일을 찾니?
- Doctors are paid more than teachers.
  의사는 교사보다 월급을 더 많이 받는다.(수동태)
- She has been paid $100 per week.
  그녀는 1주일당 100달러씩 월급을 받는다.(수동태)
- Women are paid less the men.
  여자들은 남자들보다 월급을 적게 받는다.(수동태)
- low-paid jobs  낮은 급여를 받는 직업
- a well-paid job  급여가 좋은 직업
- paid holiday  유급 휴일(휴일이 근무일에 포함되는 휴일을 말함)
- paid service  유급 서비스(돈을 내야만 받는 서비스)
- paid vacation(= leave)  유급 휴가
- Paid applications  유급 앱(돈을 내야 하는 애플리케이션)
- paid parking lot  유급 주차장

- unpaid vacation  무급 휴가(휴가일 수만큼 월급이 깎이는 휴가)
- unpaid parking lot  무료 주차장
- unpaid taxes  미납된 세금
- 3 weeks paid vacation a year  1년에 3주간의 유급 휴가

| 단어 | freeze | 얼리다 |
|------|--------|--------|
| 동명사 | freezing | 얼리기, 냉동 |
| 현재분사 | freezing | 몹시 추운, 얼어붙은 |
| 과거분사 | frozen | 언, 얼린 |
| 반대말 | unfrozen | 얼리지 않은 |

- How to freeze fruits and vegetables  과일과 채소를 얼리는 방법
- freezing weather  추운 날씨(현재분사)
- freezing point  어는 점(동명사)
- Freezing is a good way of preserving food.
  냉동은 음식을 보관하는 좋은 방법이다.(동명사)
- Water is frozen.  물이 얼었다.(수동태)
- How long can I store frozen foods?  냉동식품을 얼마나 오래 저장할 수 있죠?
- frozen foods  냉동식품
- frozen river  얼어붙은 강
- frozen meat  냉동고기
- frozen earth  언 땅
- unfrozen ice cream  얼리지 않은 아이스크림

| 단어 | print | 인쇄하다 |
|------|-------|---------|
| 동명사 | printing | 인쇄하기 |
| 현재분사 | printing | 인쇄하는 |
| 과거분사 | printed | 인쇄된 |

- They printed 10,000 copies of the novel.

  그들은 그 소설을 10,000부 찍었다.(과거형 동사)

- How do I get it printed?(과거분사)

  내가 그것을 어떻게 인쇄되게끔 하죠?(어떻게 인쇄할까요?)

- His new novel is being printed now.

  그의 새 소설이 지금 인쇄되고 있다.(수동태)

- the pictures printed on the box.  박스 위에 인쇄된 그림들

- Newspapers are printed on paper.  신문은 종이 위에 인쇄된다.(수동태)

- printed paper.  인쇄된 종이

| 단어 | call | 부르다 |
|------|------|--------|
| 동명사 | calling | 부르기 |
| 현재분사 | calling | 부르는 |
| 과거분사 | called | 불리는 |

- I heard my name called behind me.(과거분사)

  나는 내 뒤에서 내 이름이 불리는 것을 들었다.

- What is it called?  그것은 뭐라 불립니까?(수동태)

- She is called 'queen of pops'.  그녀는 '팝의 여왕'으로 불린다.(수동태)

- Today's story is called 'Angel and Devil'.

  오늘의 이야기는 '천사와 악마'로 불린다.(수동태)

- Did you hear your name called?  넌 네 이름이 불리는 것을 들었니?(과거분사)

- A woman called Sophia came to see you.

  소피아라 불리는 어떤 여자가 너를 보기 위하여 왔다.(과거분사)

| 단어 | plan | 계획하다 |
|------|------|----------|
| 동명사 | planning | 계획하기 |
| 현재분사 | planning | 계획하는 |
| 과거분사 | planned | 계획된 |
| 반대말 | unplanned | 예상외의 |

- We will have a party as planned. 우리는 계획대로 파티를 열 것입니다.

- I'm leaving tomorrow as planned. 나는 계획대로 내일 떠날 거야.

- Is it going as planned? 일이 계획된 대로 되고 있나요?

- This event is planned long ago. 이 행사는 오래 전에 계획되었다.(수동태)

- carefully planned festival 신중하게 계획된 축제

- planned behavior 계획된 행동

- planned killing 계획된 살인

- planned economy 계획경제(국가가 모든 경제를 통제하는 경제)

- planned visit 계획된 방문

- planned city 계획도시

- as planned 계획된 대로

- unplanned pregnancy 계획되지 않은 임신(뜻밖의 임신)

- unplanned wars 뜻밖의 전쟁들

- Unplanned moments are always better than planned ones.
  뜻밖의 순간들이 계획된 순간들보다 항상 더 낫다.

- Plan for the unplanned.
  뜻밖의 것에 대비해 계획을 세워라.(여기서 'the planned'는 the+형용사로서 추상적
  인 것을 나타냄)

- Enjoy the planned. 뜻밖의 것을 즐겨라.

- Planning for end of life 인생의 끝을 계획하기(동명사)

- city planning 도시 계획(동명사)

| 단어 | experience | 경험하다 |
|---|---|---|
| 동명사 | experiencing | 경험하기 |
| 현재분사 | experiencing | 경험하는 |
| 과거분사 | experienced | 경험 많은 |
| 반대말 | unexperienced<br>= inexperienced | 경험 없는 |

- He is more experienced than me.  그는 나보다 더 경험이 많다.(수동태)

- experienced staff member.  경험 많은 직원

- experienced experts  경험 많은 전문가들

- an experienced doctor  경험 많은 의사

- experienced senior  경험 많은 노인

- an experienced applicant.  숙련된 지원자

- He is a unqualified and unexperienced pilot.
  그는 자격도 없고 경험도 없는 조종사이다.

| 단어 | expect | 기대하다 |
|------|--------|----------|
| 동명사 | expecting | 기대하기 |
| 현재분사 | expecting | 기대하는 |
| 과거분사 | expected | 기대된 |
| 반대말 | unexpected | 뜻밖의, 예상외의 |

- How much rain is expected?  비가 얼마나 내릴 거라 예상됩니까?(수동태)

- Gold prices are expected to increase.  금 가격은 증가할 것으로 기대된다.(수동태)

- What time is he expected back?  그가 몇 시쯤 돌아올지 아십니까?(수동태)

- A few problems expected  예상되는 몇 가지 문제점들(과거분사)

- expected arrival time  기대되는 도착 시간

- Prices are expected to rise.  가격이 오를 것으로 기대된다.(수동태)

- expected value  기대치

- unexpected downpour  뜻밖의 폭우

- unexpected difficulties  예상치 않았던 어려움(난관)

- Unexpected Moment  뜻밖의 순간

- His unexpected death  그의 뜻밖의 죽음

- Their win is unexpected to everyone.
  그들의 승리는 모든 이들에게 의외다.(수동태)

- His unexpected visit surprised us.  그의 뜻밖의 방문이 우리를 놀라게 했다.

| 단어 | detail | 상세히 설명하다. |
|---|---|---|
| 동명사 | detailing | 내부장식 |
| 과거분사 | detailed | 자세한. 세부적인 |

- detailing shop  (자동차) 내부장식 가게
- car detailing  자동차 내부 장식
- car detailing tools  자동차 내부장식 도구들
- detailed information  자세한 정보
- detailed map  자세한 지도
- detailed description  상세한 묘사
- detailed report  자세한 보고

| 단어 | allow | 허락하다 |
|---|---|---|
| 동명사 | allowing | 허락하기 |
| 현재분사 | allowing | 허락하는 |
| 과거분사 | allowed | 허락된. 허용된 |

- There is no law allowing the medical use of cannabis.
  대마초의 의학적 사용을 허용하는 법은 없다.(현재분사)
- Thank you for allowing me to join you.
  너한테 동참하는 것을 허락해 줘서 고마워.(동명사)
- An issue about allowing immigration from other countries.
  다른 나라에서 이민 오는 것을 허용하는 것에 관한 문제(동명사)
- You are not allowed to drive a car.
  너는 차를 운전하는 것이 허락되지 않는다.(수동태)
- In a museum, people are not allowed to take pictures.
  박물관에서 사람들은 사진을 찍는 것이 허용되지 않는다.(수동태)
- In basketball you are allowed to hold the ball.
  농구에서 공을 잡는 것이 허용된다.(수동태)

- You are allowed to bring food into cinema.

  극장에 음식을 가져오는 것이 허용됩니다.(수동태)

- No dogs allowed.  어떠한 개도 (데려오는 것이) 허용되지 않습니다.

- No smoking (is allowed.)  어떠한 흡연도 허용되지 않습니다.(금연)

- No parking (is allowed.)  어떠한 주차도 허용되지 않습니다.(주차 금지)

- No fishing (is allowed.)  어떠한 낚시도 허용되지 않습니다(낚시 금지)

- Any phones are not allowed.  어떠한 전화도 허용되지 않습니다. (수동태)

| 단어 | invite | 초대하다 |
|------|--------|----------|
| 동명사 | inviting | 초대하기 |
| 현재분사 | inviting | 초대하는 |
| 과거분사 | invited | 초대받은 |
| 반대말 | uninvited | 초대받지 않은 |

- How to invite people to church.  사람들을 교회에 초대하는 법
- inviting letter  초청하기 위한 문서(초청장)  ★ inviting은 동명사
- Thank you for inviting us.  우리를 초대한 것에 대해 감사드립니다.(동명사)
- There are various ways of inviting someone.

  누군가를 초대하는 것에는 다양한 방법이 있다.(동명사)

- You are invited to visit us at the office.

  여러분들을 저희의 사무실 방문에 초대합니다.(수동태)

- Everyone is invited to the party.  모든 사람들이 그 파티에 초대되었다. (수동태)

- If I am invited to the party, how do I feel?

  만약 내가 그 파티에 초대받는다면, 나는 어떤 느낌이 들까?(수동태)

- Your phone is not invited to dinner.

  너의 전화기는 저녁식사에 초대받지 않았다.(전화기는 가져오지 말라는 뜻)

- a invited guest  초대받은 손님
- a uninvited guest  초대받지 못한 손님(불청객)

| 원형 | schedule | 시간표를 만들다<br>예정하다 |
|---|---|---|
| 동명사 | scheduling | 예정, 계획, 일정관리 |
| 현재분사 | scheduling | – |
| 과거분사 | scheduled | 예정된, 스케줄이 잡힌 |

- scheduled flight (비행기) 정기편

- as scheduled 예정대로

- The flight will leave as scheduled at 10:00.
  비행기가 예정대로 10시에 출발하겠습니다.

- The library is scheduled to open this year.(수동태)
  이 도서관은 올해 문을 열 예정입니다.

- When is the train scheduled to leave?
  그 열차는 몇 시에 출발 예정인가요?(수동태)

- It is scheduled to air in 59 countries around the world.
  그것은 전 세계 59개국에서 방영될 예정이다.(수동태)

- Who am I scheduled to meet on Friday?
  내가 금요일에 만날 사람이 누구죠?(수동태)

- The film is scheduled for release next month.
  그 영화는 다음 달 개봉될 예정이다.(수동태)

## 7) 이 외 자주 쓰이는 과거분사들의 예

- destroyed cities 파괴된 도시들
- finished products 완제품
- the Unfinished Symphony 미완성 교향곡
- blocked site 차단된 사이트

manchester united  맨체스터 유나이티드(통합된 맨체스터라는 뜻. 영국 명문 축구팀)
★ 'united(통합된)'는 'unite(통합하다)'라는 단어의 과거분사이다. 스포츠팀 이름에
united를 쓰는 이유는 이 축구 구단이 과거 여러 축구팀들을 하나로 합쳐서 탄생한
축구팀이기 때문이다.

같은 목적이나 같은 역사 또는 같은 성격을 지닌 국가나 단체들이 하나의 조직으로
뭉치는 경우가 많은데. 이럴 경우 united라는 단어를 쓴다. 미국의 공식 명칭은 the
United States of America인데, 미국은 50개의 독립된 주(洲)가 합쳐져서 세워진 나
라이고(그래서 지금도 주들 간에는 법률이나 제도, 세금 등이 조금씩 다르다), 유엔
(United Nations : 통합된 나라들)은 나라는 다르지만 인류 공동의 이익을 위해 뭉쳐
진 나라들 간의 모임이다.

- discounted price.  할인된 가격
- fixed price  고정된 가격(정가)
- fixed income  고정수입
- limited items  한정 품목
- limited ability  제한된 능력
- repeated questions  반복되는 질문
- repeated history  반복된 역사
- improved technical  개선된 기술
- An approved drug  승인된 의약품
- approved Products  승인된 제품
- approved Schools  (국가로부터) 승인받은 학교
- Animal Welfare Approved  공인(公認) 동물복지단체
- Approved Food  (식약처로부터) 승인받은 식품
- approved service suppliers  승인받은 서비스 공급업자(업체)
- boiled egg  삶은 계란
- fried chicken  후라이드 치킨  ★ fry chicken(×)
- worried  걱정하는
- married  결혼한, 기혼의

## 8) 현재분사/과거분사가 들어간 문장 해석 연습

- The people I work with are satisfied with their jobs.
  나랑 같이 일하는 사람들은 그들의 일에 만족스러워한다.

- It's an amusing little story. You should read it.
  그건 재미있고도 짧은 이야기다. 네가 읽었으면 좋겠다.

- I'm not really interested in sport. 나는 스포츠에 정말 관심이 없다.

- I had a boring weekend because of the rain.
  나는 비 때문에 지겨운 주말을 보냈지.

- I was surprised when I heard Mike was coming.
  마이크가 오고 있다고 들었을 때 나는 놀랐어.

- It's shocking to live on the streets. 거리에서 사는 것은 충격적인 일이야.

- I was excited to hear that my best friend is going to have a baby.
  내 가장 친한 친구가 아기를 가질 거라는 소식을 듣고 나는 신났다.

- Earthquake is always a shocking news. 지진은 항상 충격을 주는 뉴스다.

- The result is surprising to everyone. 그 결과는 모든 이들에게 놀라운 일이다.

- Studying English alone is tiring and boring.
  영어를 홀로 공부하는 것은 피곤하게 하고 지겹게 한다.

- endangered species 위험에 처한 종(種)들

- abandoned or injured wildlife 버려지거나 부상당한(다친) 야생동물

- left people 남겨진 사람들

- left food 버려진 음식

- There's still time left. 아직 남은 시간이 있어.

- Proven healing power of touch 입증된 터치(접촉, 만지기)의 치유하는 힘(치유력)

- Don't leave a bicycle unlocked. 자전거를 잠그지 않은 상태로 두지 마라.

- Stars are not seen now. 별들이 지금은 보이지 않는다.

- He was seen to enter the building. 그는 그 빌딩으로 들어가는 것이 보였다.

- She was given the Nobel prize. 그녀에게 노벨상이 주어졌다.

- That book is written in English. 그 책은 영어로 쓰였다.

- This car is made in Korea. 이 차는 한국에서 만들어진다.
- home-made 집에서 만들어진
- hand-made 손으로 만들어진
- well-made 잘 만들어진

## 9) 감정을 나타내는 동사들

영어를 배우시는 분들께서 정말 주의하셔야 할 것이 있습니다. 사람들에게 「surprise」가 무슨 뜻이냐고 물어보면, 거의 대부분 「놀라다」라고 합니다. 그렇지 않습니다. 위에서도 보셨지만, 「놀라다」가 아니라 「놀라게 하다」입니다. 이 둘의 차이는 뭘까요? 「놀라다」는 자동사여서 뒤에 '-을/-를'이 붙는 목적어가 필요 없지만, 「놀라게 하다」는 타동사로서 목적어가 반드시 필요합니다. 수동으로 해석되는 과거분사는 타동사만 효용이 있습니다. 즉, 자동사는 과거분사를 만들 필요도 없고 거의 쓰이지 않습니다. 예컨대, 자동사들인 「가다. 오다. 뛰다. 자다. 되다. 눕다. 살다. 걷다. 발생하다. 앉다. 죽다.」등을 봅시다. 이들 동사는 뒤에 '-을/-를'이 붙는 목적어가 전혀 필요 없습니다. 이 동사들은 그래서 과거분사도 의미가 없습니다. 이 동사들이 be동사와 어울려 수동태로 쓰인다든지 아니면 「-된/-당한」의 의미로 쓰이는 경우는 몇 단어를 빼고는 거의 없습니다. 아래 표를 유심히 보시기 바랍니다.

| 원형 | 뜻 | 현재분사(-ing) | 현재분사의 뜻 | 과거분사 | 과거분사의 뜻 |
|---|---|---|---|---|---|
| surprise | 놀라게 하다 | surprising | 놀라게 하는 (놀라운) | surprised | 놀란 |
| excite | ① 흥분시키다 ② 신나게 하다 | exciting | ① 흥분시키는 ② 신나게 하는 | excited | ① 흥분한 ② 신난 |
| interest | 재미있게 하다 | interesting | 흥미롭게 하는 재미있게 하는 (흥미있는, 재미있는) | interested | 관심 있는 재미있어 하는 |
| bore | 지루하게 하다 | boring | 지루하게 하는 | bored | 지루한 |

| 원형 | 뜻 | 현재분사(-ing) | 현재분사의 뜻 | 과거분사 | 과거분사의 뜻 |
|---|---|---|---|---|---|
| disappoint | 실망시키다 | disappointing | 실망시키는 | disappointed | 실망한 |
| please | 기쁘게 하다 | pleasing | 기쁘게 하는 | pleased | 기쁜 |
| amaze | 놀라게 하다 | amazing | 놀라게 하는 | amazed | 놀란 |
| satisfy | 만족시키다 | satisfying | 만족시키는 | satisfied | 만족스러운 |
| shock | 충격을 주다 | shocking | 충격을 주는 (충격적인) | shocked | 충격받은 |
| confuse | 혼란케 하다 | confusing | 혼란케 하는 당황케 하는 | confused | 혼란한, 당황한 |
| exhaust | 지치게 하다 | exhausting | 지치게 하는 | exhausted | 지친, 녹초가 된 |

위 표를 정리하면 이렇습니다. 감정을 나타내는 동사 뒤에 −ing가 붙으면 다른 것이나 다른 사람들을 어떻게 한다는 뜻이고, −ed가 붙으면 주어(거의 사람 아니면 동물임)가 당한다는 뜻입니다. 다음 예를 보시면 분명한 차이를 알 수 있습니다.

(1) a surprising man  (남을) 놀라게 하는 사람.( → 놀라운 사람)

(2) a surprised man  (무엇에) 놀란 사람.

(3) a amazing result.  (사람을) 놀라게 하는 결과.( → 놀라운 결과)

(4) a amazed result.(✕)  놀란 결과(사람도 아니고 동물도 아닌 '결과'가 놀란다는 것은 말이 안 됩니다)

(5) a disappointing event.  실망을 주는 행사( → 실망스러운 행사)

(6) a disappointed face  실망한 얼굴

(7) a disappointed event.(✕)  실망한 행사(?)

위 예들에서 보시면 알겠지만, 과거분사는 거의가 사람 또는 동물에 쓰입니다. 현재분사는 주로 사물에 쓰이지만 사람에게도 더러 쓰입니다. 또한 주어가 사람이나 동물인 경우에는 현재분사나 과거분사 어느 것이 와도 상관없지만, 주어가 사물인 경우에는 원칙적으로 현재분사만 올 수 있고 과거분사는 오지 못한다는 것을 알아 두십시오.

**(1) surprise 놀라게 하다.**

- She surprised me. 그녀는 나를 놀라게 했다.

- His sudden death surprised us. 그의 갑작스런 죽음은 우리를 놀라게 했다.

- Her beauty surprised me. 그녀의 아름다움은 나를 놀라게 했다.

- His cafe is surprising. 그의 카페는 놀라웠다.(사람들을 놀라게 했다는 뜻)

- He is a surprising man. 그는 (남을) 놀라게 하는 사람이다.

- He was surprised at her visit. 그는 그녀의 방문에 놀랐다. → 과거분사

- We were very surprised when we got there.
  우리가 거기에 도착했을 때 우리는 매우 놀랐다.

- It's surprising. 놀라운데요.

- surprising news (사람들을) 놀라게 하는 소식
  → surprised news(✕) 놀란 소식(?)

- surprising power 놀라게 하는 힘(놀라운 힘)
  → surprised power(✕) 놀란 힘(?)

- surprising power of negative thinking 부정적인 생각의 놀라운 힘

- surprising power of the unseen 보이지 않는 것의 놀라운 힘

- surprising secrets of happy marriage 행복한 결혼의 놀라운 비밀들

- surprising discovery (사람들을) 놀라게 하는 발견
  → surprised discovery(✕) 놀란 발견(?)

- surprising results (사람들을) 놀라게 하는 결과들
  → surprised results(✕) 놀란 결과들(?)

- surprising party (사람을) 놀라게 하는 파티

- surprising boy (남을) 놀라게 하는 소년

- surprised boy 놀란 소년

- surprising face (남을) 놀라게 하는 얼굴

- surprised face 놀란 얼굴

**(2) excite 신나게 하다. 흥분시키다.**

- I am exciting.(○)  나는 (남을) 신나게 하는 사람이다.
- I am excited.(○)  나는 신난다.(또는 나는 흥분된다)

위 두 문장은 모두 옳습니다. 하지만 보시다시피 뜻이 전혀 다릅니다.


- Sports are exciting.(○)  스포츠는 (사람을) 신나게 한다.
- Sports are excited.(✕)  스포츠는 신난다.(또는 흥분했다)

sports는 사람이나 동물처럼 감정을 가진 존재가 아닙니다. 그런데 두 번째 문장은 sports가 마치 사람인 것처럼 감정을 가진 존재로 쓰여 있기 때문에 말이 안 됩니다.


- It is an exciting game.  그건 (사람을) 신나게 하는 게임이다.
  - → It is an excited game.(✕)  그건 신난 게임이다.
- He is excited about his new job.  그는 새 직장 때문에 마음이 들떠 있다.
- They are excited about going on holiday.  그들은 휴가 갈 것에 대해 들떠 있다.
- She was so excited that she couldn't sleep.
  그녀는 너무 흥분해서 잠을 잘 수 없었다.
- It seems a very exciting idea.  그거 매우 신나는 생각인 것처럼 보여.
- It's exciting movie.  그건 신나게 하는 영화야.
- It's my birthday tomorrow. I'm really excited.
  내일이 내 생일이야. 난 정말로 흥분된다고.
- We're on holiday! I'm so excited.  우리는 휴가 중이야. 나는 정말 신나.
- an exciting story  신나게 하는 이야기( → '신나는 이야기'로 번역해도 됨)
- excited crowd  흥분한 관중들
- excited lions  흥분한 사자들
- exciting lions  (사람들을) 흥분시키는 사자들
- excited soccer fans  신난 축구 팬들

### (3) interest 재미있게 하다. 흥미를 갖게 하다.

- I am very interested in the lesson. The lesson is very interesting.

  나는 그 과에 매우 흥미가 있어. 그 과는 매우 흥미롭게 해.

- It is a very interesting book.  그것은 매우 흥미로운 책이다.

- He is an interesting person.  그는 (다른 사람들에게) 재미를 주는 사람이다.

- What are you interested in?  너는 무엇에 관심이 있니?

- The Times is an interesting newspaper.

  The Times지는 흥미를 불러일으키는 신문이다.

- He found the movie interesting.  그는 그 영화가 재미를 준다는 것을 알았다.

- Most people are interested in sports.  대부분의 사람들이 스포츠에 재미있어 한다.

- Thank you for your interesting question.  당신의 흥미로운 질문에 감사드립니다.

- interesting debate topics  관심을 불러일으키는 토론 주제들

  → interested debate topics(×)

- interesting statistics  흥미를 주는 통계학(또는 통계자료)


### (4) bore 지루하게 하다.

- I am boring.  나는 (남을) 지루하게 한다.

- I am bored.  나는 지루하다.

- He is a really boring guy.  그는 정말로 (사람을) 지루하게 하는 남자라구.

- The lecture was very boring.  그 강의는 (나를) 매우 지루하게 했다.

- She's bored with her job.  그녀는 그녀의 직업이 지루하다.

- The movie is boring.  그 영화는 (보는 사람들을) 지루하게 한다.

- You look bored lately.  너는 요즘 지루해 보여.

- Baseball always looks boring.  야구는 늘 지루하게 보여.

- I feel bored because this TV program is boring.

  나는 이 TV프로그램이 (나를) 지루하게 하기 때문에 (나 자신이) 지루해

- I don't like David. I think he is boring.

  나는 David를 싫어해. 그는 (남을) 지루하게 하는 것 같아.

- Oh, I'm bored. Let's go out and do something fun.

  오, 나는 지루해. 나가서 재미있는 걸 하자.

- Paul's speech was so boring. I almost fell asleep.

  폴의 강의는 매우 지루했다. 나는 잠들 뻔했어.

- boring speaker (청중을) 지루하게 하는 발표자

- boring job (사람들을) 지루하게 하는 직업

- boring TV (사람들을) 지루하게 하는 TV

  → bored TV(✕)

- How to stop be boring (나를) 지루하게 하는 것을 멈추게 하는 법

- How to stop be bored (내가) 지루한 것을 멈추게 하는 법

# UNIT 16 수동태

## 1) 뜻

능동태란 주어가 동작을 하는(또는 주는) 것을 말하고, 수동태란 주어가 동작을 받는(또는 당하는) 것을 말합니다. 영어에서 수동태는 be동사+과거분사로 나타납니다. 즉 영어문장에서 be동사+과거분사가 나오면 「-해진/-당한/-된/-받은」 등 수동(피동)의 의미로 해석해야 합니다. 아래 예문들을 보시지요.

| 능동태 문장 | They respect him. | 그들은 그를 존경한다. |
| 수동태 문장 | He is respected by them. | 그는 그들에 의해 존경받는다. |

| 능동태 문장 | She saw him in Seoul. | 그녀는 그를 서울에서 보았다. |
| 수동태 문장 | He was seen by her in Seoul. | 그는 그녀에 의해 서울에서 보였다. |

두 표를 보시면, 능동태와 수동태의 구조와 의미를 잘 알 수 있습니다.

보다시피 능동태와 수동태는 그 의미가 같습니다. 그렇다면 능동태를 놓아두고 왜 굳이 수동태를 쓰는 것일까요? 몇 가지 이유가 있습니다.

첫째, 수동태를 쓰게 되면 주어를 강조해 주는 효과가 있습니다. 수동태 문장의 주어가 더 강조되고 부각된다는 뜻입니다.

둘째, 자기주장을 더 겸손하고 공손하게 표현하는 데에는 능동태보다는 수동태가 더 낫습니다.

셋째, 수동태 문장을 쓰게 되면 문장이 더 객관적으로 보이게 됩니다. 즉, 글쓴 이의 주관이 배제되는 느낌을 줍니다. 그래서 학문이나 기술, 의학 등 자연과학 분야나, 법률, 행정, 언론 등 사회 인문 분야에서는 수동태를 즐겨 씁니다.

넷째, 주어가 지나치게 길면 보기가 싫기 때문에, 수동태 문장을 써서 주어를 문장 맨 끝에 씁니다. 그럼으로써 문장이 깔끔해지고 보기에도 좋습니다.

다섯째, 감정을 나타내는 동사(surprise, interest, excite, tire 등)는 수동태 문장을 즐겨 써서 나타냅니다. 그럼에도 원어민들은 능동태 문장을 훨씬 많이 사용합니다. 능동태 문장이 서양인들의 사고방식과 닮아 있기 때문입니다. 즉, 자기주장을 적극 내세우거나 권리의식이 강하고 개성이 강한 서양인들에게는 능동태가 수동태보다 훨씬 낫습니다. 다만, 겸양을 중요시하고 개인보다 단체를 중시하는 동양인들에게 수동태는 능동태보다 매력 있는 문장임에는 틀림없습니다.

아무튼 수동태는 영어에서 많이 쓰입니다. 아래 예문을 먼저 보시겠습니다.

⑴ I want to love. 나는 사랑하고 싶다.(능동태)
⑵ I want to be loved. 나는 사랑받고 싶다.(수동태)

⑴번 예문은 틀린 문장입니다. 목적어가 빠져 있기 때문입니다. 즉, 「I want to love him.」이라든지, 「I want to love someone.」와 같이 목적어가 있어야 합니다. love는 목적어를 필요로 하는 타동사이기 때문입니다.
⑵번 예문에서 be가 쓰인 이유는 바로 앞의 to 때문이며, 뒤의 loved는 love의 과거분사입니다.

⑶ He says. 그는 말한다.(능동태)
⑷ He is said. 그는 말해진다.(수동태)

위 (4)번 예문도 수동태 문장입니다. said는 say의 과거이자 과거분사이지만, 이 문장에서는 과거분사임이 분명합니다. 왜냐하면 be동사 뒤에는 과거형은 절대 올 수 없기 때문입니다. (4)번 예문은 다음과 같은 식으로 많이 쓰입니다.

He is said that he married her.  그가 그녀와 결혼했다고 한다.

She is said that she is 108 years old.  그녀는 108세라고 한다.

It is said that he is leaving Seoul.  그가 서울을 떠날 것이라고 한다.

(5) Many cars import.  많은 차들이 수입한다.(능동태)

(6) Many cars are imported.  많은 차들이 수입된다.(수동태)

위 (5)번 예문은 해석이 이상합니다. 즉, 말이 되지를 않습니다. (6)번처럼 수동태 문장을 써야 합니다. 이와 같이 주어가 사물인 경우에는 대부분이 수동태 문장을 씁니다.

(7) He killed.  그는 죽였다.(능동태)

(8) He was killed.  그는 죽었다.(수동태)

kill은 (누구를) 「죽이다」라는 뜻입니다. (7)번 문장은 뒤에 목적어가 없기 때문에 올바른 문장이 될 수 없습니다. 「He killed her.」라든지 「He killed it.」처럼 목적어를 써 주어야 합니다. 8)번 문장은 수동태 문장입니다. He가 사고라든지 다른 사람에 의해 죽임을 당했다는 의미입니다. 수동태는 뒤에 목적어를 쓰지 않아도 됩니다.

정리하면, 능동태 문장은 뒤에 목적어나 보어가 반드시 와야 문장이 성립하지만, 수동태 문장은 뒤에 목적어나 보어가 오지 않아도 문장이 성립됩니다.

## 2) 수동태 문장으로 바꾸기

| 능동태 문장 | 수동태로 바꾼 문장 |
|---|---|
| I finish it.<br>(나는 그것을 끝낸다) | It is finished by me.<br>(그것은 나에 의해 끝내진다) |
| I finished it.<br>(나는 그것을 끝냈다) | It was finished by me.<br>(그것은 나에 의해 끝내졌다) |
| I will finish it.<br>(나는 그것을 끝낼 것이다) | It will be finished by me.<br>(그것은 나에 의해 끝내질 것이다) |
| I am finishing it.<br>(나는 그것을 끝내고 있다) | It is being finished by me.<br>(그것은 나에 의해 끝내지고 있다) |
| I have finished it.<br>(나는 그것을 끝냈다) | It has been finished by me.<br>(그것은 나에 의해 끝내졌다) |
| He does it.<br>(그는 그것을 한다) | It is done by him.<br>(그것은 그에 의해 행해진다) |
| He did it.<br>(그는 그것을 했다) | It was done by him.<br>(그것은 그에 의해 행해졌다) |
| He will do it.<br>(그는 그것을 할 것이다) | It will be done by him.<br>(그것은 그에 의해 행해질 것이다) |
| He is doing it.<br>(그는 그것을 하고 있다) | It is being done by him.<br>(그것은 그에 의해 행해지고 있다) |
| He has done it.<br>(그는 그것을 했다) | It has been done by him.<br>(그것은 그에 의해 행해졌다) |
| They use a computer.<br>(그들은 컴퓨터를 사용한다) | A computer is used by them.<br>(컴퓨터가 그들에 의해 사용된다) |
| They used a computer.<br>(그들은 컴퓨터를 사용했다) | A computer was used by them.<br>(컴퓨터가 그들에 의해 사용되었다) |
| They will use a computer.<br>(그들은 컴퓨터를 사용할 것이다) | A computer will be used by them.<br>(컴퓨터가 그들에 의해 사용될 것이다) |
| They are using a computer.<br>(그들은 컴퓨터를 사용하고 있다) | A computer are being used by them.<br>(컴퓨터가 그들에 의해 사용되고 있다) |
| They have used a computer.<br>(그들은 컴퓨터를 사용했다) | A computer has been used by them.<br>(컴퓨터가 그들에 의해 사용되었다) |

## 3) 지금부터 다양한 수동태 문장을 해석해 보겠습니다

- This room is used often.  이 방은 가끔 사용된다.

- This room is never used.  이 방은 절대 쓰이지 않는다.

- A tree is known by its fruit.  나무는 나무의 과일로 알려진다.
  (나무는 과일을 보면 품종이나 잘 자랄 수 있는 나무인지 알 수 있다는 의미)

- You shouldn't be seen here.  넌 여기서 보이면 안 돼.

- We like to be recognized.  우리는 인정받기를 좋아한다.

- The meeting was cancelled.  그 모임은 취소되었다.

- Your information will not be shared.  당신의 정보는 (남과) 공유되지 않을 것입니다.

- Flowers are planted every year.  꽃들은 해마다 심어진다.

- You are not forgiven.  당신은 용서받지 못해.(나는 당신을 용서 못해)

- This photo was taken by my friend.  이 사진은 내 친구에 의해 찍혔다.

- Bananas are sold by weight.  바나나는 무게로 팔린다.

- He is loved by everyone.  그는 모든 사람들에 의해 사랑받는다.

- Women are made to be loved.  여자는 사랑받기 위해 만들어졌다.

- I don't want to be ignored.  나는 무시당하는 것을 원하지 않는다.

- Only 10 minutes are left.  단지 10분이 남겨졌다.(단 10분 남았다)

- Drinks will be served from seven o'clock.  음료는 7시 정각부터 제공될 겁니다.

- Many trees are cut every year.  해마다 많은 나무들이 잘린다.

- Cut trees are sold at a low price.  잘린 나무들은 낮은 가격에 팔린다.

- A key is a device that is used to operate a lock.
  열쇠는 자물쇠를 작동하기 위해 사용되는 장치이다.

- I don't want to be disturbed.  난 방해받고 싶지 않아.

- When will dinner be served?  저녁은 언제 준비되나요?

- Life is often compared to a dream.  인생은 종종 꿈에 비유된다.

- Many cars are made in Japan.  많은 차들이 일본에서 만들어진다.

- Wine is made from grapes.  와인은 포도로 만들어진다.

- Your life will be changed by this book.  네 인생이 이 책에 의해 바뀔 것이다.

- It is said that he becomes a doctor.

  그가 의사가 되었다고 말해진다.(그가 의사가 되었다고 한다)

- It is said that she is 101years old. 그녀가 101살이라고 말해진다.

- The movie ET was directed by Spielberg. ET영화는 스필버그에 의해 감독되었다.

- She is known to everyone. 그녀는 모든 사람들에게 알려져 있다.

- Napa Valley is known for its excellent wines.

  Napa 계곡은 그 뛰어난 와인 때문에 알려졌다.

- You may be given a chance to meet her again.

  너에게 그녀를 다시 만날 기회가 주어질지 몰라.

- Some of the products are not delivered yet. 물건들 일부가 아직 배달되지 않았다.

- Almost everything can be delivered in Seoul.

  한국에서는 거의 모든 것들이 배달될 수 있어요.

- If people do not dream of creating something new, nothing will be created.

  사람들이 새로운 뭔가를 창조하려는 꿈을 안 꾸면, 어느 것도 창조되지 않을 것이다.

- What is needed to be a successful golfer?

  성공적인 골퍼가 되기 위해 필요로 해지는 것은 무엇인가?

- It must be done by 6. 6시까지 그게 행해져야 합니다.

- The work should be finished until tomorrow. 그 일은 내일까지 끝내져야 합니다.

- What is needed for an interview? 인터뷰하는데 무엇이 필요해지는가?

- More research is needed. 더 많은 연구가 필요해진다.

- How much of the earth is covered by water?

  지구의 얼마가 물에 의해 덮여 있는가?

- These scissors are used for cutting food only.

  이 가위는 오직 음식을 자르기 위해 사용됩니다.

- When was the photo taken? 그 사진은 언제 찍혔니?(take a photo: 사진을 찍다)

- I heard that the plan is going to be canceled. 나는 그 계획이 취소될 거라고 들었어.

- I want to be called at seven tomorrow morning.

  나는 내일 아침 7시에 전화받기를 원합니다.(내일 아침 7시에 전화로 좀 깨워 주세요.)

- Rats are given two choices for getting food.

  쥐에겐 음식을 얻기 위해 두 가지 선택이 주어진다.

- It needs to be preserved.  그것은 보존되어야 할 필요가 있다.

- Ask and it will be given to you. Knock and the door will be opened to you.

  구하라. 그리하면 너에게 주어질 것이요. 두드려라. 그러면 문이 열려질 것이다.

- Two functions are combined in this product.

  두 가지 기능이 이 제품 안에 결합되었다.

- Blue-collar manufacturing jobs will be displaced by machines.

  생산직 제조 직업은 기계에 의해 대체될 것이다.

- He was chosen as the leader of the team.  그는 그 팀의 리더로 선택되었다.

- I want to be treated like a human being.  나는 인간처럼 대접받고 싶습니다.

- Every child has the right to be loved and be handled with kindness.

  모든 아이들은 따뜻한 마음으로 사랑받고 다루어질 권리를 갖고 있다.

- Nowadays too many fish are caught.  요즘 너무 많은 물고기들이 잡힌다.

- Many animals are killed.  많은 동물들이 죽임당한다.

- Killed animals are exported to many countries.

  죽임당한 동물들은 많은 나라로 수출된다.

- I was allowed to go camping.  나는 캠핑하러 가도록 허락 받았다.

- Good speakers are born, but great speakers are made.

  훌륭한 연사는 태어난다. 하지만 위대한 연사는 만들어진다.

- How can our future be saved?  우리의 미래가 어떻게 구해질 수 있지요?

- This book was written in English.  이 책은 영어로 쓰여졌다.

- Bush was elected as the forty-first President of the United States.

  부시는 미국의 제 41대 대통령으로 선출되었다.

- Park Geun-hye was elected the 11th president of the Republic of Korea.

  박근혜는 대한민국의 제 11대 대통령으로 선출되었다.

- Fast food is served at low cost.  패스트푸드는 저가에 제공됩니다.

- Soup is served with bread.

  스프는 빵과 함께 제공됩니다.(스프를 시키면 빵도 같이 나옵니다.)

- Lunch will be served at noon o'clock.  점심은 12시 정각에 제공될 것입니다.
- It is forbidden to take pictures of North Korean people.

  북한 사람들을 찍는 것은 금지된다.
- She is forbidden to enter the country for the following five years.

  그녀는 향후 5년 동안 그 나라에 입국하는 것이 금지된다.
- No parking is allowed.  어떠한 주차도 허용되지 않습니다.
- No smoking is allowed.  어떠한 흡연도 허용되지 않습니다.
- She was seen in Busan.  그녀가 부산에서 보여졌다.(누군가 그녀를 부산에서 보았다)
- The window was broken by Ann.  창문이 Ann에 의해 깨졌다.
- They were taken to a hospital in Busan.  그들은 부산에 있는 병원으로 데려가졌다.
- English is spoken in Australia.  영어는 호주에서 말해진다.(호주는 영어를 쓴다)
- Most shoes are made in China.  대부분의 신발은 중국에서 만들어진다.
- This house was built last year.  이 집은 작년에 지어졌다.
- Everyone should be respected equally.  모든 사람은 평등하게 존경받아야 한다.
- Everyone has the right to be respected.  모든 사람은 존경받아야 할 권리가 있다.
- Wood is used to boil water.  나무는 물을 끓이기 위해 사용된다.
- The store was robbed last night.  그 가게는 어젯밤 약탈당했다.
- Smoking should not be allowed in public places.

  흡연은 공공장소에서 허용되어서는 안 된다.
- A lie detector is not considered absolutely reliable.

  거짓말 탐지기는 절대적으로 믿을 만한 것으로 간주되지 않는다.
- Their voices will be heard.  그들의 목소리가 들릴 것이다.
- English and computer skills are required.  영어와 컴퓨터 기술이 요구된다.
- The Internet was first developed in the early 1960s.

  인터넷은 1960년대 초에 처음 개발되었다.
- Do you know when it was built?  그것이 언제 지어졌는지 넌 아니?
- The Pyramids were built as tombs for the kings and queens.

  피라미드는 왕과 왕비의 무덤으로 지어졌다.
- No special skills are required.  어떠한 특별 기술도 요구되지 않는다.

- Design is done by computers.  디자인은 컴퓨터에 의해 행해집니다.

- English is now spoken as a mother tongue by over 400million people.
  영어는 현재 4억명 이상에 의해 모국어로 말해진다.

- He was sent to the emergency room.  그는 응급실로 보내졌다.

- Counseling is usually done through e-mail.
  상담은 보통 이메일을 통해 행해집니다.

- Everything is connected.  모든 것은 연결되어 있다.

- It needs to be done by this week.  그것은 이번 주까지 행해져야 한다.

- What can be done to stop global warming?
  지구 온난화를 멈추기 위해 무엇이 행해질 수 있겠는가.

- What is this flower called in English?  이 꽃을 영어로 뭐라고 부릅니까?

- Some snacks and drinks will be provided during the interview.
  인터뷰 동안에 약간의 과자와 음료가 제공될 것입니다.

- What can be done to improve supply of clean water?
  깨끗한 물 공급을 개선하기 위해 무엇이 행해질 수 있겠는가.

- Accept that there are some things that cannot be changed.
  바뀔 수 없는 몇 가지가 있다는 것을 받아들이세요.

- Life is not a problem to be solved, but a reality to be experienced.
  인생은 해결되어야 할 문제가 아니라, 경험되어야 할 현실이다.

- Three things cannot be long hidden: the sun, the moon, and the truth.
  세 가지는 오래 감추어질 수 없다. 태양, 달 그리고 진리.

- Suppose someone invites you to dinner and you are asked "How about the fruit after dinner?"
  어느 누군가가 당신을 저녁식사에 초대한다고 치자. 그러면 당신은 "저녁 후에(후식으로) 과일은 어때요?"라고 질문받는다.

- When a person takes a lie detector test, four to six sensors are attached to the person.
  어떤 사람이 거짓말 탐지기 테스트를 받으면, 4~6개의 센서가 그 사람에게 부착된다.

- In a department store, slow music is usually played.
  백화점에서는 대개 느린 음악이 연주된다.
- You might be asked to explain what you learned in university.
  당신은 대학에서 배운 것을 설명해 보라고 요구받을지도 모른다.
- Meat must be eaten as soon as possible.  고기는 가능한 한 빨리 먹어져야 한다.
- The possibilities are limited when there is no support.
  가능성은 지원이 없을 때 제한된다.
- There are a few polite expressions that are frequently used in the English Language.
  영어에서 자주 사용되는 예의바른 표현들이 몇 개 있다.
- Liars are not believed even when they speak the truth.
  거짓말쟁이들은 그들이 진실을 말할 때에도 믿음을 받지 못한다.
- How do you think is written all over your face.
  네가 어떻게 생각하는지는 네 얼굴에 다 쓰여 있어.
- The job which she applied for is well paid.
  그녀가 지원했던 직장은 월급이 높다.(좋다)
- John has been asked to make a speech at the meeting.
  John은 그 회의에서 연설을 할 것을 요구받았다.
- The meeting is scheduled to start at seven.
  그 회의는 7시에 시작할 예정이다.(7시에 시작할 것으로 예정이 잡혔다)
- Many bicycles are stolen easily because they are not locked at all.
  많은 자전거들이 제대로 잠그지 않기 때문에 쉽게 도난당한다.
- Bicycles may not be ridden inside any university building.
  자전거는 대학 내의 어느 건물에서도 승차되어서는(타서는) 안 됩니다.
- Stories are invented based on a real experience.
  이야기들은(또는 소설은) 실제 경험에 바탕을 두고 만들어진다.

# UNIT 17 현재완료

## 1) 뜻

현재완료는 「have + 과거분사」를 말합니다. 주어가 3인칭 단수일 때에는 have 대신 has를 써야 하겠지요. 현재완료는 영어에서 무척이나 많이 쓰이고 있습니다. 현재완료를 제대로 알아야 하는 이유입니다. 하지만 현재완료가 쉽지는 않습니다. 특히 현재완료를 처음 공부하시는 분들에게는 더욱 그러합니다. 고로 아래에 있는 수많은 현재완료 예문들이 녹록하지 않을 것입니다. 인내심을 가지고 반복적으로 공부하시고 복습하십시오. 현재완료에 나오는 have나 has는 일종의 조동사로서 해석을 하지 않으며, 현재완료에 나오는 과거분사는 '수동'의 의미가 아니라는 것을 꼭 기억하십시오.

아래 문장들을 보시면, 과거형 문장과 현재완료형 문장의 차이를 분명히 알 수 있습니다.

⑴ They met two months ago. 그들은 2개월 전에 만났다.(지금은 안 만난다는 뜻)
　 She has met him for two months.
　 그녀는 2개월 동안 그를 만나 왔다.(지금도 만나고 있다는 뜻)

⑵ I saw him three days ago.  나는 3일 전에 그를 보았다.(단순한 과거의 사실)
　 I have seen him before.  나는 전에 그를 본 적이 있다.(경험을 나타냄)

(3) I learned English when I was in high school.

　　나는 고등학교에 있을 때 영어를 배웠다.(지금은 안 배운다는 뜻)

　　I have learned English since I was in high school.

　　나는 고등학교에 있을 때부터 영어를 배웠다(지금도 배운다는 뜻 또는 현재 영어를 말할 수 있다는 뜻)


(4) I read the newspaper.　나는 그 신문을 읽었다.(다 읽었는지는 모름)

　　I have read the newspaper.　나는 그 신문을 읽었다.(다 읽었다는 뜻)


(5) I changed my mind.　난 내 마음을 바꿨다.(다시 예전으로 돌아갔는지 아니면 바뀐 상태로 있는지 모름)

　　I have changed my mind.　난 내 마음을 바꿨다.(지금도 바뀐 상태로 있음)


위 예문들을 보시면 현재완료를 쓰는 이유를 조금은 알 수 있습니다. 현재완료는 과거에(그 과거가 정확히 언제인지는 중요하지 않습니다) 일어난 행위가 현재에까지 영향을 미치고 있거나, 현재와 관련이 있을 경우에 씁니다.


## 2) 본격적으로 현재완료 문장을 보기로 하겠습니다

(1) Spring came.　봄이 왔다.(지금은 봄이 아니라는 뜻)

(2) Spring has come.　봄이 왔다.(지금도 여전히 봄이라는 뜻)


위 두 문장의 해석은 겉으로는 같지만 보시는 바와 같이 뜻하는 바가 서로 다릅니다.


(3) I knew him for ten years.　나는 그를 10년 동안 알았다.(지금은 그를 모른다는 뜻)

(4) I have known him for ten years.

　　나는 그를 10년 동안 알았다.(지금도 그를 알고 있다는 뜻)

(5) He saw her before.  그는 전에 그녀를 보았다.

(6) He has seen her before.  그는 전에 그녀를 본 적이 있다.(경험)


(5)번 문장은 단순 과거를 쓴 문장이고, 6)번 문장은 현재완료형 문장입니다. 이와 같이 단순 과거 문장과 현재완료 문장은 그 뜻이 확연하게 차이가 난다는 것을 알 수 있습니다.


(7) He finished it.  그는 그것을 끝냈다.(과거 어느 때에 끝냈다는 뜻)

(8) He has finished it.  그는 그것을 끝냈다.(말하는 시점에 다 끝냈다는 뜻)

(9) I lived in Seoul for twenty years.  나는 20년 동안 서울에 살았다.(지금은 서울에 살고 있지 않다는 뜻)

(10) I have lived in Seoul for twenty years.  나는 20년 동안 서울에 살아 왔다.

　　(지금으로부터 20년 전에 살기 시작했고, 지금도 여전히 서울에 살고 있다는 뜻)

(11) He lost his key.  그는 키를 잃어버렸다.(다시 찾았는지는 알 수 없음)

(12) He has lost his key.  그는 키를 잃어버렸다.(지금도 키를 갖고 있지 않다는 뜻임)

(13) He was busy.  그는 바빴다.(지금은 바쁘지 않음)

(14) He has been busy.  그는 바빴다.(지금도 여전히 바쁘다는 뜻임)


위 두 번째 문장에서 been이 쓰인 이유가 뭘까요? be동사의 과거분사가 been이니까 쓰인 겁니다. busy가 형용사이니까 앞에 be동사를 써줘야 하는데, 현재완료를 쓰다 보니까 been이 쓰인 것이지요.


(15) It stopped raining.  비가 그쳤다.(하지만 비가 다시 올지도 모른다는 뜻)

(16) It has stopped raining.  비가 그쳤다.(그래서 지금은 비가 안 온다는 뜻)


위 두 문장을 보면, 첫 번째 문장은 비가 「잠시」 그친 것임을 암시하고 있고, 두 번째 문장은 비가 「완전히」 그친 것임을 암시합니다. 그래서 It stopped raining.이라는 문장 뒤에 보통 for a while이라는 문구가 오고, It has stopped raining.이라는 문장 뒤에는 보통 You need not to take an umbrella.(너는 우산을 가져갈 필요가 없어)와 같은 문장이 옵니다.

위 문장에서 It는 왜 쓰였을까요? 이때의 It를 이른바 「비인칭 주어」라 부릅니다. 해석은 하지 않지만 반드시 써주어야 합니다. 엄연한 주어이니까요. 그리고 stop 다음에 -ing가 왔다는 것도 기억하셔야 합니다. stop 다음에는 거의 -ing가 옵니다. 간혹 to부정사가 올 때가 있는데, 이때에는 「-하기 위해 (하던 것을) 멈추다」입니다. 뜻이 완전히 다릅니다. 이미 to부정사 편에서 배웠습니다.

(17) I ate lunch. 나는 점심을 먹었다.(하지만 지금 배부른지는 모른다)

(18) I have eaten lunch. 나는 점심을 먹었다.(그래서 지금 배부르다)

(19) What happened? 무슨 일 있어?(물어보는 사람이 그 상황을 전혀 모르고 있음)

(20) What has happened? 무슨 일 있어?(물어보는 사람이 그 상황을 지금 알고 있음. 즉 상대방이 우울해하고 있거나, 집이 난장판이 되어 있거나, 상대방이 다친 모습을 보고 있거나 하는 등)

(21) I waited him for two hours.
나는 그를 2시간 동안 기다렸다.(지금은 기다리고 있지 않음)

(22) I have waited for two hours.
나는 그를 2시간 동안 기다렸다.(지금도 기다리고 있다는 뜻)

(23) There was an accident. 사고가 있었다.(과거에 사고가 있었음)

(24) There has been an accident.
사고가 있었다.(말하는 사람이 지금 현장을 보고 있거나, 현장 주변을 지나고 있음)

(25) How the Internet changed our lives. 인터넷이 우리 삶을 어떻게 바꿨나.

(26) How the Internet has changed our lives.
인터넷이 우리 삶을 (지금까지) 어떻게 바꾸어 왔나.

(27) I saw him. 나는 그를 보았다.(언제인지는 모르나 과거에 보았음)

(28) I have seen him. 나는 그를 보았다.(말하는 시점에 보았다는 뜻)

(29) I bought a new bike. 나는 새 자전거를 샀다.(지금도 갖고 있는지는 모름)

(30) I have bought a new bike. 나는 새 자전거를 샀다.(지금도 갖고 있다는 뜻)

(31) I'm sorry to trouble you. 폐를 끼쳐 미안합니다.

(32) I'm sorry to have troubled you. 폐를 끼쳐 미안합니다.(지금도 폐를 끼치고 있음)

(33) I'm sorry to keep you waiting. 기다리게 해서 죄송해요.

(34) I'm sorry to have kept you waiting.
기다리게 해서 죄송해요.(지금도 기다리게 하고 있는 상태임)


## 3) 현재완료의 특징

(1) 단순 과거 동사를 쓰면 과거에 일어난 일임을 나타낼 뿐 현재와는 무관합니다.
현재완료를 쓰면 과거에 일어난 일이지만 현재에까지 그 결과나 영향이 미치고 있다
는 것을 나타냅니다.

(2) 단순 과거형 동사가 '점(point)'이라면, 현재완료는 '선(line)'이라고 말할 수 있습니
다. 아시다시피 점은 끊어져 있는 것이 특징이고, 선은 이어져 있는 것이 특징입니다.
즉, 현재완료는 과거에(그 과거가 정확히 언제인지는 중요하지 않습니다!) 일어난 일
이긴 하지만 그 결과나 영향이 현재에까지 연결되어 있는 것입니다. 하지만 단순 과
거형 동사를 쓰면 과거에 일어난 일로서 현재와 이어져 있지 않고 단절되어 있다는
의미가 됩니다.

(3) 단순 과거 동사를 쓴 문장은 과거에 일어난 제한적인 사실을 제공하는데 비해, 현
재완료는 폭넓고 다양한 사실을 제공합니다.

## 4) 현재완료는 언제 쓰는가

### (1) '새로운 사실'이나 '정보'를 제공할 때 현재완료를 씁니다.

- The road is closed. There has been an accident.  길이 막혔어. 사고가 있었네.
- The police have arrested two men.  경찰이 두 남자를 체포했다.
- She has not phoned.  그녀는 전화하지 않았다.
- My father has passed away.  우리 아버지께서 돌아가셨습니다.
- Drugs have become a big problem everywhere.
  마약은 어디에나 있는 큰 문제가 되었다.
- I have cut my finger.  내 손가락이 잘렸다.
- They have won a prize.  그들은 상을 탔다.
- She has got a new job.  그녀는 새 직장을 얻었다.
- Phones have changed a lot over the years.  전화기는 수년에 걸쳐 많이 변했다.
- Traffic death rates have been greatly reduced.  교통사망률이 크게 줄어들었다.
- Martin has crashed his car again.  마틴의 차가 또 (다른 차와) 충돌했다.
- I have visited 56 countries.  나는 56개의 나라들을 방문했다.
- The government has said that it aims to double the growth rate by 2010.
  정부는 2010년까지 성장률을 두 배로 하려는 목표를 세웠다고 밝혔다.
- The government has announced that it plans to build a new university.
  정부는 새 대학교를 세우려는 계획을 하고 있다고 발표했다.
- It has been proved that less fuel is consumed at low speeds than at high speeds.
  고속으로 달릴 때보다 저속으로 달릴 때 연료가 덜 소비된다는 것이 입증되었다.
- Studies have shown that people are influenced by color, sound and smell when
  they shop.
  많은 연구들은 사람들이 쇼핑할 때 색, 소리 그리고 냄새에 의해 영향을 받는다고
  보여주었다.

**(2) '성취'나 '업적'을 나타내고자 할 때 현재완료를 씁니다.**

- Man has walked on the moon . 인간이 달 위를 걸었다.
- Our son has learned how to read. 우리 아들이 읽는 법을 배웠다.
- Doctors have cured many deadly diseases. 의사들이 많은 죽을 병들을 고쳤다.
- I have passed my exams! 내가 시험에 합격했다.
- James has won first prize for math. 제임스가 수학에서 1등상을 탔다.
- At last! I've finished! 드디어 끝냈어!


**(3) '경험'을 나타내고자 할 때 현재완료를 씁니다.**

이 경우에는 「–한 적이 있다(없다)」로 해석합니다. ever(지금까지) before, once, twice, three times(세 번), many times(여러 번) 등의 단어와 같이 쓰입니다.

- Have you seen a tiger? 너는 호랑이를 본 적이 있니?(경험을 물어봄)
- I have met him once. 나는 그를 한 번 만난 적이 있다.
- I have never met her. 나는 그를 만나 보지 못했다.
- I have seen you before. 나는 전에 당신을 본 적이 있습니다.
- I have heard from him twice. 나는 그로부터 두 번 소식일 들었다.
- Have you ever ridden a horse? 지금까지 말을 타본 적 있니?
- Have you ever spoken to a famous person?
  너는 지금까지 유명한 사람에게 말을 해 본 적이 있니?
- I have never seen so many people here before.
  나는 전에 여기에서 그렇게 많은 사람을 본 적이 없다.
- I have never seen such a pretty picture. 나는 그렇게 예쁜 그림을 본 적이 없다.
- Have you ever been more surprised? 너는 더 놀란 적이 있니?
- Have you ever loved someone? 너는 누군가를 사랑해 본 적이 있니?
- Have you ever read this book? 너는 이 책을 읽어 본 적이 있니?
- Have you thought about where to go?
  어디로 가야 할지에 대해 생각해 본적 있습니까?

- Have you thought about hiring new employees?

  새 직원들을 고용하는 것에 대해 생각해 보신 적 있습니까?

- I have seen that movie twenty times.  나는 20번이나 그 영화를 보았다.

- How many times have you eaten Mexican food?

  멕시코 음식을 몇 번이나 먹어 보았니?

- Have you ever been in love?  사랑에 빠져 본 적이 있습니까?

- Have you ever eaten Korean food?  한국 음식 먹어본 적 있어요?

- Have you ever used computer?  컴퓨터를 사용해 보신 적이 있습니까?

- Have you ever studied Chinese?  중국어를 공부해 보신 적이 있어요?

- Have you ever tried Gimchi?  김치를 먹어 본 적이 있니?

- Have you heard anything from him?

  그한테서 뭐라도 소식을 들어본 적이 있습니까?

---

have been to  ① -에 가본 적이 있다.(경험) ② -에 갔다 왔다.(완료)
have gone to  -에 가버렸다(결과)

---

- He has been to Seoul.  ① 그는 서울에 가본 적이 있다. ② 그는 서울에 갔다 왔다.

- He has gone to Seoul.  그는 서울로 가버렸다.(그래서 지금 여기에 없다)

- I have been to Busan.  ① 나는 부산에 가본 적이 있다. ② 나는 부산에 갔다 왔다.

- I have been to Korea three times.

  ① 나는 부산에 세 번 가본 적이 있다.  ② 나는 한국에 세 번 갔다 왔다.


## (4) '계속'을 나타내고자 할 때 현재완료를 씁니다.

해석은 「-해 왔다.」입니다. for/since/How long 등과 같이 쓰입니다.


- I have known her for a long time.

  나는 오랫동안 그녀를 알아왔다.(지금도 안다는 뜻)

- It's been cold these days.  요즘 계속 추웠어요.(지금도 춥다는 뜻)

- What's the best place you've ever been to in Korea?

  네가 한국에 지금까지 가본 곳 중 가장 좋은 곳은 뭐였니?

- He has been in hospital since last Monday.

  그는 지난 월요일 이래로 병원에 있어 왔다.(지금도 병원에 있다)

- I have lived in Seoul for 20 years.  나는 20년 동안 서울에서 살아 왔다.(지금도 산다)

- It has rained for 3 days.  3일 동안 비가 내렸다.(지금도 내린다는 뜻)

- It has been raining for 3 days.

  3일 동안 비가 내리고 있다.(진행형을 쓰면 비가 계속 오는 것을 강조해줌)

- A : How long have you played the piano?  얼마나 오래 피아노를 쳐 왔니?

  B : I have played the piano for 2 years.  나는 2년 동안 피아노를 쳐 왔다.

- I have played the guitar since 2005.  나는 2005년 이래로 기타를 쳐 왔다.

- She has worked in the bank for five years.  그녀는 5년간 은행에서 근무해 왔다.

- Standards of beauty have changed over the ages.

  미의 기준은 시대에 따라 변해왔다.

- We have had the same car for ten years.  우리는 10년간 같은 차를 소유해 왔다.

- Tom and Jane have been friends since last year.

  Tom과 Jane은 작년 이래로 친구였다.

- It has been my dream to buy my own house.

  내 자신의 집을 사는 것이 내 꿈이었다.(지금도 내 꿈이다)

- How long have you been using your current cell phone?

  네 현재 핸드폰을 얼마나 오래 써 오고 있는 중이니?

- I have known her since I was young.

  내가 어렸을 때부터 나는 그녀를 알고 있었다.

  (알기 시작한 그 순간부터 말하는 지금까지 기간 동안 계속 알고 있다는 뜻)

- Where have you been?  넌 어디에 있었니?(지금까지 어디에 있어 왔냐는 뜻)

- How have you been?  (지금까지) 어떻게 있어 왔니(지내왔니)?

- We haven't had dinner together for a long time.

  우리는 오랜 시간 동안 함께 저녁을 먹지 못했어.

- How long have you been in Busan?  너는 부산에 얼마나 오래 있었니?

현재완료에서 been이 쓰이는 이유는 뒤에 장소를 나타내는 명사나 형용사가 오기 때문입니다. 뒤에 장소를 나타내는 명사가 오면 be동사의 뜻은 「-에 있다」의 뜻이고, 뒤에 형용사가 오면 그 앞에 be동사를 써주어야 한다는 것을 be동사 편에서 이미 공부한 바 있습니다.

- He has been married since 2010. 그는 2010년에 결혼해서 (지금까지) 살고 있다.
- Talk about how coffee shops have changed.
  커피숍이 어떻게 변화해 왔는지 이야기해 주세요.
- Up to now you have worked very hard. 지금까지 너는 매우 열심히 일해 왔어.
- It has been two months since I arrived in Korea.
  내가 한국에 도착한 이래로 두 달이 지났다.(말하는 지금 시잠까지 두 달이 지남)
- You have been a big help. 당신이 큰 도움이 됐어요.(지금도 큰 도움이 되고 있음)


**(5) '결과'를 나타내고자 할 때 현재완료를 씁니다. 이때 해석은 대체로 「-했다.」 또는 「-해 버렸다」입니다.**

- I have had breakfast. 난 (지금 막) 아침을 먹었다 - 문맥에 따라 유추해야겠지만, '나는 이미 먹었으니 말하는 지금도 배가 부르다' 의 뜻입니다.
- I have eaten too much.
  나는 너무 많이 먹었어.(그래서 배가 불러. 또는 그래서 배가 아파)
- He has washed his cars.
  그는 그의 차를 세차했다.(그래서 그의 차가 지금 깨끗하다는 뜻)
- They have bought a new car.
  그들은 새 차를 샀다.(그 차를 지금도 갖고 있다는 뜻)
- Someone has broken that window.
  누군가가 저 창문을 깼다.(지금도 그 창문은 깨져 있다는 뜻)
- Have you finished with this newspaper?
  이 신문을 다 읽었니?(그래서 내가 읽어도 되냐는 뜻)
- She has closed the door.
  그녀는 그 문을 닫았다.(그래서 지금도 그 문이 닫혀 있다)

- We can't find our luggage. Have you seen it?

  우리 짐을 찾을 수가 없다. 그걸 보았니?(지금 그 짐이 어디에 있는지 아니?)

- Mary has fixed my computer.

  Mary가 내 컴퓨터를 고쳤다.(그래서 내 컴퓨터는 지금 작동이 된다는 뜻)

- Russia has invaded Afghanistan.

  러시아가 아프가니스탄을 침공했다.(그래서 지금 전쟁 중이다)

- Have you seen my calculator? 내 계산기를 보았니?(지금 내가 그걸 써야 해)

- He has finished his work. 그는 그의 일을 끝냈다.(그래서 지금 쉴 수 있다)

- I have already eaten the dinner. 나는 저녁을 이미 먹었어.(그래서 지금 배불러)

- I have called her.

  나는 그녀에게 전화했어.(그래서 지금 그녀가 어떤 상태인지 알아)

- I have read the book. 나는 그 책을 읽었어.(그래서 지금 그 책을 빌려줄 수 있어)

- He has painted the ceiling. 그는 천장을 칠했다.(그래서 지금 천장이 칠해져 있다)

- They have just arrived at Seoul. 그들은 서울에 막 도착했다.(지금도 서울에 있다)

- I have thought about it for two hours. 나는 두 시간 동안 그것에 관해 생각했다.

- Bob has visited his grandma.

  Bob은 그의 할머니를 방문했다.(지금도 할머니댁에 있다)

- My plans have changed. 내 계획이 바뀌었어.(지금도 바뀐 상태로 있다)

## (6) 방금 전에 일어났거나 곧 끝날 행위를 나타내고자 할 때 현재완료를 씁니다.

이때에는 just(막), already(벌써. 긍정문에서 씁니다), yet(부정문에서는 '아직', 의문문에서는 '벌써'의 뜻입니다)가 쓰입니다. just와 already는 have와 과거분사 사이에 쓰고 yet는 문장의 맨 뒤에 씁니다. already는 의문문에서는 잘 쓰이지 않습니다.

- He has just arrived in Seoul. 그는 서울에 막(방금) 도착했다.
- We have already had dinner. 우리는 벌써 저녁을 먹었다.

  위 두 번째 문장에서 have had가 좀 낯설 것입니다. have는 현재완료를 나타내고자 할 때의 have인 것은 다 아는데, 뒤의 had는 무엇일까요? 일반동사 「먹다」의 뜻으로 쓰인 have의 과거분사일 뿐입니다.

- The party has just started.  그 파티가 방금 시작되었다.
- They have already seen the film.  그들은 벌써 그 영화를 보았다.
- He hasn't arrived in Seoul yet.  그는 서울에 아직 도착하지 않았다.(부정문)
- Have you had lunch yet?  너는 벌써 점심을 먹었니?(의문문)
- I have decided to marry her.  나는 그녀와 결혼하기로 결심했다.
- I have decided to change my mind.  나는 내 마음을 바꾸기로 결심했다.
- What have you done?  너 무슨 일을 한 거야?

**(7) 아직 종료되지 않은 기간에 무엇을 말하고자 할 때 현재완료를 씁니다.**

today, this week, this year, this month, in the morning, in the afternoon 등의 단어와 같이 쓰입니다.

- He has written ten letters today.
  그는 오늘 10통의 편지를 썼다.(오늘이 아직 다 가지 않았음)
- I have cooked twice this week.
  나는 이번 주에 두 번 요리를 했다.(이번 주가 다 지나가지 않았음)
- I have worked hard this week.
  나는 이번 주에 열심히 일했어.(이번 주가 다 지나가지 않았음)
- It has rained a lot this year.
  올해엔 비가 많이 왔다.(올해가 다 가지 않았음)
- We haven't seen her today.
  우리는 오늘 그녀를 못 봤다.(오늘이 아직 다 가지 않았음)
- I have seen three movies this week.
  나는 이번 주에 세 편의 영화를 보았다.(이번 주가 다 끝나지 않았음)
- It hasn't rained this week.  이번 주에 비가 안 왔다.(아직도 이번 주임)
- Have you seen John this morning?
  오늘 아침에 John을 보았니?(아직 오늘 아침임)
- Have you been busy this month?
  넌 이 달에 바빴니?(아직 이번 달이 끝나지 않았음)

## 5) 현재완료와 친한 단어들

아래의 단어들은 현재완료와 항상 같이 쓰이는 단어들입니다.


(1) How long

(2) since

(3) just

(4) already

(5) yet

(6) ever/for a long time/before/never

(7) once/several times/so far/till now/twice/three times/many times

(8) the first time/the second time/the third time


## 6) 현재완료와 절대로 친하지 않은 단어들

아래의 단어들은 절대로 현재완료와 같이 쓰이지 않는 단어들입니다.


(1) 시기 또는 시간 : When, What time.

(2) 때를 나타내는 말 : ago, yesterday, at that moment, that day, one day, then.

(3) last가 붙은 단어들 : last week, last night, last month, last year.

(4) 시간을 나타내는 말 : at 5, at 3 o'clock, at 7.

(5) 요일을 나타내는 말 : on Monday, on Saturday, on Sunday.

(6) 연도 : in 2010, in 1997, in 2016.


위 단어들은 현재완료와 같이 한 문장에서 쓸 수 없습니다. 현재완료는 과거에 일어난 어떤 행위가 현재에까지 영향을 끼치거나 현재와 관련이 있는 경우에 쓰는 독특한 표현방식입니다. 현재와 아무런 관련이 없다면 현재완료를 쓰지 않습니다. 그런데 위의 단어들은 명백하게 과거를 특정하여 나타내는 단어들입니다. 그 결과 현재 (now)와 단절되고 맙니다. 그래서 현재완료와 더불어 쓰지 못하는 것입니다.

- It snowed last night.  어젯밤에 눈이 내렸다.
  - ← It has snowed last night.(✕)
- I saw him yesterday.  나는 어제 그를 보았다.
  - ← I have seen him yesterday.(✕)
- I lost my key last week.  나는 지난주에 내 키를 잃어버렸다.
  - ← I have lost my key last week.(✕)
- When did they arrived in Seoul?  그들은 언제 서울에 도착했니?
  - ← When have they arrived in Seoul?(✕)
- He finished it 3 days ago.  그는 3일 전에 그것을 끝냈다.
  - ← He has finished it 3 days ago.(✕)
- She was married in 2012.  그녀는 2012년에 결혼했다.
  - ← She has been married in 2012.(✕)
- I bought a new car on Friday.  나는 금요일에 새 차를 샀다.
  - ← I have bought a new car on Friday.(✕)

## 7) 현재완료 정리

아래 문장들을 보실까요?

I have read the book.

위 현재완료가 쓰인 예문을 어떻게 해석을 하실 겁니까? 몇 가지 해석이 가능합니다.
① 나는 그 책을 읽었다.( → 그래서 남한테 빌려 줄 수 있다)
② 나는 그 책을 읽었다.( → 내가 책을 읽은 객관적 사실을 알려줌)

③ 나는 그 책을 읽은 적이 있다.( → 경험을 나타냄)

일단 위 세 가지로 해석이 됩니다. 따라서 정확한 해석은 전후 문맥을 보아야만 알 수 있습니다. ①번처럼 해석이 되게 하기 위해서 문장에 just/already 등을 넣으면 ①번 처럼 해석이 됩니다. ③번처럼 해석이 되게 하려면 문장에 once/twice/before/many times 등의 단어들을 집어넣으면 「–한 적이 있다」로 확실하게 해석이 됩니다. 글을 읽는 사람들로 하여금 헷갈리지 않게 할 수가 있는 것이죠.

다른 문장을 보실까요?

| She <u>has learned</u> English. |
|---|

위 문장은 어떻게 해석을 해야 할까요? 역시 몇 가지 해석이 가능합니다.
① 그녀는 영어를 배웠다.( → 그래서 현재 영어로 대화할 줄 안다)
② 그녀는 영어를 배워왔다.( → 계속을 나타냄)
③ 그녀는 영어를 배운 적이 있다.( → 경험을 나타냄)

현재완료 문장이 나오면 여러 가지로 해석이 될 가능성이 있기 때문에, 주변 상황이나 전후 문맥을 살펴봐야 합니다. ②번의 의미로 나타내려면 문장에 since/for 등의 단어를 넣어주면 되고, ③번의 의미라면 문장에 before/ever/once 등의 단어를 집어넣으면 해석이 헷갈리지 않습니다.

하나 더 봅시다.

| I've <u>heard</u> about you. |
|---|

위 현재완료 문장의 해석은 어떻게 해야 할까요?

① 나는 당신에 대해 들어 왔습니다.( → 계속을 나타냄)
② 나는 당신에 대해 들어 본 적이 있습니다.( → 경험을 나타냄)
③ 나는 당신에 대해 들었습니다.( → 그래서 당신에 대해 지금도 알고 있다)

세 가지로 해석이 되며, 정확한 해석은 전후 문맥이나 상황을 살펴봐야 합니다. ①번처럼 해석이 되게 하려면, 문장에 since나 for를 넣어주면 됩니다. 예컨대, 「I've heard about you since last year.」나 「I've heard about you for ages.」처럼 말입니다.
②번처럼 해석이 되게 하려면 문장에 once/twice/many times/never/ever 등의 단어를 넣어주면 되고, ③번처럼 해석이 되게 하려면 문장에 just/already/yet 등의 단어를 넣어주면 됩니다.
현재완료는 영어에서 정말 중요합니다. 외국인들은 현재완료 문장을 즐겨 쓰고 있고, 언론이나 서적 등에서도 현재완료를 쉽게 찾을 수 있습니다. 아무쪼록 앞의 다양한 예문들을 수시로 보아 가면서 여러 번 반복해서 공부하는 방법 이외의 다른 도리는 없습니다.

# UNIT 18 관계대명사

## 1) 관계사

관계사란 관계대명사와 관계부사를 합친 말입니다. 관계대명사는 「접속사+대명사」의 기능을, 관계부사는 「접속사+부사」의 기능을 수행합니다. 관계대명사에는 that, who, which 등이 있고, 관계부사에는 where, when, why 등이 있습니다. that이 대명사로 쓰이면 「이것」이라는 뜻이고, who가 의문사로 쓰이면 「누구」라는 뜻이며, which가 의문사로 쓰이면 「어느 것」이라는 뜻이지만, 관계대명사로 쓰이게 되면 해석은 하지 않고 접속사와 대명사의 역할을 동시에 수행하는 기능만을 담당합니다. where도 의문사로 쓰이면 「어디에」라는 뜻이고, when이 의문사로 쓰이면 「언제」라는 뜻이며, why가 의문사로 쓰이면 「왜」라는 뜻을 가지고 있다는 것은 다 아는 사실입니다. 하지만 이들이 관계부사로 쓰이면 뜻은 없고 접속사와 부사의 역할만 수행합니다. 관계사를 쓰게 되면 문장이 간단해지면서 고급스러워지는 효과가 있습니다.

## 2) 두 문장을 한 문장으로 만들기

두 문장을 하나로 연결하는 역할은 접속사와 관계사가 담당합니다. 접속사로는 and, but, when, if, As, that 등이 있는데, 이중 that을 보기로 하겠습니다.

(1) I know.(나는 안다)

(2) He is a teacher.(그는 선생님이다)

　→ I know that he is a teacher.　나는 그가 선생님이라는 것을 안다.

(1) He said.(그는 말했다)

(2) He will help me.(그는 나를 도울 것이다)

　→ He said that he would help me.　그는 나를 도와주겠다고 말했다.


that는 접속사는 물론 관계대명사로도 쓰입니다. 물론 차이가 많습니다. 접속사는 두 문장을 단순히 연결해 줄 뿐 다른 품사를 대신하는 역할은 하지 않습니다. 하지만 관계사는 두 문장을 한 문장으로 연결시켜 줄 뿐만 아니라 대명사까지도 대신 받아 줍니다. 지금부터는 관계대명사의 쓰임을 구체적으로 보겠습니다.


## 3) 관계대명사의 역할

(1) I have a key.(나는 열쇠를 갖고 있다)

(2) You lost it yesterday.(너는 어제 그것을 잃어버렸다)


위 두 문장을 한 문장으로 합쳐 봅시다.

우선, 우리말 해석은 「나는 열쇠를 갖고 있는데, 너는 그것을 어제 잃어버렸다.」가 될 겁니다. 문장이 긴데다가 예쁘지도 않다는 것을 알 수 있습니다. 이것을 영어로 옮겨 봅시다. 「I have a key and you lost it yesterday.」가 될 겁니다. 역시 문장이 길어지고 또한 단어가 중복해서 쓰인다는 것을 알 수 있습니다.

이것을 간단하면서도 아름답게 만들려면 「나는 네가 어제 잃어버린 열쇠를 갖고 있다.」가 될 것이고, 영어로는 「I have the key which you lost yesterday.」가 됩니다. 관계대명사인 which가 들어가고, 대명사인 'it'가 없어졌다는 것을 알 수 있습니다. 이처럼 관계대명사는 접속사와 대명사의 역할을 동시에 하고 있습니다.

⑴ He is the only man.(그는 유일한 사람이다)

⑵ He doesn't tell a lie.(그는 거짓말을 하지 않는다)

위 두 문장도 한 문장으로 합치면「그는 거짓말을 하지 않는 유일한 사람이다.」가 되고, 영어로는「He is the only man that doesn't tell a lie.」가 됩니다.

- This is the book which I bought yesterday.   이것은 내가 어제 산 책이다.

  = This is the book that I bought yesterday.

  = This is the book I bought yesterday.

① 위 문장은 This is the book.(이것은 책이다)이라는 문장과, I bought it yesterday.(그리고 나는 그것을 어제 샀다)라는 두 개의 문장을 합친 것입니다. 두 문장이 합쳐지면서 접속사인 and와 대명사인 it이 없어지고 who가 이 둘을 대신합니다. 이와 같은 기능을 하는 who를 관계대명사라고 부릅니다. who는 접속사와 대명사라는 두 개의 품사를 대신하여 쓰이고 있는 것입니다.

② 위 문장에서 진짜 주어는 This이고 진짜 동사는 is입니다. I는 which I bought yesterday라는 문장에서의 주어일 뿐이고 bought도 마찬가지입니다.

③ which I bought yesterday.(내가 어제 산)의 수식을 받는 앞의 the book을 선행사라 부릅니다.

④ 선행사가 사물이나 동물이면 which를 씁니다. 이때 which는 해석하지 않으며 that로 바꾸어 쓸 수 있습니다.

⑤ which I bought yesterday라는 문장이 마치 형용사처럼 뒤에서 the book을 수식해주고 있습니다. 관계대명사 뒤에 I나 he, she, they, we, you와 같은 인칭대명사가 오면, 이 관계대명사를「목적격 관계대명사」라 부르며 생략이 가능합니다.

⑥ 관계대명사 뒤에 오는 I bought yesterday.(내가 어제 샀다)라는 문장은 불완전한 문장입니다. 왜 불완전하다고 말할까요? 목적어가 없기 때문입니다. 무엇을 샀는지 그 대상이 빠져 있습니다. 왜 빠져 있을까요? 관계대명사가 들어오면서 대명사가 중복되니까 빠진 것이죠. 여기서 중요한 것은 관계대명사 다음에 오는 문장은 불완전한 문장이라는 것입니다. 이것이 왜 중요할까요? 접속사와 관계대명사가 결정적으로

다른 점이 이것이기 때문입니다. 정리합니다.

관계대명사 다음에는 불완전한 문장이 오지만, 접속사 다음에는 완전한 문장이 옵니다. 완전한 문장이란 주어와 동사와 목적어(또는 보어)가 갖추어져 있는 문장을 말하고, 불완전한 문장이란 이 셋 중에 하나가 빠진 것을 말합니다.

(1) I think that he is a good person.(나는 그가 좋은 사람이라고 생각한다)

이 문장에서 that는 접속사인데, 접속사 다음에 오는 he is a good person.라는 문장은 완전한 문장입니다. 주어와 동사와 보어가 다 있으니까요.

(2) I know the woman that plays the violin very well.

(나는 바이올린을 정말 잘 치는 그 여자를 안다)

이 문장에서 that는 관계대명사입니다. 그 다음에 오는 plays the violin very well.라는 문장을 보십시오. 주어가 없습니다. 그래서 불완전한 문장이라는 것입니다. 여기서 질문이 나옵니다.

that이 왜 관계대명사일까요? 앞에 the woman이라는 선행사가 있어서 관계대명사라는 것을 쉽게 알 수 있습니다. 접속사는 앞에 선행사가 없습니다. 게다가 that 다음에 불완전한 문장이 오기 때문에 관계대명사가 분명합니다.

• I love the woman who comes from Spain.

  = I love the woman that comes from Spain.

① 위 문장은 I love a woman.(나는 여성을 사랑한다)라는 문장과 And she comes from Spain.(그리고 그녀는 스페인 출생이다)라는 두 개의 문장을 합친 것입니다. 두 문장이 합쳐지면서 접속사인 and와 she가 없어지고 who가 그 둘을 대신하고 있습니다.

② 위 문장에서 진짜 주어는 I이고 진짜 동사는 love입니다. 동사 come은 who comes from Spain라는 문장 내에서의 동사일 뿐입니다.

③ the girl이 선행사이며 사람이기 때문에 who가 온 것입니다. who 대신에 that을 써도 됩니다. 선행사가 3인칭 단수이기 때문에 come 뒤에 −s가 붙은 것입니다.

④ who comes from Spain(스페인에서 온)이라는 문장이 마치 형용사처럼 뒤에서 the girl을 수식해 주고 있습니다. who 역시 해석하지 않으며 that으로 바꿔 쓸 수 있습니다.

⑤ who 뒤에 come처럼 동사가 오면 이 관계대명사를 「주격 관계대명사」라 부르며 생략은 불가능합니다. 주격 관계대명사이면 그 뒤에 오는 동사에 –s나 –es를 붙일 것인지도 살펴보아야 합니다.

선행사가 3인칭 단수이고 그 동사가 현재형이라면 –s나 –es를 붙여줘야 합니다.

- The lady who I love is slim.  내가 사랑하는 그 여자는 날씬하다.
  = The lady that I love is slim.
  = The lady I love is slim.

① 위 문장은 I love a lady.(나는 여인을 사랑한다)라는 문장과 She is slim.(그녀는 날씬하다)이라는 두 개의 문장을 합친 것입니다.

② 위 문장의 진짜 주어는 The lady이며(그래서 am이 아닌 is가 온 것입니다) The lady who I love까지가 주어 부분입니다. 주어인 The lady가 who I love(내가 사랑하는)의 수식을 뒤에서 받고 있습니다. 진짜 동사는 is입니다.

③ who 뒤에 I가 왔기 때문에 who는 목적격 관계대명사입니다. 생략이 가능하고 that으로 바꿔 써도 됩니다.

## 4) 관계대명사 공부

⑴ She is the person who loves me.  그녀는 나를 사랑하는 사람이다.

  = She is the person that loves me.

  ←① She is a person.(그녀는 사람이다)

  ② She really loves me.(그녀는 나를 정말 사랑한다)

  「She is the person and she loves me.」

  (그녀는 사람이다. 그리고 그녀는 나를 정말 사랑한다)

  and는 접속사이고 she는 대명사인데, 이 둘을 who 하나가 대신한 것이 ⑴
  번 문장입니다. 선행사가 the person입니다. the가 붙은 것은 뒤에서 수식을
  받고 있기 때문입니다. 자세한 것은 「정관사」 편에서 자세히 다룹니다. the
  person도 3인칭 단수입니다. 그래서 love 뒤에 −s가 붙은 것입니다. who는
  주격 관계대명사입니다. 따라서 생략하지 못합니다. who는 that으로 바꿔
  쓸 수 있습니다.

⑵ He still has the watch which I gave.  그는 내가 준 시계를 아직도 갖고 있다.

  = He still has the watch that I gave.

  = He still has the watch I gave.

  ←① He still has a watch.(그는 아직도 시계를 갖고 있다)

  ② I gave him it.(내가 그것을 그에게 주었다)

  「He still has the watch and I gave him it.」라는 문장을 관계대명사를 써서 만
  든 것입니다. and는 접속사이고 it는 대명사입니다. 이 둘을 which가 대신하고
  있습니다. which는 목적격 관계대명사입니다. 생략할 수 있습니다. 역시 that
  으로 바꿔 쓸 수 있습니다.

(3) He is the man that married her last year.

그는 작년에 그녀와 결혼한 사람이다.

← ① He is a man.(그는 사람이다)

② He married her last year.(그는 작년에 그녀와 결혼했다)

He가 문장의 주어이고 the man은 선행사이며 진짜 동사는 is입니다. that은 생략하지 못합니다.


(4) The woman who wrote this letter is a doctor.  이 편지를 쓴 여자는 의사다.

= The woman that wrote this letter is a doctor.

← ① The woman wrote this letter.(그 여자가 이 편지를 썼다)

② She is a doctor.(그녀는 의사다)

The woman이 주어이자 선행사이며, The woman who wrote this letter까지가 주어 부분입니다. is가 진짜 동사입니다. 동사 wrote는 The woman who wrote this letter까지의 문장에서의 동사일 뿐이지 전체 문장의 동사는 is입니다. who는 주격 관계대명사라서 생략이 불가능합니다.


(5) Who is the man that called you last night?

= Who is the man which called you last night?

어젯밤 너에게 전화했던 사람은 누구니?

← ① Who is the man?(그 사람은 누구냐?)

② He called you last night.(그는 어젯밤 너에게 전화했다)

the man이 주어이자 선행사입니다. is가 전체 문장의 동사입니다.

that 다음에 동사가 왔으므로 that은 주격 관계 대명사입니다. 생략할 수 없습니다.

(6) The book that I want to buy is a historical novel.

= The book which I want to buy is a historical novel.

= The book I want to buy is a historical novel.

내가 사고 싶은 책은 역사 소설이다.

← ① I want to buy a book.(나는 책을 사고 싶다)

② It is a historical novel.(그것은 역사 소설이다)

The book이 주어이자 선행사이고 is가 동사입니다. that 다음에 I가 왔으므로 that은 생략할 수 있습니다.

(7) I like Tom who is honest.  나는 정직한 Tom을 좋아한다.

= I like Tom that is honest.

← ① I like Tom.(나는 Tom을 좋아한다)

② He is honest.(그는 정직하다)

I가 주어이고 Tom은 선행사이며 like가 전체 문장의 동사입니다. who는 생략 하지 못합니다.

(8) This is my new house which has 10 windows.

= This is my new house that has 10 windows.

이것은 10개의 창문이 있는 나의 새 집이다.

← ① This is my new house.(이것은 나의 새 집이다)

② It has 10 windows.(그것은 창문 10개가 있다)

This가 주어이고 선행사는 my new house입니다. 선행사 my new house는 엄 연한 3인칭 단수입니다. 그래서 has가 왔습니다. have를 쓰면 틀립니다. 관계 대명사 바로 뒤에 동사가 올 때에는 선행사를 보고 동사 뒤에 -s나 -es를 붙 일 것인지를 판단합니다.

(9) I will buy the hamburger which you like.

    = I will buy the hamburger that you like.

    = I will buy the hamburger you like.  나는 네가 좋아하는 햄버거를 살 것이다.

← ① I will buy a hamburger.(나는 햄버거를 살 것이다)

    ② You like it.(너는 그것을 좋아한다)

I가 주어이고 the hamburger가 선행사입니다. 동사는 buy입니다. like뒤에 -s나 -es가 붙지 않은 것은 2인칭 you 때문입니다. 선행사인 the hamburger가 3인칭 단수라 하여 뒤에 -s나 -es를 붙이면 안 됩니다. 왜 그럴까요? which 바로 뒤에 동사가 오지 않고 you가 끼여 있기 때문에 you를 보고 판단해야 합니다.

(10) She is the singer who a lot of people like.

    = She is the singer that a lot of people like.

    = She is the singer a lot of people like.

그녀는 많은 사람들이 좋아하는 가수다.

    ← ① She is a singer.(그녀는 가수다)

       ② A lot of people like her.(많은 사람들이 그녀를 좋아한다)

(11) The car that I drive is old.  내가 운전하는 차는 낡았다.

    = The car which I drive is old.

    = The car I drive is old.

    ← ① I drive a car.(나는 차를 운전한다)

       ② The car is old.(그 차는 낡았다)

(12) The person who phoned me is my teacher.

    = The person that phoned me is my teacher.

나에게 전화한 사람은 우리 선생님이다.

    ← ① A person phoned me.(어떤 사람이 나에게 전화했다)

       ② He is my teacher.(그는 우리 선생님이다)

(13) I have a book which is very interesting.

    = I have a book that is very interesting.

    나는 아주 재미있는 책을 가지고 있다.

    ← ① I have a book.(나는 책을 가지고 있다)

        ② It is very interesting.(그것은 매우 재미있다)


(14) The house that Jack built is very large.  Jack이 지은 집은 매우 크다.

    = The house which Jack built is very large.

    = The house Jack built is very large.

    ← ① Jack built a house.(Jack이 집을 지었다)

        ② It is very large.(그것은 매우 크다)


(15) The woman who you have just spoken to is my wife.

    = The woman that you have just spoken to is my wife.

    = The woman you have just spoken to is my wife.

    네가 방금 말을 건 여자는 내 아내다.

    ← ① You have just spoken to a woman.(너는 방금 어떤 여자에게 말을 걸었다)

        ② She is my wife.(그녀는 내 아내다)


(16) The taxi which you were waiting has just arrived.

    = The taxi that you were waiting has just arrived.

    = The taxi you were waiting has just arrived.

    네가 기다리던 택시가 방금 도착했다.

    ← ① You were waiting a taxi.(너는 택시를 기다리고 있었다)

        ② The taxi has just arrived.(그 택시가 방금 도착했다)

(17) This is the book which I want to read.

    = This is the book that I want to read.

    = This is the book I want to read.

    이것은 내가 읽고 싶은 책이다.

    ← ① This is a book.(이것은 책이다)

      ② I want to read it.(나는 그것을 읽고 싶다)


(18) The player who won the game looked happy.

    = The player that won the game looked happy.

    그 경기에서 승리한 선수는 행복해 보였다.

    ← ① A player won the game.(한 선수가 경기에서 승리했다)

      ② He looked happy.(그는 행복해 보였다)


(19) This is the book that everyone is talking about.

    = This is the book which everyone is talking about.

    = This is the book everyone is talking about.

    이것이 모든 사람들이 얘기 중인 책이다.

    ← ① This is a book.(이것은 책이다)

      ② Everyone is talking about it.(모든 사람들이 그것에 대해 얘기하고 있다)


(20) Everyone that I know is women.  내가 아는 모든 사람들은 여자들이다.

    = Everyone which I know is women.

    = Everyone I know is women.

    ← ① I know everyone.(나는 모든 사람들을 안다)

      ② They are women.(그들은 여자들이다)

(21) She has a son who is a doctor.  그녀에게는 의사인 아들이 있다.

    = She has a son that is a doctor.

    ← ① She has a son.(그는 아들이 있다)

       ② He is a doctor.(그 아들은 의사이다)


(22) I have a friend who lives in Busan.  나는 부산에 사는 친구가 있다.

    = I have a friend that lives in Busan.

    ← ① I have a friend.(나는 친구가 있다)

       ② He lives in Busan.(그는 부산에 산다)


(23) The books which I read are comic books.  내가 읽은 책들은 만화책이다.

    = The books that I read are comic books.

    = The books I read are comic books.

    ← ① I read books.(나는 책들을 읽었다)

       ② They are comic books.(그것들은 만화책이다)


## 5) 관계대명사의 생략

목적격 관계대명사는 생략할 수 있습니다. 즉 관계대명사 다음에 I, you, he she they, we, my mother, his teacher 등과 같은 주어 역할을 하는 대명사나 명사가 나오면 관계대명사는 생략이 가능합니다. 하지만 관계대명사 다음에 동사가 오면 관계대명사는 생략하지 못합니다. 하지만 때로는 관계대명사 다음에 동사가 오더라도 생략이 가능할 때가 있습니다. 여기에서는 이것을 공부하려 합니다.

관계대명사 바로 뒤에 be동사가 오고, be동사 뒤에 현재분사나 과거분사 등이 오면, 관계대명사와 be동사 둘을 생략할 수 있습니다. 생략해서 쓰는 것이 더 일반적입니다.

- Look at the baby who is sleeping in the car.
  = Look at the baby sleeping in the car.
  차에서 자고 있는 아기를 봐라.


- I love the woman who is walking toward me.
  = I love the woman walking toward me.
  나를 향해 걸어오는 여자를 나는 사랑한다.


- Everyone who is waiting for a bus looks very tired.
  = Everyone waiting for a bus looks very tired.
  버스를 기다리는 모든 사람들이 매우 피곤해 보인다.


- Do you know the woman who is talking to Tom?
  = Do you know the woman talking to Tom?
  Tom에게 말하고 있는 여자를 너는 아니?


- Did you meet anyone who is interested at the party?
  = Did you meet anyone interested at the party?
  그 파티에 관심 있어 하는 누구를 만났니?


- There are three people who was killed in the traffic accident.
  = There are three people killed in the traffic accident.
  그 교통사고에서 죽은 세 사람이 있다.


- I have a watch which was made in Korea.
  나는 한국에서 만들어진 시계를 가지고 있다.
  = I have a watch made in Korea.

- Anyone who are interested in sports can attend this event.

  = Anyone interested in sports can attend this event.

  스포츠에 관심 있는 어느 누구나 이 행사에 참여할 수 있다.


- This is a picture which was painted by my father.

  = This is a picture painted by my father.

  이것은 우리 아버지에 의해 그려진 그림이다.


- This is the only book that was written by him.

  = This is the only book written by him.

  이것은 그에 의해 쓰인 유일한 책이다.


- Most of the books which is sold in this bookstore are used ones.

  = Most of the books sold in this bookstore are used ones.

  이 서점에서 팔리는 책들의 대부분은 중고책들이다.

## :: 관계대명사 what

관계대명사 중에는 what도 있습니다. 그런데 이 what은 다른 관계대명사와는 좀 다릅니다. 해석이 「–하는 것」으로 될 뿐만 아니라 선행사가 없다는 것이 다른 관계대명사들과는 다른 점입니다. 그리고 what 다음엔 불완전한 문장이 온다는 것도 기억하셔야 합니다.

(1) I know what you want.  나는 네가 원하는 것을 안다.

　　what 다음에 나오는 you want(너는 원한다)는 불완전한 문장입니다. 목적어가 빠져 있기 때문입니다. 「You want me.」나 「You want my car.」처럼 뒤에 목적어가 있어야 완전한 문장이 되는 것입니다.

(2) I understand what you said.  나는 네가 말한 것을 안다.

　　역시 what 다음에 나오는 you said도 목적어가 빠져 있기 때문에 불완전한 문장입니다.

(3) Tell me what she told you.  그녀가 너에게 말한 것을 나에게 말해줘.

　　what 다음에 나오는 she told you.(그녀가 너에게 말했다)은 완전한 문장일까요? 아닙니다. 완전한 문장이 되려면 She told you about it.(그녀가 그것에 관해 너에게 말했다)라든지, She told you so.(그녀가 너에게 그렇게 말했다)라든지, She told you she would leave here.(그녀는 여기를 떠날 것이라고 너에게 말했다)와 같이 해야 완전한 문장이 되는 것입니다. 아래 예문들도 다 마찬가지입니다. what 다음에 나오는 문장들이 다 불완전합니다. 이것이 what뿐만 아니라 모든 관계대명사의 특징입니다.

(4) This is what I want.  이것이 내가 원하는 것이다.

(5) We don't have to regret what we did before.

　　우리는 우리가 전에 했던 것을 후회할 필요는 없다.

(6) Scientists need to test what they discovered.
   과학자들은 그들이 발견한 것을 시험해볼 필요가 있다.

(7) Take what you need from me.  네가 나한테서 필요로 하는 것을 가져가라.

(8) I'm going to eat what I brought from home.  내가 집에서 가져온 것을 먹으려고.

(9) What is beautiful is not always good.  아름다운 것이 늘 좋은 것은 아니다.

(10) Show me what is in your pocket.  네 주머니에 있는 것을 나에게 보여 줘.

(11) What he said is true.  그가 말한 것은 사실이다.

(12) Look what you have done.  네가 한 것을 보아라.

(13) I don't believe what he said.  나는 그가 말한 것을 믿지 않는다.

(14) He saves what he earns.  그는 그가 번 것을 저축한다.

(15) He ate all what they gave him.  그는 그들이 그에게 준 것을 다 먹었다.

(16) What he wants now is your interest.  그가 지금 원하는 것은 너의 관심이다.

(17) What surprised us was her charming voice.
   우리를 놀라게 한 것은 그녀의 매력적인 목소리였다.

(18) Did you here what they said?  그들이 말한 것을 들었니?

(19) What you need is rest.  네가 필요로 하는 것은 휴식이다.

(20) You become what you think.  너는 네가 생각한 것대로 된다.

(21) I just wanted to do what was right.  난 단지 옳았던 것을 하고 싶었어.

(22) I don't remember what I told you.  내가 너한테 말했던 것이 기억이 안 나.

(23) Keep in mind what I told you.  내가 너한테 말했던 것을 명심해.

(24) What we want is clean water and air.  우리가 원하는 것은 깨끗한 물과 공기이다.

(25) That's what I want to know.  그것이 내가 알고 싶은 것이다.

(26) Is this what you wanted?  이것이 네가 원했던 것이니?

(27) Is this what we really want?  이것이 우리가 정말 원하는 것이니?

(28) We always want what we can't have.  우리는 늘 우리가 가질 수 없는 것을 원한다.

(29) What you need to know about interviews.  우리가 인터뷰에 대해 알아야 할 것.

(30) Let me know what happens.  일어난 것을 나에게 알려줘.

(31) The future depends on what we do in the present.
미래는 현재 우리가 하는 것에 달려 있다.

(32) Eventually you will get what you want if you have the ability and skills.
네가 능력과 기술을 갖고 있다면 너는 결국 네가 원하는 것을 얻을 것이다.

(33) Guess what I'm needing.  내가 필요로 하는 것을 맞춰봐.

(34) I know what you mean.  네가 의미하는 것을 난 알아.(네가 뭘 말하는지 알아)

(35) Repeat what you hear.  네가 들은 것을 반복해라.

(36) Love what you do.  네가 하는 것을 사랑하라.

(37) What I think is different from what you think.
내가 생각한 것은 네가 생각한 것과 달라.

(38) You are what you say.  너는 네가 말하는 것이다.(말이 너를 보여준다)

(39) You are what you eat.  너는 네가 먹는 것이다.(몸에 좋은 것을 먹어야 한다)

(40) You are what you desire.  너는 네가 바라는 것이다.(바라는 대로 이루어진다)

(41) You are what you wear.  너는 네가 옷을 입는 것이다.(옷이 너를 나타내 준다)

(42) I can't believe what he says.  나는 그가 말하는 것을 믿을 수 없다.

(43) I don't care what you think.  난 네가 생각하는 것에 상관하지 않는다.

(44) After all, we are what we say and we are how we act.
결국, 우리가 말하는 것이 우리이고 우리가 어떻게 행동하는가가 우리이다.(우리
의 말과 행위가 우리를 나타낸다)

(45) Do what others have never done before.
남이 전에 절대 하지 않았던 것을 해라.

관계대명사 what을 공부했습니다. 영어에서 「–하는 것」으로 해석되는 것은 what 말고도 that이 있습니다. 하지만 차이가 있습니다. 똑같이 「–하는 것」으로 해석되지만, that은 접속사이고 what은 관계대명사라는 점입니다. 게다가 that은 접속사이기 때문에 다음에 완전한 문장이 오지만, what은 관계대명사이기 때문에 뒤에 불완전한 문장이 온다는 것도 큰 차이점입니다.

(1) I know that he is honest. 나는 그가 정직하다는 것을 안다.

→ I know what he is honest.(✕)

위 문장을 보면 that 다음에 he is honest.라는 완전한 문장이 왔습니다. 때문에 that이 맞고 what을 쓰면 안 됩니다.

(2) She said that John had a new job. 그녀는 John이 새 직업을 얻었다고 말했다.

→ She said what John had a new job.(✕)

(3) That he is a police officer is true. 그가 경찰관이라는 것은 사실이다.

→ What he is a police officer is true.(✕)

아래 예문들에서도 that 대신 what을 써서는 안 됩니다.

(4) I think that they will marry next month.

나는 그들이 다음 달에 결혼할 거라고 생각한다.

(5) I'm sure that you will pass. 나는 네가 합격할 거라고 확신한다.

(6) Do you think that science will change this world?

과학이 이 세상을 바꿀 것이라고 넌 생각하니?

(7) I think that I have to take a rest. 나는 좀 쉬어야겠다.

## : : That's what : 그게 바로 –이다.

- That's what I'm saying!  내 말이 그 말이야!
- That's what I'm going to do.  그게 바로 내가 하려던 거야.
- That's not what I mean.  내 말은 그게 아니야.
- That's not what I ordered.  그건 내가 주문한 게 아닌데요.
- That's what I thought.  그게 제가 바로 생각했던 겁니다.
- That's what I'm going to do.  그게 바로 제가 하려던 거예요.
- That's what we want to know.  우리가 알고 싶은 게 그거예요.
- That's what everybody says.  다들 그렇게 얘기해.

## : : That's why : 그것이 –한 이유다. 그래서 –한 거야.

- That's why I didn't tell you.  그래서 내가 너한테 말을 안 한 거야.
- That's why it is so expensive.  그래서 그게 그렇게 비싼 거야.
- That's why I love her.  그게 내가 그녀를 사랑하는 이유다.
- That's why I was late.  그게 내가 늦은 이유다.
- That's why you look sad.  그게 네가 슬프게 보이는 이유다.
- That's why I'm worried.  그래서 내가 걱정하는 거야.
- He is handsome. That's why I like him.  그는 잘생겼다. 그래서 내가 그를 좋아한다.
- That's why I came alone.  그래서 내가 혼자 온 거야.

## : : That's how : 그렇게 해서 –하는 거야.

- That's how I succeeded in business.  그렇게 해서 내가 사업에 성공했어.
- That's not how it works.  그건 그렇게 하는 게 아냐.

- That's how I know.  그래서 내가 아는 거야.

- That's how it's done.  이렇게 하는 거예요.

- That's how I understand it.  그게 내가 이해하는 방식이야.

- That's how I normally have it.  보통 그렇게 해서 먹어요./그런 식으로 난 그걸 가져.

- That's how I learned to speak English.  그렇게 해서 나는 영어 말하는 것을 배웠어.

- That's how the food got its name.  그래서 그 음식이 그 이름을 얻은 거야.

- That's how I am.  나는 그런 애야.

- That's how I understand it.  그게 내가 이해하는 방식이야.

- That's how I met my girlfriend.  그렇게 해서 나는 여자 친구를 만났지.

- That's how it happened.  그게 그렇게 된 거야.

- That's how a tree grows.  그렇게 해서 나무는 자라는 거란다.

- That's how she stopped smoking.  그렇게 해서 그녀는 담배를 끊었어.

- That's how she got the job.  그렇게 해서 그녀는 직업을 구했지.

- I made a lot of mistakes in class but that's how I improved my English.
  나는 수업에서 많은 실수를 했다. 그렇게 해서 내 영어실력이 늘었지.

# UNIT 19 관계부사

## 1) 뜻

관계부사는 <u>접속사</u>와 <u>부사</u>의 역할을 대신하는 관계사를 말합니다. 관계부사는 관계대명사보다 더 어렵습니다. 따라서 영어 초보자들에게는 넘기 힘든 장벽일 수도 있습니다. 인내심을 가지고 여러 번 반복해서 읽고 또 읽으십시오.

## 2) 관계부사의 종류

when, why, where, how가 있습니다. 이들 단어들은 의문사로도 쓰이고, when은 특히 접속사로도 쓰입니다. 이들 단어들이 의문사로 쓰이면 각각 「언제」 「왜」 「어디서」 「어떻게」라는 뜻을 갖지만, 관계부사로 쓰이면 관계대명사처럼 해석을 하지 않습니다.

## 3) 관계부사에 있어서 「부사」란

관계부사는 접속사와 부사의 역할을 대신합니다. 접속사는 and/but/or/that/because /if/after/before/though(비록 -하지만)/when(-할 때) 등을 말합니다. 그렇다면 부사는요? 우리가 이미 배운 그런 부사를 말할까요? 아닙니다. 여기서 말하는 부사는 부사구를 말합니다. 부사와 부사구는 다릅니다. often/still/always/very/early/ quickly 등은 부사이지 부사구가 아닙니다. 부사구란 「–에/–에서/–로/–때문에/–로부터/–을 향하여/–한다면/–식으로/–전에/–후에/–한 채로/–하니까」 등이 붙은 말을 말합니다. 집에서/6시에/2012년에/호텔에서/거기에/그 때문에/회사로/서울에서부터/바쁘다면/그 방법으로/그 식대로 등이 부사구입니다. 관계부사는 바로 이런 부사구와 접속사를 한 단어로 대신 받는 것입니다.

## 4) 부사구의 예

Once upon a time(옛날에), at home(집에), at 6(6시에), in 2015(2015년에), that way(그런 식으로), from Seoul(서울에서 온), that long(그렇게 오래), over there(저기에), in the east(동쪽에서), next week(다음 주에), at times(때때로), for freedom(자유를 위해), last night(지난 밤에), with easy(쉽게), for many years(수년 동안), like an arrow(화살처럼), in the world(세계에서), because of rain(비 때문에), since 1970(1970년 이래로), at that time(그때), in an hour(한 시간 안에), two days ago(이틀 전에), with no reasons(아무 이유도 없이), for that reason(그 이유 때문에), for more information(더 많은 정보를 원한다면), without water(물 없이), with much love(많은 사랑으로), to the last(끝까지), before going to bed(잠자기 전에), for what(무엇 때문에), for peace(평화를 위해), on that day(그날), with my eyes closed(눈을 감은 채), very much(무척), how often(얼마나 자주), in the house(그 집에서), this time(이번에), next time(다음 번에), as a teacher(선생으로서), with a pen(펜으로), a few days ago(며칠 전에), after his death(그의 죽음 후에), on my birthday(내 생일날에), like this(이것처럼), at the park(그 공원에서), only for you(오직 당신만을 위해)

## 5) 관계부사 예문

아래 관계부사가 쓰인 예문들을 꼼꼼히 보시고, 해석을 어떻게 하고 있는지 그리고 한 문장으로 합쳐지기 전의 두 문장을 잘 보십시오.

① I know the house. (나는 집을 안다)
② He lives in the house. (그는 그 집에 산다)

    → I know the house which he lives in. → 관계대명사를 쓴 문장

    = I know the house in which he lives.

    = I know the house where he lives.  나는 그가 사는 집을 안다.

    = I know the house he lives.

    = I know where he lives.

위 두 문장을 접속사만 써서 합쳐보면, I know the house and he lives in the house. (나는 그 집을 아는데, 그는 그 집에 산다)가 됩니다. 문장이 길어지고 같은 단어가 두 번씩이나 사용되고 있음을 볼 수 있습니다. 이 문장을 관계부사를 쓰면 맨 아래 문장이 됩니다. 선행사가 장소이기 때문에 where가 온 겁니다. 선행사가 시간을 나타내면 when이, 이유를 나타내면 why가, 방법을 나타내면 how가 옵니다. 그런데 의문점이 생깁니다. 관계부사를 쓰지 않고 관계대명사를 쓰면 안 되는 것일까요? 가능합니다. 여기에서 관계부사= 전치사 + 관계대명사라는 등식이 성립합니다. 이 공식은 매우 중요합니다. 반드시 기억하셔야 합니다. 그리고 또 중요한 것이 있습니다. 관계대명사가 쓰인 문장에서 선행사는 생략하지 못하지만, 관계부사가 쓰인 문장에서 선행사는 생략이 가능합니다.

선행사가 the place, the time, the reason일 경우에는 선행사를 생략하는 것이 가능하고, 아니면 선행사를 두고 관계부사를 생략하는 것도 가능합니다.

① I remember the day.(나는 그 날을 기억한다)

② We first met on that day.(우리는 그날에 처음 만났다)

  → I remember the day which we first met on.

나는 우리가 처음 만난 그 날을 기억한다.

= I remember the day on which we first met.

= I remember the day that we first met.

= I remember the day we first met.

= I remember the day when we first met.

= I remember when we first met.


① I don't know the time.(나는 시간을 모른다)

② He arrived on that time.(그는 그 시간에 도착했다)

  → I don't know the time which he arrived on.

나는 그가 도착한 시간을 모른다.

= I don't know the time on which he arrived.

= I don't know the time that he arrived.

= I don't know the time he arrived.

= I don't know the time when he arrived.

= I don't know when he arrived.


① Do you know the reason?(너는 이유를 아니?)

② She cried for that reason.(그녀는 그 이유 때문에 울었다.)

  → Do you know the reason which she cried for?

= Do you know the reason for which she cried?

= Do you know the reason why she cried? 너는 그녀가 운 이유를 아니?

= Do you know the reason she cried?

= Do you know why she cried?

① I want to know the way.(나는 그 방법을 알고 싶어)

② He solved this problems in that way.(그는 그 방법으로 이 문제들을 풀었다)

   → I want to know how he solves this problems.

나는 그가 이 문제들을 푼 방법을 알고 싶어.

= I want to know the way he solves this problems.

= I want to know the way how he solves this problems.(×)


① This is the way.(이것이 방법이다)

② I get to the station in the way.(나는 그 방법으로 역에 도착한다)

   → This is how I get to the station.  이것이 내가 역에 가는 방법이다.

= This is the way I get to the station.

= This is the way that I get to the station.

= This is the way how I get to the station.(×)


① The library is a place.(도서관은 장소이다)

② You can borrow books at that place.(너는 그곳에서 책을 빌릴 수 있다)

   → The library is a place at which you can borrow books.

The library is a place where you can borrow books.

도서관은 네가 책을 빌릴 수 있는 곳이다.

= The library is a place that you can borrow books.

= The library is where you can borrow books.

= The library is a place you can borrow books.


① There are many reasons.(많은 이유가 있다)

② People learn English for that reason.(사람들은 그 이유 때문에 영어를 배운다)

   → There are many reasons for which people learn English.

= There are many reasons why people learn English.

사람들이 영어를 배우는 많은 이유가 있다.

= There are many reasons that people learn English.

= There are many reasons people learn English.

= There are why people learn English.


① Tomorrow is the day.(내일은 날이다)

② My parents will come on that day.(우리 부모님이 그 날 오실 것이다)

→ Tomorrow is the day on which my parents will come.

= Tomorrow is the day when my parents will come.

내일은 우리 부모님이 오시는 날이다.

= Tomorrow is the day that my parents will come.

= Tomorrow is the day my parents will come.

= Tomorrow is when my parents will come.


① Mozart was born at that house.(모차르트는 그 집에서 태어났다)

② That house is now a museum.(그 집은 지금 박물관이다)

→ The house at which Mozart was born is now a museum.

The house where Mozart was born is now a museum.

모차르트가 태어난 곳이 지금은 박물관이다.

= The house that Mozart was born is now a museum.

= The house Mozart was born is now a museum.

= The house where Mozart was born is now a museum.


Do you know a shop where I can buy used laptops?

내가 중고 노트북 컴퓨터를 살 수 있는 가게를 너는 아니?

= Do you know a shop at which I can buy used laptops?

= Do you know a shop that I can buy used laptops?

= Do you know a shop I can buy used laptops?

= Do you know where I can buy used laptops?

I can't remember a time when I was so happy.
내가 그렇게 행복했던 때가 기억 안 나.
= I can't remember a time on which I was so happy.
= I can't remember a time that I was so happy.
= I can't remember a time I was so happy.
= I can't remember when I was so happy.


The reason why I didn't call you is that I've lost your phone number.
내가 너한테 전화하지 않았던 이유는 내가 네 전화번호를 잃어버렸기 때문이다.
= The reason for which I didn't call you is that I've lost your phone number.
= The reason that I didn't call you is that I've lost your phone number.
= The reason I didn't call you is that I've lost your phone number.


This is the shop where I bought my bike.
이곳은 내가 자전거를 샀던 가게이다.
= This is the shop at which I bought my bike.
= This is the shop that I bought my bike.
= This is where I bought my bike.
= This is the shop I bought my bike.


I will never forget the day when my daughter was born.
나는 내 딸이 태어났던 날을 결코 잊지 못할 것이다.
= I will never forget the day on which my daughter was born.
= I will never forget the day that my daughter was born.
= I will never forget the day when my daughter was born.
= I will never forget the day my daughter was born.

2002 was the year when the World Cup was held.

2002년은 월드컵이 열린 해였다.

= 2002 was the year at which the World Cup was held.

= 2002 was the year that the World Cup was held.

= 2002 was the year when the World Cup was held.

= 2002 was the year the World Cup was held.


That's the reason why I decided to join.  그것이 내가 참여하기로 결정한 이유다.

= That's the reason for which I decided to join.

= That's the reason that I decided to join.

= That's why I decided to join.

= That's the reason I decided to join.


I respect how you live.  나는 네가 사는 방식을 존경한다.

= I respect the way you live.

= I respect in which you live.


I don't know the place where she works.  나는 그녀가 일하는 곳을 모른다.

= I don't know the place at which she works.

= I don't know the place that she works.

= I don't know where she works.

= I don't know the place she works.


This is how he always treats me.  이것이 그가 늘 나를 대하는 방식이다.

= This is the way he always treats me.

= This is the way that he always treats me.

- Tell me the reason why he lied. 그가 거짓말한 이유를 나에게 말해줘.

  = Tell me why he lied.

  = Tell me the reason he lied.


- I don't like how he sings. 나는 그가 노래하는 방식을 좋아하지 않는다.

  = I don't like the way he sings.


- That's the reason why you look happy. 그게 네가 행복해 보이는 이유다.

  = That's why you look happy.

  = That's the reason you look happy.


| 접속사 뒤에 | 완전한 문장이 온다. | I know that he is handsome. |
|---|---|---|
| 관계부사 뒤에 | 완전한 문장이 온다. | This is the reason why I love her. |
| 관계대명사 뒤에 | 불완전한 문장이온다. | This is the car that I like.<br>(I like만으로는 불완전합니다. 목적어가 빠져 있기 때문입니다) |


완전한 문장이란 주어, 동사, 목적어(또는 보어)가 다 있거나 또는 주어와 완전자동
사만 있는 문장을 말합니다.


## 6) 관계사가 들어간 문장 해석 연습


- I bought a new car that is very fast. 나는 매우 빠른 새 차를 샀다.
- She has a son who is a doctor. 그녀는 의사인 아들이 하나 있다.
- Everything that you need is already inside.
  당신이 필요로 하는 모든 것은 이미 (당신) 안에 있다.
- If you have home and books, you have everything which you need.
  당신에게 집과 책이 있다면, 네가 필요로 하는 모든 것을 가진 것이다.

- The world is a tragedy to those who feel, but a comedy to those who think.

  세상은 느끼는 자들에게는 비극이지만, 생각하는 자들에게는 희극이다.

- The time to repair the roof is when the sun is shining.

  지붕을 수리해야 할 때는 태양이 빛나고 있을 때이다.

- We bought a house which is 200 years old.  우리는 200년 된 집을 샀다.

- The people who live on the island are very friendly.

  그 섬에 사는 사람들은 매우 다정하다.

- The bike which I loved was stolen.  내가 무척 좋아했던 자전거를 도난당했다.

- I remember the details of places where I've been.

  나는 내가 지냈던 곳의 세부사항을 기억한다.

- Peace can only occur where there is understanding.

  평화는 오직 이해가 있는 곳에서 생긴다.

- Are humans the only animals that dream?  인간만이 꿈을 꾸는 유일한 동물인가?

- One thing that I really want to do after high school is to be a tour guide.

  내가 고등학교 졸업 후 정말 하고 싶은 한 가지는 여행 가이드가 되는 것이다.

- These are some rules which are common in the USA.

  이것들은 미국에서는 흔한 몇 가지 규칙들이다.

- something that no longer happens.  더 이상 일어나지 않는 것

- There are laws that punish people who spread groundless rumors.

  근거 없는 소문들을 퍼뜨리는 사람들을 처벌하는 법들이 있다.

- people and places that you learned in history class.

  네가 역사 수업에서 배운 사람들과 장소

- An important reason why we go to school.

  우리가 학교에 가는 중요한 한 가지 이유

- School offers a basic education that everyone should have.

  학교는 모든 사람들이 가져야 하는 기초적인 교육을 제공한다.

- Break dance is one of the popular dances which enjoyed by young people.

  브레이크 댄스는 젊은이들이 즐기는 대중적인 춤들 중의 하나이다.

- He heard a familiar voice which calling him.

  그는 그를 부르는 낯익은 목소리를 들었다.

- Choose one occupation which you think will be very popular in the future.

  네가 미래에 매우 인기 있을 것 같은 직업 하나를 골라라.

- I'll see if there are any good seats which is left.

  남은 좋은 자리라도 있는지 알아볼게.

- He found she was not standing where she should be.

  그는 그녀가 있어야 할 곳에 서 있지 않다는 것을 알았다.

- Movies influence the way we understand the world.

  영화는 우리가 세상을 이해하는 방식에 영향을 끼친다.

- Treat everyone the way you want to be treated.

  네가 대우받기를 원하는 대로 남들을 대하라.

- A historian is someone who studies about history.

  역사가란 역사에 관해 연구하는 어떤 사람이다.

- One of the first things that you must do is to learn choose what to buy.

  네가 해야 하는 첫 번째 일들 중의 하나는 무엇을 사야 하는지 선택하는 것을 배우는 것이다.

- Is this product something that I really need?

  이 제품이 내가 정말 필요로 하는 것이니?

- Money is the key that opens all doors.  돈은 모든 문을 여는 열쇠이다.

- One of our favorite games was making names for the unusual colors that we saw in nature.

  우리가 가장 좋아하는 게임들 중의 하나는 우리가 자연 속에서 보았던 특이한 색들에 이름을 지어주는 것이었다.

- Advertising is part of everyday life.  It is the way that most products are introduced to people.

  광고는 매일의 삶의 일부다. 그것은 대부분의 제품들이 사람들에게 소개되는 방법이다.

- Thanks to satellites, we can watch and hear many games that played on the opposite side of the country.

  인공위성 덕분에, 우리는 우리나라 반대편에서 행해지는 많은 게임들을 보고 들을 수 있다.

- A job provides a secure place in which you would spend the rest of your life.

  직업은 당신이 남은 네 인생을 보낼 안전한 장소를 제공해 준다.

- There are a lot of jobs that seem to be popular in the future.

  미래엔 인기가 있을 것 같은 많은 직업들이 있다.

- Remember that you can become anything that you want.

  네가 원하는 그 무엇이라도 될 수 있음을 기억해라.

- One of the surprising things that foreigners experience in Korea is being touched in crowded places.

  외국인들이 한국에서 경험하는 놀라운 것들 중의 하나는 붐비는 곳에서 (사람들끼리) 접촉되는 것이다.

- 9 things that you can do to be happy within 30 minutes.

  네가 행복해지기 위해 30분 안에 할 수 있는 9가지 일들

- 7 reasons that Americans are unhappy.

  미국인들이 불행한 7가지 이유

- Mind control can change the way that you see the world.

  마음 제어는 당신이 세상을 보는 방식을 바꿔줄 수 있다.

- There were times when I was ashamed of her English.

  내가 그녀의 영어를 부끄러워했던 때가 있었다.

- Sophia has the belief that things will get better soon.

  소피아는 일이 곧 잘될 거라는 믿음을 갖고 있다.

- Think about important experiences that affected or changed you.

  당신에게 영향을 끼쳤거나 변화를 주었던 중요한 경험들에 대해 생각해 보세요.

- Happiness is when what you think, what you say, and what you do are in harmony.

  행복은 네가 생각하고, 네가 말하고, 네가 행동하는 것이 조화를 이룰 때 온다.

- The music that they created was necessary for their survival.

  그들이 창조해낸 음악은 그들의 생존에 필요했다.

- People only hear what they want to hear.

  사람들은 그들이 듣고 싶어 하는 것만 듣는다.

- The man who has no imagination has no wings.

  상상력이 없는 사람은 날개가 없는 것이다.

- Reasons why you're always tired.  네가 항상 피곤한 이유들

- There are many reasons why students don't have to wear school uniforms.

  학생들이 교복을 입을 필요가 없는 많은 이유들이 있다.

- The money which they pay is used to build more houses.

  그들이 지불한 돈은 더 많은 집을 짓는데 사용된다.

- There are some traditional jobs that will still be important and attractive in the future.

  미래에도 여전히 중요하고 매력적인 몇몇 전통적인 직업들이 있다.

- There are times when you'll need someone.  네가 누군가를 필요로 할 때가 있다.

- There are times when I'm stressed.  내가 스트레스를 받는 때가 있다.

- There are times when everyone needs to be alone.

  모든 사람이 혼자 있어야 할 때가 있다.

- There are times when I regret what I said.  내가 말한 것을 후회할 때가 있다.

- There are times when I would like to get married.

  내가 결혼하고 싶은 때가 있습니다.

- This is the first time that I have been on TV.

  이번이 내가 TV에 나온 것이 첫 번째야.

- Think about how you can help someone else.

  어떻게 하면 누군가 다른 사람을 도울 수 있는지에 대해서 생각해 보라.

- What do you think about the power that photos have?

  사진이 가진 힘에 대해 어떻게 생각하니?

- We will be able to share more time with family and friends that we love.

  우리는 우리가 사랑하는 가족 그리고 친구들과 더 많은 시간을 나눌 수 있을 것이다.

- Water is an element without which life could not be possible.
  물은 그것이 없으면 목숨이 가능하지 않을 수도 있는 요소이다.

- Explain to me how we handle this machine.
  우리가 이 기계를 어떻게 다뤄야 하는지를 나에게 설명해 줘.

- Experience is simply the name that we give our mistakes.
  경험은 단순히 우리가 실수에게 주는 이름이다.

- Those who do not learn from history are doomed to repeat it.
  역사로부터 배우지 못하는 사람들은 그것을 되풀이할 운명이다.

- Yesterday was a day when everything went wrong!
  어제는 모든 일이 잘못된 날이었다.

- There are times when I feel so lonely.  내가 많이 외로워할 때가 있다.
  = There are times at which I feel so lonely.

- Sunday is the day when we go to church.  일요일은 우리가 교회에 가는 날이다.
  = Sunday is the day on which we go to church.

- Spring is the season when the flowers bloom.  봄은 꽃이 피는 계절이다.
  = Spring is the season at which the flowers bloom.

- The hotel where we stayed is famous for its gorgeousness.
  = The hotel at which we stayed is famous for its gorgeousness.
  우리가 묵었던 호텔은 화려함으로 유명하다.

- That's the way the team won the game.
  그것이 그 팀이 그 경기에서 승리했던 방법이다.

- Japan is one of the few countries where people drive on the left.
  일본은 사람들이 (운전석의) 왼쪽에서 운전하는 몇 안 되는 나라들 중의 하나다.

- July and August are the months when most people go on holiday.
  7월과 8월은 대부분의 사람들이 휴가를 가는 달이다.

- Do you know a shop where I can get my watch repaired?
  = Do you know a shop at which I can get my watch repaired?
  너는 내 시계를 수리할 수 있는 가게를 알고 있니?

- The reason why he lost his job was that he was dishonest.

  = The reason for which he lost his job was that he was dishonest.

  그가 직장을 잃은 이유는 그가 부정직해서였기 때문이다.

- This is the place at which Lincoln was killed.  이곳이 링컨이 죽은 곳이다.

  = This is the place where Lincoln was killed.

- I remember the day when the war began.  나는 그 전쟁이 시작된 날을 기억한다.

- The house in which I live is small.  내가 사는 집은 작다.

  = The house where I live is small.

- Tell me the reason why you were late home.

  = Tell me the reason for which you were late home.

  네가 집에 늦게 왔던 이유를 말해봐.

- Do you know the reason why she is so upset?

  = Do you know the reason for which she is so upset?

  그녀가 그렇게 화가 난 이유를 아니?

- The restaurant in which I met him.  내가 그를 만난 식당

  = The restaurant where I met him.

- There are three ways in which a 3D printer can save your life.

  → There are three ways. + A 3D printer can save your life in three ways.

  3D프린터가 당신의 목숨을 구할 수 있는 3가지 방법이 있습니다.

- Some ways in which the Chinese economy might evolve.

  → Some ways + The Chinese economy might evolve in some ways.

  중국의 경제가 발전할 수도 있는 몇 가지 방법

- Films in which people smoke.  사람들이 담배를 피우는 (모습이 나오는) 영화들

  → Films + people smoke in films.

- Jazzy has some very unique positions in which she's comfortable.

  → Jazzy has some very unique positions. + Jazzy is comfortable in them.

  Jazzy(고양이 이름)는 자신이 편안한 매우 독특한 몇 가지 자세가 있다.

- Questions for which we don't have an answer.

  → Questions + We don't have an answer for them.

  우리가 답변을 하지 못하는 질문들

- One reason for which The Nobel prize has been awarded to him.

  = One reason why The Nobel prize has been awarded to him.

  → One reason + The Nobel prize has been awarded to him for it.

  노벨상이 그에게 수여된 한 가지 이유

- Things for which I will never apologize.  내가 결코 사과하지 않으려는 것들

  = Things why I will never apologize.

  → Things + I will never apologize for them.

- Is that the man with whom she arrived?  그분이 그녀랑 같이 온 남자니?

  → Is that the man? + She arrived with the man?

- The Hamilton supermarkets at which you can buy beer.

  = The Hamilton supermarkets where you can buy beer.

  → The Hamilton supermarkets + You can buy beer at that places.

  당신이 맥주를 살 수 있는 해밀턴의 슈퍼마켓들

- The speed at which you eat.  당신이 먹는(식사하는) 속도

  → The speed + You eat at the speed.

- What is the oldest age at which you can buy life insurance?

  = What is the oldest age when you can buy life insurance?

  → What is the oldest age + You can buy life insurance at the age.

  당신이 생명보험을 살 수 있는(들 수 있는) 최고 연령은 몇 살이죠?

# UNIT 20 전치사

## 1) in

### (1) 넓은 장소 앞에

in Seoul, in America, in Busan, in Asia, in Europe, in the universe,

in London, in the world, in the sky, in the country, in the sea, in space.

### (2) 연도/세기 앞에

in 1997(1997년도에), in 2013(2013년에), in the 21st century(21세기에)

in ancient times(고대에), in the old days(옛날에)

### (3) 계절 앞에

in summer(여름에), in winter(겨울에).

### (4) 달 앞에

in April(4월에), in June(6월에), in September(9월에)

### (5) 오전/오후/저녁

in the morning(아침에, 오전에), in the afternoon(오후에), in the evening(저녁에)

## 6) -안에/-속에

in a park, in the river, in the lake, in the library, in the room, in the kitchen, money in my pocket, in a photograph, in a picture, in the rain(빗속에서)

- What is in the box? 박스 안에 무엇이 있습니까?
- I found the picture in the book. 나는 책 속에 있는 그림을 찾아냈다.
- Did you ride your bicycle in the rain? 빗속에서 자전거를 탔어?
- People in high positions 고위직에 있는 사람들
- the weather in Seoul. 서울의 날씨
- the weather in Africa 아프리카의 날씨
- the dust in the air. 공기 중의 먼지
- air pollution in Korea. 한국의 대기 오염
- How's the weather in New York? 뉴욕의 날씨는 어때요?

## (7) -이 지나면(-후에)

- I will be back in 3. 3시 후에 돌아올게.
- I will call back again in an hour. 한 시간 후에 다시 전화하겠습니다.
- We will be leaving in ten minutes. 우리는 10분 후에 출발할 겁니다.
- ★ I will be back by 3. 3시까지는 돌아올게.
- ★ I will be back within 3. 3시 안에 돌아올게.

## (8) -로, -으로(수단)

in a low voice(낮은 목소리로), in English(영어로), in Chinese(중국어로), in Korean(한국어로), in capital letters(대문자로), in a different way(다른 방식으로), in ink(잉크로), in pencil(펜으로), in the eyes(눈으로), in women eyes(여자의 눈으로), in car accidents(자동차 사고로)

## (9) -을 입은

- the man in red tie.  빨간 넥타이를 맨 남자

- a student in uniform.  교복을 입은 학생

- an old gentleman in silk.  비단옷을 입은 노신사

- A woman in blue.  파란 옷을 입은 여자

- The man in a yellow shirt is my father.  노란 셔츠를 입은 그 남자는 우리 아버지다.

- You look nice in the red dress.  너 빨간 드레스 입으니까 근사해 보여.

- How do I look in this?  이 옷 입은 저 어떻게 보여요?

- You look terrific in that.  저 옷을 입으니 네가 멋져 보인다.


## (10) -에 빠진

in danger(위험에 처한), in love(사랑에 빠진), in good condition(상태가 좋은), in trouble(곤란에 처한)

- Have you ever been in love?  사랑에 빠져본 적 있니?

- They are in big danger.  그들은 큰 위험에 빠져 있다.

- I'm in love.  나는 사랑에 빠져 있어요.

- She is in trouble.  그녀는 큰일났어. 그녀가 곤경에 처해 있어.

- The company was in trouble for months, and then went bankrupt.
  그 회사는 수개월 동안 곤란에 처해 있었다. 그리고 나선 파산했다.


## (11) in -ing : -할 때

- You must do your best in solving the problem.
  너는 그 문제를 풀 때 최선을 다해야 한다.

- You must be careful in crossing the road.
  너는 길을 건널 때 조심해야 한다.

- What is most difficult for you in learning English?
  네가 영어를 배울 때 무엇이 가장 어렵니?

- Don't be afraid of making mistakes in speaking English.
  영어를 말할 때 실수하는 것을 두려워하지 마라.

## (12) −에 있어서, −에서는

- Where does Brazil rank in oil production? 브라질은 석유 생산에 있어 몇 위지?

- Where does Korea rank in baseball? 한국이 야구에서 몇 위를 한 거야?

- changes in weather 날씨에 있어서의 변화

- The importance of sports in language learning.
  외국어 학습에 있어 스포츠의 중요성

- Fusion and hybrid are similar in meaning.
  퓨전과 하이브리드는 의미에 있어서 비슷하다.

- The first impression is important in a job interview.
  첫인상은 취직 인터뷰에 있어 중요하다.

- Thomas Jefferson wrote that "black people is gifted in music."
  토마스 제퍼슨은 "흑인은 음악에 있어 재능이 있다."라고 썼다.

- Trees are really important in maintaining a healthy relationship between people
  and environment.
  나무는 사람과 자연이 건강한 관계를 유지하는데 있어 정말 중요하다.

- Jose has a lot of experience in teaching literature.
  Jose는 문학을 가르치는데 있어 많은 경험을 갖고 있다.

- The condition of your body is influential in learning.
  네 몸의 상태는 배움에 있어 영향력이 있다.

- Most coffee shops are quite big in size.
  대부분의 커피숍은 사이즈에 있어 꽤 크다.

- The only wisdom is in knowing you know nothing.
  유일한 지혜는 네가 아무것도 알지 못한다는 것을 아는데 있다.

- in a sense 어떤 의미에서는

- The Internet is like alcohol in some sense.
  인터넷은 몇 가지 면에서 술과 같다.

- in many cases 많은 경우에 있어

- in that case 그런 면에서

- a expert in many fields 다방면에서의 전문가

- In my opinion, 내 생각으로는
- in my life 내 인생에서
- parents' role in education 교육에서의 부모의 역할
- The Role of Information Technology in Education
  교육에 있어서 정보기술의 역할
- Anger management in sport 스포츠에 있어서 분노 관리
- how to be creative in writing
  글쓰기에 있어서 창조적이 되는 법(창조적으로 글 쓰는 법)

### (13) -때

- in early childhood 아주 어렸을 때
- in youth 젊었을 때
- in age 늙었을 때
- Knowledge in youth is wisdom in age. 젊어서 얻은 지식은 늙어서 지혜이다.
- In youth we learn, in age we understand.
  젊을 때 배우면 나이가 들어 이해하게 된다.
- Heavy work in youth is quite rest in old age.
  젊었을 때 힘든 일은 노년의 확실한 안락이다.

## 2) on

### (1) 요일/구체적인 날짜 앞에

on Sunday(일요일에), on Sundays(일요일마다), on Friday(금요일에), on 22 November,(11월 22일에), on Monday morning(일요일 아침에), on Saturday night(토요일 밤에), on May 14(5월 14일에), on my birthday(내 생일에), on a foggy night(안개 낀 날에), on a rainy night(비오는 밤에), on Christmas day(크리스마스에)

## (2) 표면, 접촉 등을 나타낼 때

on the wall(벽에), on the street(거리에), on the first floor(1층에), on the floor.(바닥에) on the ceiling(천장에), on the beach(강가에서), on a chair(의자 위에), on your nose(너의 코에), on the cover(책 표지에), on the bottle(병 표면에), ★ in the bottle(병 안에), on the door(문 표면에), ★ at the door(문에), on the phone(전화상으로), on the newspaper(신문에),. on TV(TV에), on the radio(라디오에)

- I saw you on TV.  나는 너를 TV에서 보았어.
- I saw you on the radio.  나는 너를 라디오에서 보았어.
- I saw you on the news.  나는 너를 뉴스에서 보았어.
- It is on TV every Sunday.  그것은 일요일마다 TV에 나온다.
- There's so much on the menu.  메뉴가 아주 많네.
- on display  진열 중인


## (3) -위에

- Please write your name on this paper.  이 종이 위에 당신 이름을 쓰세요.
- Walk on the sidewalk, not on the grass.  인도로 걸어라, 잔디 위를 걷지 말고.
- He is on the phone right now.  그는 지금 통화 중이다.
- He looked at me with a smile on his face.  그는 얼굴에 미소를 띠고 나를 보았다.
- I'm on cloud nine.  나는 9층 구름 위에 있다.(나는 기분이 정말 좋다)
- My favorite movie will be on TV tonight.
  내가 가장 좋아하는 영화가 오늘 저녁 TV에 나올 것이다.
- I wear a ring on my finger.  나는 내 손가락에 반지를 끼웠다.
- on earth  지구상의, 지구상에서
- manners on the Internet.  인터넷상의 매너
- Do you always leave some food on your plate?
  너는 항상 접시 위에 약간의 음식을 남기니?
- People can get quick responses from others on the websites.
  사람들은 웹사이트 상에서 다른 사람들로부터 빠른 반응을 얻을 수 있다.
- Write your name on the envelope.  봉투에 이름을 쓰세요.

- In Latin America, it is common for men and women to kiss one another on the cheek.

  라틴 아메리카에서 남자와 여자가 뺨에 서로 키스하는 것은 흔하다.
- The girl with a handkerchief on her head is me.

  머리 위에 손수건을 지닌 그 여자는 나다.


on time,  on air(방송 중인), on leave(휴가 중인), on sale(판매 중인, 할인 중인), on foot(걸어서), on a trip(여행 중인), on duty(업무 중인, 근무 중인)

- Is it on sale?  그거 할인되나요?
- Everything in this store is on sale.  이 가게에 있는 모든 것이 세일 중이다.
- How much is it on sale?  그거 세일해서 얼마인가요?(얼마나 할인되나요?)
- These apples are on sale for 50% off.  이 사과들은 50% 세일합니다.
- I left my heater on.  히터를 켜놓고 나왔다.
- He always leave the TV on.  그는 항상 TV를 켜놓는다.
- Do not move it while it is on.  그것이 켜져 있는 동안 그것을 움직이지 마라.


## (4) −에 관하여

- I need a book on history.  나는 역사에 관한 책이 필요하다.
- May I ask your opinion on this?  이것에 관해서 당신의 의견을 여쭤봐도 되나요?
- Could you tell me your views on this matter?

  이 문제에 대한 당신의 의견을 말씀해 주시겠습니까?
- Everyone is an expert on education.  모든 사람들은 교육에 관한 전문가이다.
- On friendship  우정에 관하여
- On love  사랑에 관하여
- information on driving well.  운전을 잘하는 것에 관한 정보
- a study on ancient civilization  고대 문명에 관한 연구
- art project on a town of the future  미래의 도시에 관한 미술 프로젝트
- Studies on religious belief and prejudice  신앙과 편견에 관한 연구들

this/last/next/every 앞에는 진치사를 쓰지 않습니다.

- this morning(오늘 아침에), → on this morning(✕)
- this week(이번 주에), → at this week(✕)
- next time(다음 시간에) → at next time(✕)
- next month(다음 달에) → at next time(✕)
- last summer(지난 여름에) → at last summer(✕)
- last night(지난 밤에), every morning(아침마다) ★ on every morning(✕)

on a bus(= by bus 버스를 타고), on a train(= by train 기차를 타고), on a ship(= by ship 배를 타고)

- on the way  –에 가는 중에
- on my way home.  집에 가는 중에
- on my way to work  회사 가는 중에
- on my own  나 혼자서. 혼자 힘으로


## 3) of


### (1) –의

- the history of Korea  한국의 역사
- the lessons of history  역사의 교훈
- The cost of living  생활비
- the chance of living  삶의 가능성
- true purpose of education  교육의 진정한 목적
- ways of getting food  음식을 얻는 방법
- the merits of fast food  패스트푸드의 장점
- the purpose of university  대학의 목적
- the end of the world  세상의 종말
- Breakfast is the first meal of the day.  아침식사는 하루의 첫 번째 식사이다.

- humans of the past  과거의 인간들
- the works of Shakespeare  셰익스피어의 작품들
- the secret of success  성공의 비밀
- The secret of the Pyramids  피라미드의 비밀
- sense of humor  유머 감각
- sense of fashion  패션 감각
- color of clouds  구름의 색깔
- a symbol of honor and glory  명예와 영광의 상징
- the percentage of female high school graduates  여고 졸업생들의 비율
- the value of money  돈의 가치
- the difference of viewpoint  관점의 차이
- the bright side of life  인생의 밝은 면
- your experience of working at a hotel  호텔에서 일한 당신의 경험
- The System of Nature  자연의 시스템
- Korean way of life  한국인의 생활방식
- the history of war  전쟁의 역사
- an important part of your life  당신 인생의 중요한 부분
- the religion of the world  세계의 종교
- the lack of water  물 부족
- A lack of sleep  수면의 부족
- the fun of hiking  하이킹의 재미
- the size of your brain  네 두뇌의 크기
- price of gold  금 가격
- the rest of your life  네 인생의 나머지
- the date of your birth  네 출생일
- the nature of science  과학의 본질
- the love of God  하느님의 사랑
- an experience of success  성공의 경험
- the president of the United States  미국의 대통령

- the face of an angel  천사의 얼굴
- the skill of negotiating  협상의 기술
- the pain of separation  이별의 아픔
- the sound of falling rain  비 내리는 소리
- the beauty of Korean art  한국 예술의 아름다움
- roles of woman  여성의 역할
- a waste of time.  시간 낭비
- the world of a movie  영화의 세계
- the secret of human origin  인류 기원의 비밀
- the wonderful world of dreams and imagination  꿈과 상상의 놀라운 세계
- the importance of early childhood education  조기 아이교육의 중요성
- the benefits of eating breakfast  아침을 먹는 것의 이점
- hundreds of people  수백 명의 사람들
- hundreds of years  수백 년
- thousands of trees  수천 그루의 나무
- millions of dollars  수백만 달러
- standard of beauty  미의 기준

## (2) −중의, −중에서

- one of them  그들 중의 한 명
- a girl of 12  소녀 12명 중 한 명
- All of us  우리들 모두
- All of you  너희 모두
- two of them  그들 중 두 명
- some of you  당신들 중의 몇 명
- some of us  우리들 중의 몇 명
- a third of all people  모든 사람들 중의 3분의 1
- two thirds of them  그들 중의 3분의 2
- a fifth of the people  그 사람들 중의 5분의 1

- None of them 그들 중 어느 누구도 −하지 않다.

- some of them 그들 중의 몇 명

- Most of them 그들 중의 대부분

- best of best 최고 중의 최고(왕중왕)

- Secret of secrets 비밀 중의 비밀

- one of famous universities 유명 대학교들 중의 하나

- one of main companies 주요 회사들 중의 하나

- Can I have one of these? 내가 이것들 중의 하나를 가져도 됩니까?

- Of all the people here, there are only two who can speak English.
  여기 있는 모든 사람들 중에 영어를 말할 수 있는 유일한 두 명이 있다.

- Of all my friends I like Sujin the most.
  내 모든 친구들 중에서 나는 수진을 가장 좋아한다.

- Of all the places I have been, Mt. Seorak was the best.
  내가 가본 모든 곳들 중에서 설악산이 최고였다.

- He is one of my friends. 그는 내 친구들 중의 한 명이다.

- She's just one of my friends. 그녀는 단지 내 친구들 중 한 명일 뿐이야.

- Why me, of all people? 하고 많은 사람들 중에서 왜 하필 나니?

- Why today, of all days? 하고 많은 날들 중에서 왜 하필 오늘이니?

- This baseball games are best of five. 이번 야구 경기는 5전 3선승제야.

  ★ best of three : 3전 2선승제

## 4) for

### (1) −를 위해, −을 위한

- What can I do for you? 당신을 위해 내가 뭘 할 수 있을까요?

- Is there a discount for students?
  학생들을 위한 할인이 있나요?(→ 학생들을 위해 할인 좀 해줄 수 있나요?)

- You need to make some time for your parents.

  너는 네 부모님을 위해 시간 좀 내야 한다.

- changes for public education.  공교육을 위한 변화들

- This toy is designed for pets.  이 장난감은 애완동물들을 위해 고안된 것입니다.

- Would you please keep this for me?  나를 위해 이것을 보관해 주시겠어요?

- Please contact us for more information.

  더 많은 정보를 원하시면 우리에게 연락하세요.

- I will make coffee for you.  내가 너를 위해 커피를 만들어 줄게.

- We should preserve the environment for our children.

  우리는 우리의 아이들을 위해 환경을 보존해야 합니다.

- For rent  임대함(세놓음)

- for sale  팔려고 내놓은, 판매용

  ★ on sale  ①세일 중인(싸게 파는)  ②판매 중인

- apples for sale  판매용 사과

- used car for sale  판매용 중고차

- Tips for good communication.  훌륭한 의사소통을 위한 충고들

- Your body needs food for energy.  네 몸은 에너지를 위해 음식을 필요로 한다.

- What are you doing for your health?  너는 너의 건강을 위해 무엇을 하고 있니?

- These are not for everyone.  이것들은 모든 사람들을 위한 것은 아니다.

- Let me carry those bags for you.  내가 너를 위해 그 가방들을 날라 줄게.

- an organization for environmental protection.  환경보호를 위한 단체

- What do you want for your birthday?  너는 생일선물로 뭘 원하니?

- What plans do you have for your summer vacation?

  네 여름 방학을 위해 넌 무슨 계획을 갖고 있니?

- How should I prepare myself for job interview?

  취업 인터뷰를 위해 나 자신이 어떻게 준비해야 하지?

- What is the best gift for Parents' day?  어버이날에 가장 좋은 선물이 뭘까?

- This is for you.  이것은 너를 위한 것이다.(이거 너 주려고 샀다 등)

- They grow them for export.  그들은 수출을 위해 그것들을 기른다.

- Pyramids are houses for the dead.  피라미드는 죽은 자들을 위한 집이다.

- Rules for saving the earth.  지구를 구하기 위한 규칙들

- Do you have any plans for the summer?  너는 여름을 위한 어떤 계획이라도 있니?

- All for one, one for all.  모든 이는 한 사람을 위해, 한 사람은 모두를 위해.

- I went to the bookstore for some books.  나는 책을 좀 사려고 서점에 갔다.

- I will do anything for you.  나는 너를 위해 어떤 것이라도 할 것이다.

- These boots are for skiing.  이 부츠들은 스키를 위한 것이다.(스키용이다)

- People raise animals for meat and milk.
  사람들은 고기와 우유를 위해 동물들을 기른다.

- Whether we play sports for our health or just for pleasure, sports will bring us
  many beneficial things.
  우리가 우리의 건강을 위해서든, 단지 재미를 위해서든, 스포츠는 우리에게 많은
  유익한 것들을 가져다 줄 것이다.

- I would like to reserve a table for two.
  나는 두 사람을 위한 테이블을 예약하고 싶습니다.

- I bought it for her.  나는 그녀를 위해 그것을 샀다.

- It is designed for practical purposes.  그것은 실용적인 목적을 위해 고안된 것이다.

- For more information, visit us.
  더 많은 정보를 원하신다면, 우리를(우리 사무실을) 방문해 주세요.

- Chocolate is the best choice for a gift.  초콜릿이 선물로는 최고지.

- Would you have some time for me?  저에게 시간 좀 내줄 수 있습니까?
  = Would you make some time for me?

- You have to dress well for your interview.
  너는 네 인터뷰 대비를 위해 옷을 잘 입어야 한다.

- Here's a little something for you.  당신 드리려고 뭐 좀 가져왔는데.

- People travel overseas for business or for vacations.
  사람들은 업무차 또는 휴가차 해외를 여행한다.

- For ladies  숙녀용

- For gentlemen  신사용

- For adults  성인용

- For kids  아이용

- For soldiers  군인용

- International organizations for children  어린들을 위한 국제 조직들

- They are doctors for foreigners workers.
  그들은 외국 노동자들을 위한 의사들이다.

- visions for the future  미래를 위한 비전

- Only for you  오직 당신을 위해

- designed for 20's  20대를 위해 고안된

- It is only for my personal use.  그것은 오직 나의 개인적인 사용을 위한 것이다.

- only for customers  오직 고객을 위한(고객 전용)
  ★「It is only for customers.」가 원래 문장인데, 여기서「It is」가 생략된 것임.

- I'm sorry, the books are not for sale.
  미안하지만 그 책들은 판매를 위한 책들이 아닙니다.

- I need some money for tonight.  나는 오늘밤을 위해 약간의 돈이 필요하다.

- Just for laughs.  단지 웃음을 위한 것.(그러니 심각하게 받아들이지 말라는 뜻)

- It's a machine for making ice-cream.
  그것은 아이스크림을 만들기 위한 기계입니다.

- The best treatment for a cold is plenty of rest.
  감기(치료)를 위한 최고의 처치는 많은 휴식이다.

- Fruits are food for everyone.  과일은 모든 사람들을 위한 음식이다.

- What is most important for good communication?
  훌륭한 의사소통을 위해 무엇이 가장 중요한가?


## (2) -를 향해, -를 향한

- Where are you headed for?  너는 어디 가니?

- This train is for Busan.  이 기차는 부산행이다.

- They need the airplane for Korea.  그들은 한국행 비행기를 필요로 한다.

- He is going to start for Japan.  그는 일본을 향해 출발할 거야.

- They left Seoul for Busan.  그들은 부산을 향해 서울을 떠났다.
- vision for the future  미래를 향한 비전
- I did it just for fun.  난 그저 재미로 그걸 했어.
- I play the piano for fun.  난 재미삼아 피아노를 친다.
- We had pasta for lunch.  우린 점심으로 파스타를 먹었다.
- It is time for lunch.  점심 식사할 시간입니다.
- What did you have for lunch?  점심으로 뭘 먹었니?

## (3) −때문에

- Thank you for helping me.  저를 도와주신 것에 대해 감사드립니다.
- Thank you for the tip.  좋은 정보(조언) 주셔서 고마워요.
- Thank you for your trouble.  애써 주신 것에 대해 감사해요.
- Thank you for all your trouble.  수고 많으셨습니다.
  = Thank you for your effort.
- Thank you for your concern.  걱정해 주셔서 감사합니다.
- Thank you for the nice welcome.  따뜻한 환대에 감사드립니다.
- Thank you for your time.  시간 내주셔서 감사합니다.
- Thank you for the coffee.  (네가 대접해 준) 커피 잘 마셨어.
- Thank you for your attention.  (제 말에) 경청해 주셔서 감사합니다.
- Thank you for the information.  정보 감사합니다.
- Thank you for understanding me.  저를 이해해 주셔서 감사합니다.
- I apologize for what I did.  제가 한 일에 대해 사과드립니다.
- I'm sorry for being late.  늦어서 죄송합니다.
- I'm sorry for late reply.  답장을 늦게 해서 죄송합니다.
- I'm sorry for the inconvenience.  불편을 끼쳐드려 죄송합니다.
- I apologize for bothering you.  당신을 괴롭혀서(귀찮게 해서) 죄송합니다.
- I don't eat meat for various reasons.  여러 이유 때문에 저는 육식을 안 합니다.
- I apologize for the disturbance.  방해해서 죄송합니다.
- I couldn't see for the tears in my eyes.  내 눈의 눈물 때문에 난 볼 수가 없었어.

- He is well known for his novels.  그는 그의 소설로 유명하다.(잘 알려져 있다)

- Scotland is famous for its spectacular countryside.

- 스코틀랜드는 장엄한 시골광경으로 유명하다.

- Don't cry for me.
  나 때문에 울지 말아요.('나를 위해 울지 말아요.'로도 번역 가능함)

- What for?  무엇 때문에? 왜?

- For some reasons, she is not happy with her looks.
  몇 가지 이유 때문에, 그녀는 표정이 좋지 않다.(happy: 좋은, 행복한)

- Regret for wasted time is more wasted time.
  낭비한 시간 때문에 후회하는 것은 더 큰 시간 낭비이다.

## (4) -동안

- for three days.  3일 동안

- for an hour.  한 시간 동안

- for a while  잠시 동안

- for a minute  잠시 동안

- for a year  일년 동안

- for ten months  10개월 동안

- Reading for 15 minutes in a day.  하루 15분간의 독서

- for the last ten years  지난 10년 동안

- for years  수년 동안

- for months  수개월 동안

- I haven't seen him for three years.  나는 그를 삼년 동안이나 보지 못했다.

- We walked for two hours.  우린 두 시간 동안 걸었다.

## (5) -에게, -에 대한

- An eye for an eye, a tooth for a tooth  눈에는 눈, 이에는 이.

- a passion for sports.  스포츠에 대한 열정

- It is very helpful for my health.  그건 내 건강에 매우 도움 됩니다.

- This is a great pleasure for me.  이건 저에게 큰 기쁨입니다.

- This shirt is too small for me.  이 셔츠는 나에게 너무 작다.

- The best day for me is Thursday.  내게 가장 좋은 날은 목요일이다.

- It's good enough for me.  그것은 나에게 충분히 좋아.(난 아주 만족해요.)

- Parking is free for patients.  주차는 환자에겐 무료입니다.

- I have a question for you.  너에게 질문이 있다.

- This is good for you.  이것은 너에게 좋다.

- It's too difficult for me.  그건 나에게 너무 어렵다.

- Driving is too dangerous for beginners.  운전은 초보자들에겐 너무 위험하다.

- Your question is too personal for me.  당신의 질문은 저에게 너무 사적인 질문입니다.

- Take responsibility for your actions.  네 행동에 대해 책임감을 가져라.

- Do you have any messages for me?  저에게 온 메시지가 있나요?

- I'd better buy something for the new baby.
  새 아기에게 줄 뭔가를 사는 게 좋겠어요.

- The ice-cream was a little bit sweet for me.
  그 아이스크림은 나에게 약간 달콤했다.

- That jacket looks a bit big for you.  그 자켓은 너에게 약간 커 보인다.

- When is a good time for you?  너에게 좋은(한가한) 시간이 언제니?

- Free admission for students.  학생들에게는 무료 입장

- Physical punishment for high school students should not be done.
  고등학생에 대한 체벌은 행해져서는 안 된다.

- TV is too violent for children.  TV는 아이들에게 너무 폭력적이다.

- respect for older people/parents  노인들/부모에 대한 존경

- an advertisement for a job at a hotel  호텔 일자리에 대한 광고

- There are some letters for you.  너에게 온 편지가 좀 있다.

- For most people, choosing a career isn't easy.

- 대부분의 사람들에게 직업을 선택하는 것은 쉽지 않다.

- For many people, low prices are more important than the quality of the food.
  많은 사람들에게 낮은 물가는 음식의 질보다 더 중요하다.

- Mother's day is the busiest day of the year for American restaurants.
  엄마의 날은 미국 식당들에게는 일년 중 가장 바쁜 날이다.

- What do you think is the most difficult problem for a teenager?
  10대들에게 가장 어려운 문제는 뭐라고 생각하니?

- Parents are not best teachers because their expectations for the children are too high.
  부모들은 자녀들에 대한 기대가 너무나 높기 때문에 가장 훌륭한 교사는 아니다.

- I know a perfect place for us.  나는 우리에게 딱 좋은 장소를 알고 있지.

- Home-schooling was a common method of education for many members over the past 30 years.
  홈스쿨(자택 학습)은 과거 30년에 걸쳐 많은 회원들에게 흔한 교육 방법이었다.

- There are two golden rules for an orchestra.
  오케스트라에는 황금의 룰(어기면 안 되는 규칙)이 두 개 있다.


## 5) at – 작은 장소, 시간 앞에 쓴다

at the bus stop(버스 정류장에서), at the park(공원에서), at night(밤에), at the station(역에서), at the door(문에서), at a concert(콘서트에서), at a bank(은행에서), at the hotel(호텔에서) at home(집에서), at the party(파티에서), at the moment(그 순간에), at that time(그때에), at noon(정오에), at lunchtime(점심시간에)

- Will you be at home this evening?  오늘 저녁에 집에 올 거니?
- At what station do I transfer?  내가 어느 역에서 갈아탑니까?
- See you at 3.  3시에 보자.
- at the weekend  주말에
- at Christmas  크리스마스에
- at the airport  공항에서
- I will meet you at 12 pm.  나는 오후 12시에 너를 만날 거야.

- It starts at 6:00. 그건 6시에 시작합니다.

- at breakfast  아침식사 때에

- at lunch  점심식사 때에

- at dinner  저녁식사 때에

- at work  직장에서

- at the regular price  정가(定價)에

- at low price  저가(低價)에

- at high speed  고속(高速)으로

- at full speed  전속력으로

- at the age of  의 나이에

- at first sight  첫눈에

## 6) with

### (1) -와 함께, -을 가진

- Let's go with me.  나랑 같이 가자.

- Is there something wrong with her?  그녀에게 뭔가 잘못된 것이 있니?

- I live with my family.  나는 우리 가족과 함께 산다.

- the universe with infinite possibilities.  무한한 가능성을 지닌 우주

- I love spending time with you.  나는 너와 함께 시간 보내는 것을 아주 좋아해.

- With these small efforts, we will be able to bring about big changes to the world. 이 작은 노력들로, 우린 세상에 큰 변화를 가져올 수 있을 것입니다.

- What's the matter with you?  너에게 무슨 문제가 있니?

- Who are you going with?  누구랑 갈거니?

- How much money do you have with you?  너는 지금 돈을 얼마나 가지고 있니?

- Have a good time with your family.  당신 가족과 함께 즐거운 시간 보내세요.

- With pleasure  기꺼이. 그렇고 말고요.(상대방의 부탁에 동의할 때 쓰는 표현).

- Korea is a country with many mountains and little land.

  한국은 많은 산과 작은 육지를 가진 나라이다.

- Wherever you go, you can communicate with people in English.

  당신이 어디에 가든, 당신은 영어로 사람들과 의사소통할 수 있다.

- With the development of the Internet, TV also is changing fast.

  인터넷의 발달과 함께, TV도 빠르게 변하고 있다.

- interaction with other people  다른 사람들과의 상호작용

- Sharing your thoughts with others  다른 사람들과 네 생각을 공유하기

- Share your ideas with us today!  오늘 우리와 함께 당신의 생각들을 나누세요.

- You look better with long hair.  머리가 긴 게 더 나아 보인다.

- He wrote with the pencil during class.  그는 수업시간 동안 연필을 가지고 썼다.

- Who did you have lunch with?  너는 누구랑 점심 먹었니?

- I have never had tomato with sugar.

  나는 설탕을 넣은 토마토를 먹어본 적이 없다.

- He discovered a much better solution with little cost.

  그는 적은 비용으로 훨씬 나은 해결책을 찾았다.

- I saw a person with blue eyes.  나는 파란 눈을 가진 사람을 보았다.

- Children with ADHD continue to increase.

  ADHD(주의력 결핍 과잉행동장애)를 가진 아이들이 계속 증가하고 있다.

- We are so pleased to be with you.  당신과 함께 있어서 매우 기뻐요.

- There is a house with a beautiful garden.  아름다운 정원이 있는 집이 한 채 있다.

- He is the man with a large head.  그는 큰 머리를 가진 남자이다.

- I wash my face with cold water.  나는 찬 물로 세수를 한다.

- With or without a pillow, I sleep well.  베개가 있건 없건 나는 잠을 잘 잔다.

- With or without a car, many people have a license.

  차가 있건 없건, 많은 사람들이 운전면허증을 갖고 있다.

- With progress, change is inevitable.  진보(발전)함에 따라, 변화는 불가피하다.

- people with different cultural backgrounds.  다른 문화적 배경을 가진 사람들

- Treat people with respect and compassion.
  존경과 동정심을 갖고 사람들을 대하라.
- With a sudden strong wind. 갑작스런 강한 바람으로
- There's something wrong with my car. 내 차에 뭔가 문제가 있어.
- Do you have money with you? (지금) 수중에 돈 가진 거 있니?
- Everyone is born with different looks. 모든 사람들은 다른 외모를 갖고 태어난다.
- This movie will amaze everyone with its fantastic story.
  이 영화는 영화의 공상 이야기로 모든 사람들을 놀라게 할 것이다.
- Every good conversation starts with good listening.
  모든 좋은 대화는 좋은 경청과 함께 시작한다.
- a woman with glasses 안경을 낀 여자
- a house with a big garden 큰 정원이 딸린 집

## (2) -한 채

- Don't speak with your mouth full. 네 입에 음식을 가득 담은 채 말하지 마라.
- He lay with his eyes closed. 그는 눈을 감은 채 누웠다.
- He was sitting with his legs crossed. 그는 다리를 꼰 채 앉아 있었다.
- Don't leave your house with it on. 그것을 켜 놓은 채 집을 떠나지 마라.
- with a radio on/off 라디오를 켜놓은 채/꺼놓은 채
- with the television on TV를 켜 놓은 채
- with a hat on/off 모자를 쓴 채/벗은 채
- with my(his/her) clothes on 옷을 입은 채
- with his(her) hands in his pocket. 손을 호주머니에 넣은 채
- with my(his/her) shirt off 셔츠를 벗은 채
- with her(his) eyes open 눈을 뜬 채
- with the window open 창문을 열어 놓은 채
- with my(his/her) arms folded 팔짱을 낀 채
- with my(his/her) back against the wall 벽에 기댄 채
- with easy 쉽게

- with surprise  놀라서
- with exhaustion  지쳐서
- with relief  안도하여
- with reality  실제로
- with interest  흥미를 갖고
- with love  사랑으로

## 7) from

### (1) –로부터

- Where are you from?  I'm from Italy.
  어디에서 왔어요?  저는 이탈리아에서 왔습니다.
- People from various countries.  다양한 나라들에서 온 사람들
- We get a lot of stress from our daily life.
  우리는 일상생활로부터 많은 스트레스를 받는다.
- We believe that children are priceless treasures and gifts from God.
  우리는 아이들이 신으로부터 받은 소중한 보물이자 선물임을 믿는다.
- People greet each other differently, depending on where they are from.
  사람들은 그들이 어느 나라 출신인지에 따라 다르게 서로 인사한다.
- Learn from your mistakes and never forget it.
  네 실수들로부터 배워라. 그리고 그걸 절대 잊지 마라.
- My parents get all their food from supermarkets.
  우리 부모님은 슈퍼마켓에서 모든 음식을 구입하신다.
- I wonder who this card is from.  이 카드가 누구한테서 왔는지 궁금하다.
- A visitor from the United States.  미국에서 온 한 방문객
- Good health comes from good habits.  좋은 건강은 좋은 습관으로부터 온다.

- The best teachers teach from the heart, not from the book.
  가장 훌륭한 교사는 책이 아니라 가슴(마음)으로 가르친다.
- Every big business starts from a small idea.
  모든 큰 사업은 작은 생각에서 시작된다.
- It was a gift from my late father.  돌아가신 아버지가 주신 선물이야.
- We want sincere apologies from Japan.  우린 일본으로부터 진지한 사과를 원한다.
- A letter from my mother.  우리 엄마한테서 온 편지
- You can get more information from our web site.
  당신은 우리 웹사이트로부터 더 많은 정보를 얻을 수 있습니다.
- A present from Jane.  제인으로부터 온 선물
- A scene from Gone with the wind. 「바람과 함께 사라지다」에서의 한 장면
- What did you learn from that story?  너는 그 이야기에서 무엇을 배웠니?
- From the time we are born.  우리가 태어난 때로부터
- What should we learn from history?  우리는 역사에서 무엇을 배워야 합니까?
- He protected me from many dangers.
  그는 많은 위험들로부터 나를 보호해 주었다.
- I ran out of paper. Can I borrow it from your office?
  나는 종이가 다 떨어졌다. 네 사무실에서 그걸 빌릴 수 있니?
- The wind is coming from the north.  바람이 북쪽에서 오고 있다.
- The number of people employed by the company has risen from 25 to 200 in three years.
  그 회사에 의해 고용된 사람들의 수가 3년에 25명에서 200명으로 올랐다.
- How long does it take from here?  여기서 얼마나 걸릴까요?
- Where's the nearest hospital from here?  여기서 가장 가까운 병원이 어디인가요?
- The price of petrol will rise by 5% a gallon from tomorrow on.
  석유가격이 내일부터 갤런당 5% 오를 예정이다.
- He retired from his job.  그는 그의 직장에서 은퇴했다.
- The museum is open from 9.30 to 6.00.
  그 박물관은 9시 30분부터 6시까지 열려 있다.

- Look at the problem from a different angle. 다른 각도에서 그 문제를 보아라.

- From the historical view 역사적 관점에서

- from now on 지금부터

- from then on 그때부터

- from this moment on 이 순간부터

- from that day on 그날부터

- from today 오늘부터

- from this Friday 이번 주 금요일부터

- from next week on 다음주부터

- from tomorrow on 내일부터

- from 6:00 on 6시부터

- from here on 여기서부터


## 8) about

### (1) −에 관하여

- What are you talking about? 무엇에 관해 얘기중이니?

- They are talking about the weather. 그들은 날씨에 대해 얘기중이다.

- I am sorry about this. 이 일에 대해 사과할게.

- All about meat 고기에 관한 모든 것

- a book about fish 물고기에 관한 책

- information about saving money 돈을 아끼는 것에 관한 정보

- What you have to think about your future. 네가 미래에 대해 생각해야 할 것

- I want to know more about you. 나는 너에 대해 더 알고 싶어.

- I know nothing about her. 나는 그녀에 관해 아무것도 모른다.

- I don't care about rumors. 나는 소문에 관해 신경쓰지 않는다.

- I need to think about this. 이것에 대해 생각해 봐야겠어.

- I have no doubt about it. 나는 그것에 대해 의심하지 않는다.

- The novel is about forbidden love.  그 소설은 금지된 사랑에 관한 것이다.
- Do you know anything about Korean culture?
  한국 문화에 대해 뭐 좀 아는 게 있니?
- Do you know anything about fixing cars?  차 수리에 대해 뭐 좀 아니?
- Do you know anything about our new teacher?
  새로 온 선생님에 대해 아는 것 좀 있어?
- She said about her experiences in Japan.
  그녀는 일본에서의 경험에 대해 말했다.
- What is this about?  이것이 무엇에 관한 것이니?
- A lot of books about UFOs have been published.
  UFO들에 관한 많은 책들이 발행되었다.
- Teaching children about air pollution.  대기오염에 대해 아이들을 가르치기
- Read books about animals and plants.  동물과 식물에 관한 책들을 읽어라.

★ on/about

- on : 세밀하게. 체계적으로
- about : 전반적으로. 대략적으로
- a book on China  중국에 관한 (세밀하고도 체계적인) 책
- a book about China  중국에 관한 (전반적인 또는 대략적인) 책

## (2) 대략, 약

- It's about a ten-minute walk.  대충 걸어서 10분 걸려.
- About 5 minutes by walk.  걸어서 5분쯤 걸려요.
- It is about 6 o'clock.  거의 6시 정각이다.
- She's about 12 years old.  그녀는 약 12살이다.
- It took about 20 minutes to get our pizza delivered.
  우리 피자를 배달하는데 약 20분이 걸렸다.
- He's been on the phone for about ten minutes.  그는 약 10분 동안 통화 중이다.

- He weighs about 90kilograms.  그는 무게가 약 90kg 나간다.


## 9) to

### (1) −에, −에게

- He said to me.  그는 나에게 말했다.

- Be kind to everyone.  모든 사람들에게 친절해라.

- Listen to me.  나에게 귀 기울여 봐(내 말을 잘 들어)

- He returned to the Unites States.  그는 미국으로 돌아갔다.

- He was a good friend to me.  그는 나에게 좋은 친구였다.

- He led his team to victory.  그는 그의 팀을 승리로 이끌었다.

- from A to B : A에서 B까지

- Tom worked here from 1996 to 2012.
  Tom은 1996년부터 2012년까지 여기서 일했다.

- It takes an hour from here to Busan by KTX.
  KTX로 여기서 부산까지 한 시간 걸려.

- He showed them to us.  그는 우리에게 그것들을 보여 주었다.

- Why is the photo important to you?  그 사진이 너에게 왜 중요한 거니?

- We should be polite to others.  우리는 다른 사람들에게 공손해야 한다.

- You must come to our house.  너는 우리 집에 와야 한다.

- Rain forests are actually really important to us.
  열대우림은 우리에게 정말 중요하다.

- What happened to her?  그녀에게 무슨 일 있어요?

- How could you do this to me?  어떻게 나한테 이럴 수가 있어?

- Let's move on to the next page.  다음 페이지로 넘어가자.

- What happened to your car?  당신 차가 어떻게 된 거예요?

- To whom should I write?  제가 누구에게 편지를 써야 하나요?

- To whom is the woman speaking?  그 여자는 누구에게 말하고 있습니까?

- High-interest debt is one of the biggest threats to your financial freedom.
고금리 빚은 당신의 재정적 자유에 가장 큰 위협들 중의 하나다.
- Today's artists are open to new ideas.
오늘날의 예술가들은 새로운 사상에 (마음이) 열려 있다.


## (2) -의

★ to가 '-의'로 쓰이면 이때의 to는 전치사입니다. 따라서 뒤에 동사를 쓸 경우에는 -ing를 붙여줘야 합니다.


- keys to this lesson  이 수업의 열쇠
- answer to the letter  편지의 답장
- the answer to the question  질문의 답(질문에 대한 답)
- the part to the machine  그 기계의 부품
- window to the world  세계에의 창(세계로 통하는 창, 세계를 보는 창)
- window to the future  미래에의 창(미래로 통하는 창, 미래를 보는 창)
- Satisfaction is the key to your happiness.  만족은 여러분의 행복의 열쇠입니다.
- Guide to Law Online  온라인상(인터넷상)의 법률 안내
- A 7-day guide to the pursuit of happiness  행복 추구를 위한 7일간의 안내(서)
- Guide to learning English  영어 학습의 안내서(영어를 배우는 안내서)
- Guide to saving the world  세상을 구하는 안내서
- Your guide to reading the world  세상을 읽는 당신의 안내
- Practice is the key to improving.  연습은 개선의 열쇠이다.
- Keys to mastering the art of living  삶의 기술을 정복하는 열쇠(비결)
- The first step to success is diligence.  성공의 첫째 단계는 부지런함이지.
- The first step to recovery is rest.  회복의 첫째 단계는 휴식이지.
- A step to health  건강의 단계(건강해지기 위한 순서)
- introduction to tourism  여행의 소개(여행 입문)
- introduction to economics  경제학의 소개(경제학 입문)
- introduction to literature  문학의 소개(문학 입문)

- Introduction to the Human Body  인간의 몸을 소개합니다.(인간의 신체 입문)
- The first step to cooking is a recipe.  요리의 첫 단계는 요리법이다.
- The first step to driving is safety.  운전의 첫 단계는 안전이다.
- The first step to dating is good manners.  데이트의 첫 단계는 좋은 매너이다.

## 10) by

### (1) by -ing : -함으로써

- She opened the door by using a key.
  그녀는 열쇠를 사용함으로써 그 문을 열었다.
- You can observe a lot just by watching.
  단지 봄으로써(보는 것만으로) 많은 것을 알아낼 수 있다.
- You can relieve your stress by wandering in the forest.
  너는 숲에서 돌아다님으로써 스트레스를 줄일 수 있다.
- Make your skills better by practicing.  연습을 함으로써 네 기술을 향상시켜라.
- Make your body strong by exercising.  운동을 함으로써 네 몸을 강하게 만들어라.
- We can improve our writing skills by reading books.
  우리는 독서를 함으로써 우리의 글쓰기 기술을 향상시킬 수 있다.
- Can I learn English by watching American dramas?
  내가 미국 드라마를 봄으로써 영어를 배울 수 있을까?
- Power is gained by sharing knowledge.  권력은 지식을 나눔으로써 얻어진다.
- We learn better by teaching other students.
  우리는 다른 학생들을 가르침으로써 더 잘 배우게 된다.
- Women have obtained their rights by bearing and rearing children.
  여자들은 아이들을 낳고 기름으로써 그들의 권리를 획득했다.
- You can learn to read faster by reading newspapers in English.
  너는 영어로 된 신문을 읽음으로써 더 빨리 읽는 것을 배울 수 있다.

- You can improve your pronunciation by listening to tapes.
  너는 테이프를 들음으로써 네 발음을 향상시킬 수 있다.

- By having good eating habits, we can become healthier.
  좋은 식습관을 가짐으로써, 우리는 더 건강해질 수 있다.

- You can learn more efficiently by reducing your stress level.
  너는 스트레스 정도를 줄임으로써 더 효율적으로 배울 수 있다.

- Respect people by looking them in the eye as you speak.
  당신이 말할 때 눈으로 사람들을 바라봄으로써 그들을 존경하세요.

- People is creating something unique by combining what they have with what others have.
  사람들은 그들이 가진 것과 다른 사람들이 가진 것을 결합시킴으로써 독특한 그 무엇을 창조한다.

# UNIT 21 a와 the

## 1) 관사에 대하여

a(n)와 the. 이 둘을 관사(冠詞)라 부릅니다. 관사란 명사 앞에 붙어 그 명사를 제한하거나 규정짓는 품사를 말합니다. a(n)을 부정관사(不定冠詞), the를 정관사(定冠詞)라 부릅니다.

원칙적으로 명사 앞에는 a(n)이나 the를 써줘야 합니다. 물론 이 원칙에는 많은 예외가 있기 때문에 관사를 공부하는 일이 어려워집니다. 예컨대, 셀 수 없는 명사 앞이나 나라나 이름 등 고유명사 앞 등에는 the는 쓸 수 있지만, a(n)는 쓰지 못합니다.

영어를 공부하면서 맞닥뜨리는 가장 큰 장애물이 바로 관사입니다. 쉬운 것 같으면서도 어렵고, 관사를 도대체 왜 붙여야만 하는 것인지 도통 모를 때도 많습니다.

한국인이 영어를 글로 쓸 때 가장 많이 실수하는 것이 바로 관사인 걸 보면, 관사는 그리 쉽거나 간단한 문제가 아님을 알 수 있습니다. 다행인지는 모르겠지만, 원어민들이 시간이 흘러 갈수록 정관사 the를 덜 쓰고 있습니다.(the를 많이 생략해서 씁니다)

관사는 둘 다 원칙적으로 명사 앞에만 쓸 수 있습니다. 즉, a(n)이나 the가 나오면 뒤에 명사가 온다는 것을 예고합니다. 하지만 a(n)과 the의 용법은 판이하게 다릅니다.

| 관사 | 명사 앞 | 셀 수 없는 명사 앞 | 단수/복수 명사 앞 | 고유 명사 앞 |
|------|---------|-------------------|-------------------|--------------|
| a(n) | 쓸 수 있다. | 못 쓴다. | 단수명사 앞에만 쓴다. | 못 쓰는 것이 원칙 |
| the | 쓸 수 있다. | 쓸 수 있다. | 둘 다 쓸 수 있다. | 쓸 수 있다. |

위 표를 보니, a(n)은 제한이 많은 반면, the는 제한이 없다는 것을 알 수 있습니다.
즉, a(n)은 water, time, information, air와 같은 셀 수 없는 명사 앞에서도 쓸 수 없고,

books/people/buses/cars와 같은 복수형 명사 앞에도 쓰지 못하며, Korea/Tom/White house와 같은 고유명사 앞에서도 쓰이지 못합니다. 하지만, the는 가능합니다. 게다가 the는 형용사 앞에 단독으로 쓸 수도 있음을 우리는 형용사 편에서 이미 공부했습니다. the는 추상명사 앞에서 쓸 수 있지만, a(n)은 쓰지 못합니다.

하지만, 둘 다 소유격과는 친하지 못합니다. 아래 예문들을 보시지요.

(1) This is a my computer.(✕) → This is my computer.(○)

(2) It is the your room.(✕) → It is your room.(○)


## 2) a와 an은 어떻게 다른가

먼저, a와 an은 어떻게 다를까요? a는 자음으로 시작되는 단어 앞에, an은 모음으로 시작되는 단어 앞에 쓴다고 우리는 배웠습니다. 하지만 이 설명은 옳지 않습니다. 단어가 아니라 발음기호를 보아야 합니다. 첫 알파벳이 비록 자음이라도, 발음기호가 모음으로 시작되면 an을 써야 하며, 첫 알파벳이 모음이라도 발음기호가 자음으로 시작되면 a를 써야 합니다. spelling(철자)이 아니라 pronunciation(발음)이 기준입니다. a hour(한 시간)가 맞을까요? 아니면 an hour가 맞을까요? 당연히 an hour가 맞습니다. 왜 그럴까요? hour라는 단어의 발음기호를 보면 답이 나옵니다. hour의 발음기호는 [auər]입니다. 첫 단어가 'a'라는 모음으로 시작한다는 것을 알 수 있습니다. 모음으로 시작하기 때문에 'an'을 써야 하는 것입니다.

그렇다면 a university가 맞을까요? 아니면 an university가 맞을까요? a university가 맞습니다. university의 발음기호가 [jùːnəvə́ːrsəti]인데, 자음 'j'로 시작하고 있기 때문입니다. 마지막으로 a MP3가 맞을까요? 아니면 an MP3가 맞을까요? an MP3가 맞습니다. MP3의 MP는 발음기호가 [èmpíː]이기 때문입니다.

| a | a european, a UFO, a useful animal, a uniform, a one-eyed dog. |
|---|---|
| an | an honor[ánər], an umbrella, an X-ray, an SMS service. |

★ european(유럽의)은 발음기호가 [jùərəpíən]입니다. UFO는 발음기호가 [júːefóu]이며, one-eyed dog(눈이 하나인 개)의 one은 발음기호가 [wʌn]으로서 w로 시작하고 있습니다. umbrella(우산)의 발음기호는 [ʌmbrélə]로서 모음 ' '로 시작하고 있고, X-ray의 X는 발음기호가 [eks]로서 모음 e로 시작하고 있으며, SMS는 [esemes]로서 역시 모음으로 시작하고 있습니다.

an apple이 맞는데, 그렇다면 a red apple이 맞을까요?, 아니면 an red apple이 맞는 표현일까요? 즉, a(n)를 red에 맞춰야 할까요? 아니면 apple에 맞춰야 할까요?
a red apple이 맞습니다. 즉 명사 앞의 형용사인 red에 맞추어야 합니다.
따라서 an egg가 맞지만, a fresh egg의 경우에는 a를 써야 맞습니다. fresh가 자음으로 발음이 시작되고 있기 때문입니다.

- a book → an easy book. an old book.
- a boy → an honest boy. an excited boy(신이 난 아이)
- a man → an able man(능력 있는 남자). an elderly man(나이든 사람, 노인).
- an egg → a broken egg(깨진 달걀)
- a school → an old school(오래된 학교)
- a boy → an unhappy boy(불행한 소년)

> a(n) – 서로 알지 못하는 것. 새로운 것이거나 알려지지 않은 것이거나 처음 나오는 것에 씁니다.
> the – 말을 안 해도 이미 서로 알고 있는 것. 알려져 있거나 두 번째 나오는 것에 씁니다.

- There is a school near my house. I went the school a few days ago.
  우리 집 근처에 학교가 있다. 나는 며칠 전 그 학교에 갔다.
- I have a pen. Do you need the pen?
  나는 펜이 있어. 너는 그 펜이 필요하니?
- We watched a movie yesterday. The movie was very boring.
  우리는 어제 영화를 보았다. 그 영화는 매우 지루했다.

- There is a book in my backpack. The book is very heavy.

  내 배낭에 책이 있다. 그 책은 매우 무겁다.
- There's a train coming in 5 minutes. It's the train for London.

  5분 후에 기차가 올 겁니다. 그것은 런던행 기차입니다.
- I met a friend. The friend looked very happy.

  나는 친구를 만났다. 그 친구는 매우 행복해 보였다.
- Would you like a drink? 마실 거 드릴까요?


- I got a job. 나는 (어찌됐든) 직장을 구했어.(둘 다 모르는 새 직장)
- I got the job. 나는 그 직장을 구했어.(둘 다 아는 직장)


- We are looking for an apartment. 우린 (아무 아파트든) 아파트를 구하고 있다.
- We are looking for the apartment. 우리는 (우리가 아는) 그 아파트를 구하고 있다.


- I have found a solution. 난 (어쨌든) 해결책을 찾았다.
- I have found the solution 난 그 해결책을 찾았다.


- the best film of a year 한 해 최고의 영화
- the best film of the year 그 해 최고의 영화


- the important issue of a country 한 나라의 중요한 현안
- the important issue of the country 그 나라의 중요한 현안


⑴ Please open a window. 창문을 여세요.(아무 창문이나 열라는 뜻)
위 예문에서 말하는 창문은 말하는 사람이나 듣는 사람 모두에게 처음 등장하는 창문입니다.
⑵ Please open the window. 그 창문을 여세요.(둘 다 알고 있는 창문을 열라는 뜻)
위 예문의 창문은 이미 둘 다 아는 창문이거나, 대화에 이미 나왔던 창문일 겁니다.

(1) We have a problem. 우리에겐 문제가 있어.(처음 꺼내는 문제임. 상대방은 모름)

(2) We have the problem. 우리에겐 문제가 있어.(서로 아는 문제임)

(1)번 문장의 경우, 어떤 문제인지 말하는 사람은 알지만 듣는 사람은 무슨 문제가 있는지 모릅니다. (2)번은 말하는 사람이나 듣는 사람 모두 어떤 문제인지를 잘 알고 있습니다.

(3) We usually listen to music in a car. 우린 보통 차안에서 음악을 들어.

(4) We usually listen to music in the car. 우린 보통 그 차안에서 음악을 들어.

(3)번 문장의 경우, 어떤 차든지 차만 타면 차 안에서 음악을 듣는다는 뜻이고, (4)번의 경우 다른 차는 아니고 그 차 안에서는 음악을 듣는다는 뜻입니다.

(5) How about a friend? 친구 어때?(친구가 있는 게 어때?)

(6) How about the friend? 그 친구 어때?

(5)번의 경우, 어떤 사람이 됐든 옆에 친구 한 사람을 두는 게 어떠냐고 물어보는 것임에 반하여, (6)번은 두 사람이 다 아는 그 친구가 어떠냐고 물어보는 것입니다.

(7) Can I use a phone? 내가 전화를 써도 됩니까?

(8) Can I use the phone? 내가 그 전화를 써도 됩니까?

(7)번 문장의 경우, 어떤 전화기가 됐든 아무 전화기나 써도 되냐고 물어보는 것임에 반하여, (8)번의 경우, 상대방의 전화기를 쓴다든지 아니면 사무실에 있는 전화기를 쓴다든지 등 서로가 아는 전화기를 써도 되는지를 물어보는 것입니다.

(9) Do you know what time a bank opens? 은행이 몇 시에 여는지 아니?

(10) Do you know what time the bank opens? 그 은행이 몇 시에 여는지 아니?

(9)번은 은행이 보통 몇 시에 문을 여는지 물어보는 것이고, (10)번은 다른 은행은 몰라도 그 은행은 몇 시에 여는지를 물어보는 것입니다.

(11) When can you deliver a sofa? 소파를 언제 배달해주실 수 있나요?

(12) When can you deliver the sofa? 소파를 언제 배달해주실 수 있나요?

(11)번 문장은 아무 소파나 말하는 것이고, (12)번 소파는 손님이 지정한 소파 또는 두 사람이 다 아는 소파를 가리킵니다.

---

the를 안 붙이면 – 원래의 용도, 원래의 목적
the를 붙이면 – 그 건물(장소) 자체

---

(1) I go to school.  난 학교에 (수업 들으러, 공부하러) 간다.

(2) School begins at 9 in the morning.  수업은 오전 9시에 시작된다.

(3) I go to the school.  난 학교에 (누굴 만나러, 학교건물을 보려고) 간다.

(4) He went to hospital.  그는 (치료 받으러) 병원에 갔다.

(5) He went to the hospital.
　　그는 (입원한 친구를 보려고, 병원 앞에서 누가 기다리니까) 병원에 갔다.

(6) She goes to church every Sunday.  그녀는 (예배 보러) 일요일마다 교회에 간다.

(7) She goes to the church every Sunday.
　　그녀는 (예배가 아닌 다른 목적으로) 일요일마다 교회에 간다.

---

a – 막연한 것, 특정되지 않은 것
the – 지정된 것, 한정된 것

---

(1) I bought a book.  나는 책을 샀다.

(2) I like a movie.  나는 영화를 좋아한다.

(3) Do you want a computer?  당신은 컴퓨터를 원하십니까?

(4) Read a book when you are free.  네가 한가할 때 책을 읽어라.


(1) He likes the computer that I have.  그는 내가 가진 컴퓨터를 좋아한다.

(2) The restaurant where we ate yesterday was very clean.
　　우리가 어제 식사했던 식당은 매우 깨끗했다.

(3) The man who wrote this book is famous.  이 책을 쓴 사람은 유명하다.

(4) He is the doctor that I came to see.  그는 나를 보러 온 의사다.

(5) I live in the small house with a blue roof.  나는 파란 지붕이 있는 작은 집에 산다.

(6) I was happy to see the policeman who saved my cat.
   나는 우리 고양이를 구해준 경찰관을 보니 반가웠다.

(7) Can you give me the book on the table?
   테이블 위에 있는 책을 나에게 주실래요?

(8) The car that we used last night looked expensive.
   우리가 어젯밤에 사용했던 차는 비싸 보였다.

(9) The car you want has been sold.  네가 원하는 차는 팔렸다.

(10) I like the flowers in your garden.  나는 네 정원에 있는 꽃들이 좋아.

(11) The man who lives next door is a Chinese.  옆집에 사는 남자는 중국인이다.

(12) The woman in red is a worldwide singer.
   빨간 옷을 입은 여자는 세계적인 가수이다.

(13) Thank you for the advice you gave me.  네가 나에게 했던 충고 고마워.

(14) Seoul is the capital of Korea.  서울은 한국의 수도이다.


## 3) a(n)를 써야 할 때

**(1) 명사 앞에는 원칙적으로 a(n)를 써야 합니다. 물론 앞에서 보았듯이, 대화를 나누는 사람들이 다 알고 있는 경우나, 관용적으로 the를 쓰는 경우, 복수명사 앞, 물질명사 앞, 고유명사 앞, 추상명사 앞, 소유격 앞 등을 제외하고는 a(n)를 써줘야 합니다. 명사 앞에 쓰는 a(n)는 '하나(one)'나 '어떤(certain)'이라는 뜻을 갖지 않은 이상 해석하지 않습니다.**

• I have a dream.  나에겐 꿈이 있습니다.
   → I have dream.(✗)

- This is an expensive car.  이것은 비싼 차입니다.
  - → This is expensive car.(✕)
- It's a beautiful day.  아름다운 날이에요.
  - → It's beautiful day.(✕)
- He works in a bank.  그는 은행에서 일한다.
  - → He works in bank.(✕)
  - → He works in the bank.(O)  그는 그 은행에서 일한다.
- Can I ask a question?  질문해도 됩니까?
  - → Can I ask question?(✕)
  - → Can I ask questions?(O)
- She's waiting for a taxi.  그녀는 택시를 기다리고 있다.
  - → She's waiting for taxi.(✕)
  - → She's waiting for the taxi.(O)  그녀는 그 택시를 기다리고 있다.
- A duck is a bird.  오리는 새다.
  - → A duck is bird.(✕)
- I'm looking for a job.  저는 직업을 구하고 있습니다.
  - → I'm looking for job.(✕)
- She's an interesting person.  그녀는 재미있는 사람이다.
  - → She's interesting person.(✕)
- He lives in a small village.  그는 작은 마을에 산다.
  - → He lives in small village.(✕)
- I need a room for tonight.  나는 오늘밤 지낼 방이 필요해.
  - → I need room for tonight.(✕)
- This is a true story.  이것은 진짜 이야기입니다.(이것은 실화입니다)
  - → This is true story.(✕)
- Is there a post office near here?  여기 가까이에 우체국이 있나요?
  - → Is there post office near here?(✕)
- I have bought a new bicycle.  나는 새 자전거를 샀다.
  - → I have bought new bicycle.(✕)

- They're eating an ice-cream.  그들은 아이스크림을 먹고 있다.
   → They're eating ice-cream.(✕)
- He never wears a hat.  그는 모자를 절대 쓰지 않는다.
   → He never wears hat.(✕)
- Would you like a chocolate?  초콜릿 드시겠어요?
   → Would you like chocolate?(✕)
- It is a mystery.  그것은 미스터리다.
   → It is mystery.(✕)
- It's a wonderful life!  멋진(놀라운) 인생이에요!
   → It's wonderful life!(✕)
- It's a new day.  새로운 날입니다. 새날이 밝았습니다.
   → It's new day.(✕)
- Have a good time.  좋은 시간 보내세요.
   → Have good time.(✕)

셀 수 없는 명사인 time 앞에는 a를 쓸 수 없는 것이 원칙이지만, '특별한 경험을 가진 한때'라는 뜻으로 쓰이거나 time 앞에 형용사가 올 때에는 a를 붙일 수 있습니다. 그리고 time 뒤에 -s가 붙으면 '시대' 나 '곱(배)'의 뜻이 됩니다.

### (2) 무엇이 어떠하다는 것을 묘사할 때 씁니다.
- a small horse  작은 말
- a big country  큰 나라
- a good film  좋은 영화
- an interesting book  재미있는 책
- a beautiful animal  아름다운 동물

## (3) 직업 앞에 씁니다.

- a doctor  의사
- a lawyer  변호사
- an engineer  엔지니어(공학자)
- an entertainer  연예인
- a dancer  댄서
- a head hunter  두뇌 사냥꾼(인재를 스카우트하는 사람)

## (4) 사람 생김새를 묘사할 때 씁니다.

- She has a friendly voice.  그녀는 다정한 목소리를 갖고 있다.
- He has a long nose.  그는 코가 길다.
- I have a big ears.  나는 귀가 크다.
- You have a long neck.  너는 목이 길구나.

a(n), the는 ① 소유격이나 ② this, that, some, any 등과는 친하지 않습니다.

- I met a my friend.(✕) → I met a friend of mine.(나는 나의 한 친구를 만났다)
- It is the my car.(✕) → It is my car.(그것은 내 차이다)
- That is a my son.(✕) → That is my son.(저 애가 내 아들이야)
- This is a your bag.(✕) → This is your bag.(이것은 네 가방이다)
- Tom's a friend.(✕) → Tom's friend.(톰의 친구)
- Your this book.(✕) → This book of yours.(너의 이 책)
- Her that book.(✕) → That book of hers.(그녀의 저 책)
- His some books.(✕) → some books of his.(그의 몇 권의 책)
- Mina's this camera.(✕) → this camera of Mina's.(미나의 이 카메라)

**(5) '하나(one)'라는 뜻이 있습니다.**

- several times a week  일주일에 몇 번
- once a month  한 달에 한 번
- He never said a word.  그는 한 마디도 하지 않았다.
- Rome was not built in a day.  로마는 하루에 세워지지 않았다.
- He walked for an hour.  그는 한 시간 동안 걸었다.
- I only have an hour for lunch.  나는 점심시간으로 1시간밖에 없다.
- You have to wait a year.  너는 1년을 기다려야 한다.
- I write to her once a week.  나는 일주일에 한 번 그녀에게 편지를 쓴다.
- I'd like to an orange and two lemons please.  오렌지 한 개와 레몬 두 2개를 주세요.
- I'll have a coke.  콜라 한 잔 주세요.
- You can't run a mile within 5 minutes!  당신은 5분 안에 1마일을 뛸 수 없다.
- I own a cat and four dogs.  나는 고양이 한 마리와 개 네 마리가 있다.

## 4) 앞에 the를 항상 쓰는 경우

**(1) same, future, weather, past, only, rest 등의 단어 앞에는 꼭 the를 붙입니다.**
**(2) 서수 앞**
**(3) 최상급 앞**
**(4) 관용적으로 the를 쓰는 경우**

- We are all the same.  우리는 다 똑같습니다.
- You look the same.  넌 그대로구나.
- I'll have the same.  (식당에서) 같은 것으로 하겠습니다.
    = The same here.
- The same to you.  당신도요.(상대방이 축하나 인사를 건넸을 때의 답변)
- There are two errors on the same page.  같은 페이지에 두 개의 오류가 있다.

- Are you still in the same telephone number?

  전화번호가 아직 그대로이신가요?

- We must do the same.  우리는 같은 것을 해야 한다.

- It's the same in Australia.  호주에서도 마찬가지입니다.

- He has the same hobby as me.  그는 나와 같은 취미를 갖고 있다.

  ★ He has the same hobby with me.(x)

- How is the weather?  날씨가 어때요?

- The future is in your hands.  미래는 네 손안에 있다.

- What do you want to be in the future?  미래에 뭐가 되고 싶니?

- He is the only person I meet.  그는 내가 만나는 유일한 사람이다.

- You are the only man for the job.  당신이 그 일에 적격입니다.

- It was the worst day of my life!  내 인생 최악의 날이었다.

- I live in the third floor.  난 3층에 산다.

- The fashion of the 19th century.  19세기의 패션

- Change buses at the second stop.  두 번째 정류장에서 버스를 갈아타세요.

- Seoul is the largest city in Korea.  서울은 한국에서 가장 큰 도시이다.


아래의 단어나 구(句)들은 관용적으로 the를 쓰는 것들입니다.

in the morning, in the afternoon, in the evening, the world, the sky, in the dark(어둠 속에서), the last, the sun, the moon, the earth, the sea, the east, the west, the south, the north, the right(오른쪽), the left(왼쪽), the country, the radio, the universe(우주), the Bible(성경), the Internet, the government(정부), the piano/the guitar/the violin 등 악기 앞에.